积极教育

提升孩子乐商
成就优势品格

任俊——著

清华大学出版社
北京

图书在版编目(CIP)数据

积极教育：提升孩子乐商，成就优势品格 / 任俊著 . —北京：清华大学出版社，2022.9

ISBN 978-7-302-61897-3

Ⅰ.①积… Ⅱ.①任… Ⅲ.①教育心理学—研究 Ⅳ.① G44

中国版本图书馆 CIP 数据核字 (2022) 第 178343 号

责任编辑：张立红
封面设计：蔡小波
版式设计：方加青
责任校对：赵伟玉 梁 钰
责任印制：杨 艳

出版发行：清华大学出版社
  网 址：http://www.tup.com.cn，http://www.wqbook.com
  地 址：北京清华大学学研大厦 A 座   邮 编：100084
  社 总 机：010-83470000   邮 购：010-62786544
  投稿与读者服务：010-62776969，c-service@tup.tsinghua.edu.cn
  质 量 反 馈：010-62772015，zhiliang@tup.tsinghua.edu.cn
印 装 者：涿州市京南印刷厂
经 销：全国新华书店
开 本：170mm×240mm 印 张：18.25 字 数：254 千字
版 次：2022 年 10 月第 1 版 印 次：2022 年 10 月第 1 次印刷
定 价：68.00 元

产品编号：074292-01

国家社会科学基金教育学一般课题"基于积极心理学理念的积极教育（BBA170067）"资助

目录

目 录

教育如果没有搞好，经济再怎么繁荣也将没有意义。

第一章 理解积极教育

第一节 什么是积极教育

现代社会的发展必须以教育为基础，教育既是社会发展的动力，也是社会发展的一个重要标志。只有正确认知了教育的任务，才能明确教育与社会发展的互动关系，才能深度把握教育的整体走向，也才能有的放矢地创造新时代教育的新特征。教育从本意上说其实并不复杂，其任务就在于使人成人，而成人任务要想得到有效完成则需要做好两个方面的具体工作：一是帮助人们克服自身存在的行为或心理等方面的问题，二是发展人的积极品质或长处。

人们在接受教育（特别是进入学校接受正式教育）时一般已经形成了一定的行为或心理品质，这些品质中的一部分有时候不一定符合社会和时代等要求，所以教育者要做的第一项工作就是对这些不符合要求的品质进行矫正；与此同时，教育者要做的第二项工作则是将人们已经具有的那些符合社会或时代等要求的行为或心理品质发扬光大，并把一些符合社会和时代要求且个体还不具备的品质在个体身上进行培育，简单来说就是发展和培育个体的积极品质或长处。

如果从任务角度来对教育进行划分，那么，以矫正问题或缺点为主要任务的教育就称为消极教育（本书中有时也称为传统教育），这种教育具有典型的病理性属性；而以发展积极品质或长处为主要任务的教育则称为积极教育，这种教育具有典型的促发性特征。积极与消极在这本书里并不是价值意义上的，更不具备"正确"与"错误"之分，积极与消极主要标志了各自的任务不同。除非有特别说明，本书中所提到的积极教育主要指学校范畴内的教育。

一、含义

积极教育是指以帮助学生获得主观幸福感（subjective well-being, SWB）和获得感为主要目标，以提高和发展学生的各种积极品质和长处（现实的或潜在的）为主要任务的教育，它是建立在积极心理学理论基础之上的。

主观幸福感在一定意义上可以被看作幸福的一个代名词，在科学研究中有关幸福的研究主要使用主观幸福感这个概念，因为主观幸福感这一概念一方面容易达成共识，另一方面也易于操作。具体来说，主观幸福感由人们对自己整体生活的总的评价（生活满意度）和自己在特定的角色领域（如工作中或家庭中）所获得的愉快和不愉快的情绪体验或心境组成[1]，即主观幸福感由生活满意度、积极情绪和消极情绪三部分组成。其中，生活满意度指的是人们对自己生活的整体评价，而积极情绪和消极情绪则是人们对自己即时的心理感受的评价。因此，从提高主观幸福感的途径来说，一方面可以通过提升人们的整体生活满意度来实现，另一方面可以通过提升人们的即时感受（如降低即时的消极体验或增加即时的积极体验）来实现，最理想的主观幸福感当然是由高生活满意度、较多的积极情绪体验和较少的消极情绪体验组成的。

主观幸福感低的对立面是社会抑郁情绪大爆发。世界卫生组织（World Health Organization，WHO）的数据显示，抑郁障碍是仅次于心血管疾病的全球第二大流行疾病，全球有超过3亿人饱受抑郁困扰，中国的情形也不乐观。《柳叶刀——精神病学》（*The Lancet Psychiatry*）2021年发表了一项相关研究[2]，这项研究是中国精神卫生调查的一部分，由北京大学第六医院等44家单位历时3年完成，这是中国首次进行全国成

---

[1] Diener, E. (2000). Subjective well-being: The science of happiness and a proposal for a national index. American Psychologist 55 (1), 34–43.

[2] Jin Lu, Xiufeng Xu, Yueqin Huang, Tao Li, et al. (2021). Prevalence of depressive disorders and treatment in China: a cross-sectional epidemiological study. The Lancet Psychiatry. https://doi.org/10.1016/S2215-0366 (21) 00251-0.

人精神障碍流行病学调查。调查在中国31个省（自治区、直辖市）共157个具有全国代表性的疾病监测点展开，共有28 140名成人（≥18岁）受访者（其中12 537名男性和15 603名女性）完成了这次调查。最终的调查结果表明，中国成人抑郁障碍终生患病率为6.8%，其中抑郁症为3.4%，其余为心境恶劣障碍及其他未特定型抑郁障碍等。抑郁障碍患病人群分布具有以下八个特征。第一，女性抑郁障碍患病率显著高于男性，女性患病率是男性的1.44倍。第二，家庭主妇、退休人员、失业人员的抑郁障碍患病率均高于有工作者，这意味着工作不仅能挣钱，似乎还能预防抑郁。第三，分居、丧偶或离婚者的抑郁障碍患病率明显高于已婚或同居者。第四，抑郁障碍的患病率在不同受教育水平、居住地（城市与农村）和地理区域（东部、中部、西部）等方面没有显著差异。第五，与最年轻的年龄组（18～34岁）相比，抑郁症和心境恶劣障碍的患病率在较大年龄组中更常见。第六，41.1%的抑郁障碍患者会同时患有其他精神障碍疾病，其中29.8%的患者共病焦虑障碍，13.1%的患者共病物质使用障碍，7.7%的患者共病冲动控制障碍。抑郁障碍与焦虑障碍高度共发，这提示人们需要加强关注焦虑障碍管理。第七，在过去12个月被诊断为抑郁障碍的744名患者中，75.9%的抑郁障碍患者存在社会功能障碍。第八，抑郁障碍患者卫生服务利用率很低，很少获得充分治疗。在过去12个月内被诊断为抑郁症的患者中，同期仅有9.5%的患者曾接受过卫生服务机构的治疗，而其中仅有3.6%的患者获得了专业精神卫生医生的治疗，7%的患者寻求了卫生保健治疗，0.3%的患者获得了人群社会服务，仅有0.5%的患者得到了充分治疗。

该研究中有关抑郁症诊断的标准主要参照了《精神障碍诊断与统计手册（第五版）：DSM-5》和《中国精神障碍分类与诊断标准（第三版）：CCMD-3》，以心境低落和缺乏主观幸福感为主，常常感到悲伤、空虚、无助并不由自主地流泪，同时至少包含下列症状中的4项：（1）兴趣丧失，日常生活中没有愉快感；（2）精力减退或总是存在疲乏感；（3）精神运动性迟滞或激越（主要由其他人看出来，而不仅仅是主观体验到的迟钝或坐立不安）；（4）自我评价过低、自责，常常对小事有内疚感；
（5）联想困难或自觉思考能力下降；（6）反复出现想死的念头或有自
杀行为；（7）睡眠障碍；（8）食欲降低或体重明显减轻；（9）性欲减
退。满足上述症状的至少4项时，应及时去医院找专业医生问诊，若诊断
为抑郁症，应尽早接受治疗。

　　影响主观幸福感的因素有很多，其中最具争议的因素是金钱（经
济条件）。来自美国普林斯顿大学的两位诺贝尔经济学奖获得者丹尼
尔·卡尼曼（Daniel Kahneman，2010年诺贝尔经济学奖得主）与同事
安格斯·迪顿（Angus Stewart Deaton，普林斯顿大学世界级微观经济
学著名教授，美国经济协会前主席，获得2015年诺贝尔经济学奖）联
合在《美国国家科学院院刊》（*Proceedings of the National Academy of
Sciences of the United States of America*，PNAS）上发表了一项研究[①]，
研究显示能换来幸福感的金钱是有上限的，上限为年收入7.5万美元（约
合48万元人民币，即月工资约4万元人民币）。当一个家庭（一般指三口
之家的核心家庭）的年收入低于这个数字，金钱就会显著性地对幸福感
起到助推作用，但如果超出这个数字，增长的金钱就无法再进一步增加
人们的幸福感。这项研究的影响力甚广，曾经被引用两千余次，在各类
社交平台上引发了上千次讨论，成了流行心理学的宠儿。卡尼曼教授在
自己的畅销书《思考，快与慢》（*Thinking, Fast and Slow*）中也谈到了
这项研究。

　　在2021年的一项研究[②]中，美国宾夕法尼亚大学沃顿商学院的高级
研究员马修·基林斯沃思（Matthew Killingsworth）等人对这个问题给出
了不同的答案。他们分析了33 391名18～35岁的美国被试的1 725 994份

---

① Daniel Kahneman and Angus Deaton(2010). High income improves evaluation of life
but not emotional well-being. PNAS, September 21, 2010.107 (38) 16489-16493. https://doi.
org/10.1073/pnas.1011492107.

② Matthew A. Killingsworth(2021). Experienced well-being rises with income, even
above $75,000 per year. PNAS, January 26, 2021.118 (4) e2016976118; https://doi.
org/10.1073/pnas.2016976118.

主观幸福感报告数据，结果发现金钱能换来的幸福感居然没有上限，即收入高低与幸福感水平呈正相关，似乎收入越高的人越幸福。在这一项研究中，研究者也是将幸福感分为了两个可被测量的维度：第一个维度是整体生活幸福感（evaluative well-being），指的是个体对自己生活的整体评价，主要指人们的生活满意程度；第二个维度是即时体验幸福感（experienced well-being），主要测量人们在某一特定时间点的幸福感受，这个指标体现的是个体当下的积极情绪和消极情绪状态。从对所收集到的数据的分析来看，不论是整体生活幸福感还是即时体验幸福感，均随着收入的增长而持续升高，这就意味着幸福感会随着收入的增长而持续增加。该项研究的研究者在论文中分析到，收入更高的人幸福感更强的部分原因在于这些人对自己的人生有更强的控制感。如果你手上有更多的钱，你的人生就有了更多的选择。例如，对没有任何资产积累的"月光族"来说，不管目前的工作待遇如何，他们都没有办法辞职，因为他们需要工资来维持自己的生活；而对有经济基础的个体来说，他们就能够选择更合适和更喜欢的工作来做。在人生的许多大大小小的决定中，有积蓄能保证人们有更大的选择权，从而有更高的自主性。不过，基林斯沃思表示，把人们的收入水平与幸福感画上等号或许为时过早，尽管金钱能给幸福感带来积极影响，但将这两者画上等号的人通常不会太幸福。在真实生活中，收入在决定幸福感方面只起到部分作用。与其说金钱影响了人们的幸福感，不如说人们对金钱的态度影响了幸福感，那些赚钱不多但对金钱毫不在意的人也会过得很幸福。

获得感是指人们在接受教育过程中切切实实的收获，主要体现在自己的积极品质或长处得到了开发或发展，如原来没有的现在有了，原来比较少的现在多了等。所以从严格意义上说，病理性的消极教育并不会使人产生获得感，因为消极教育只是去除或修正了人们已经拥有或存在的一些东西，它没有让人增加什么。获得感一般具有以下三个特征。

第一，就字面意思来说，获得感是人们对自己"获得"（包括物质和非物质等方面从没有到有、从小到大、从少到多等）的主观感受，是人脑对客观真实获得的主观体验。因此，获得感必须建立在客观真实的获得基础之上。

具体到学校教育中的获得感来说，如果个体自身（包括学生和老师）的积极品质或能力等方面并没有变化，而他人的积极品质或能力却出现倒退或下降，或者自身积极品质或能力下降的速度小于他人，这种所谓的"相对获得感"并不是真正意义上的获得感。获得感是学生或老师真真切切地绝对获得或绝对进步，那种因别人不好而出现的自己"这边风景独好"的感受并不是真正的获得感。教育不应该是一种过分讲究竞争的环境，如果把教育营造成一个激烈竞争的环境，这不仅损害了教育本身的发展属性，也有可能导致一种扭曲的非正常的获得感。2021年上半年有一个课外补习班的口号惹人非议："你孩子没来补课，我们就只能培养你孩子的竞争者！""今天补习不努力，明天努力找工作！"这些补习广告为了达到自己的营销目的，以扭曲的获得感为抓手，字里行间传递出一种"非红即黑"的竞争性价值观，加重了家长和学生的焦虑。

第二，获得感并不局限于个体，它也包括群体或社会意义上的获得感，如社会变得更文明、更民主、更友善，物质更丰富，生活条件更便利等。事实上，获得感也可以是一种整体意义上的获得感，个体所在的集体或群体取得了进步之后，生活在其中的个体就会有相应的真实获得感。所以，从这个角度来说，这个世界如果能不断取得进步，生活于这个世界中的每个人就都会有获得感。

第三，获得感从性质上说只有一种属性，那就是积极维度，学坏了或变傻了等具有消极属性的变化都不是获得感的表现。尽管获得感只有积极维度这一个属性，但在具体内容上有多个维度，如积极教育中所涉及的获得感不仅仅局限于知识的习得或能力的提升，还包括课堂参与或表达权利的增加、善意或美感的增加、自我掌控能力的增加等。

获得感的提出明确了教育发展和改革的目标、方向和突破口。教育的终极目的是促进个体的自我发展和自我实现，被动地解决问题只是暂时的外力驱使，发挥个体的优势以及拥有源源不断的获得感才是个体发展的根本动力。获得感也提出了解决教育发展质量、改革成败的评价标准问题，因为获得感可以具体化为一系列与教育相关的严谨指标，如知识量、参与度、行为类型等。以师生的获得感作为衡量教育发展质量的标准，这明确了评价主体是所有参与者，评价内容是师生双方的"客观获得"，很好地避免了师生间的对立，也包容了个体间的差异，可以更科学而有效地引领教育改革的方向。

"积极"一词很容易令人产生误解，让人误认为积极就是好或正确，其实积极主要指教育任务及其相应内容上的差异，其价值意义是相对的，没有一个固定的结果和模式。一个身患绝症的病人和一个处于激情创作状态的音乐家，虽然所面临的人生状态如此不同，但他们都有可能积极。前者的积极在于与疾病的斗争并获得生命的勇气，后者则是因深入创造的高峰体验而获得生命激情。积极也是一种行为过程，包括认知、情绪等多个方面，尤其与个体的主动选择有关，是指个体选择了能让自己最适应环境或发挥出最大潜能的行为。所以积极只是一个导向性概念，而不是一个严格意义上的科学概念。

二、积极教育是对传统教育的修正和进一步深化

积极教育是对传统教育的一种修正，更是对传统教育的一种进一步深化。教育在今天已经远远不是教育学本身的事，而是涉及政治学、社会学、管理学、经济学、心理学等多个学科，教育研究已经演变成一种多学科综合的整体研究，这意味着教育研究不仅要从观念上转换思想模式，更要从具体操作上拓宽学术视野和改变研究方式。积极教育既是一种新的教育思想或教育观念，又是一种新的研究方式和操作方式。

1.积极教育是对传统教育的修正

教育的任务主要有两个方面：改正问题和培育及助长美好良善。在过去很长的一段时间里，教育的重心几乎完全偏向了改正问题方面。

翻开一些教育类杂志，我们会发现，其中的绝大多数文章或研究报告都是围绕如何解决问题（如不遵守纪律、缺乏主动性而被动服从、情感脆弱、行为障碍、学习成绩不良等）来展开的。笔者曾给46名在职攻读教育硕士学位的中小学老师（至少已经担任过教师工作3年）布置了一个作业，要求他们写下一个最令自己骄傲的工作案例，结果全班无一例外写的都是自己如何帮助学生改正了某个问题。似乎老师最骄傲的事情就是改正了学生的问题。附上一个老师所写的案例。

她需要平等的关爱

我一个人在路上走着，突然有个人从背后将我抱住并且探过头来跟我打招呼，听到那一声"老师"，我便知道来者为何人。她便是我一个毕业多年的学生小丁。

那是初中二年级，开学的第一天，同学们进行自我介绍。小丁的发言内容成熟，表情丰富，不像其他同学那样羞怯。她活泼大方的发言以及毫无畏惧的眼神很快吸引了我的注意。此时，我并未意识到一个巨大的挑战正在慢慢向我靠拢。教育有时就像是一场没有硝烟、没有胜负的战争，在这场战争中，如果老师能够收起自己的喜好和偏见，平等地关爱每一个孩子，那么这位老师便会成为一名优秀的老师、有威望的老师。

她的活泼和无所畏惧超出我的预期。我们制作以环境保护为主题的手抄报，其他同学的落款只是在手抄报的一个角落里签上名字，而她的手抄报却以自己的名字为主体，而且用彩笔把自己的名字大大地写在中间。凭着心理学专业背景的敏感性，我大胆猜测她以自我为中心，而且正迫切地寻求别人的关注。

我开始默默地关注她。她交作业时把作业本上自己的名字改了，给自己起了一个新的名字。名字是一个人的象征，如果一个人把自己的名字改了，那很可能是迷失了自我或者她对现在的自己不满意，想寻找新的自我。没过几天，她又开始在教室里到处留言，墙上、黑板上、书上、作业本上到处可见她留下的字迹。很快她便有些管不住自己并开始在课堂上违反纪律，不断地有任课老师向我反映她在课堂上故意出风头，而且不听劝阻。

小丁同学平时见了老师还是很有礼貌的，不过确实显得有些出风头，给老师鞠躬的动作很夸张，有些过于礼貌。毕竟她跟老师很友好，我对她的印象还是很不错的。所以一开始在一些事情上还是对她特别照顾。我希望她上课听讲更积极，下课作业完成更认真，表现更优秀，但很快我发现事情并未按照我的预期发展。面对我的要求，她没有努力提高自己，而是不情愿地推三阻四，上课还时不时地走神。这再次引起我的注意，我找她的前任班主任了解情况。她的前任班主任说这孩子不合群，行为有些异类，脾气不好，一般老师都不敢惹她。这些评价与我对她的现有认知似乎有一些出入。

为了更深入地了解她，我对她进行了家访。她小时候主要由外公外婆照看，与外公外婆关系很好，长大后由父母抚养。她性格固执、活泼好动，有个姐姐比她大三岁，性格随和。母亲比较要强，是事业型女强人，而父亲性格温和，失业在家。在谈话中母亲还透露出了二胎没能生一个男孩的遗憾。这些信息使我仿佛看到了她的成长经历，理解了她的行为动机。从小被强行改变的亲子依恋关系、现在生活中父母地位的失衡，以及不被欣赏的女孩身份，这三个因素使正处于青春期的她迷失自我、失去方向，以至于她也认为自己是一个异类。

她有一个完整的家，但这种父母地位失衡的家庭关系也给她带来了很多的困扰，在潜意识中她正通过自己的叛逆行为来对抗强势的母亲。任俊教授曾在《写给教育者的积极心理学》中提到："并非孩子身上的每个方面或每种特质都能被改变，还有一些东西可能要历经千难万险才只能改变一点点。所以教育者应该清楚地知道自己的力量能够用到哪里，当教育者确定孩子身上的某些东西不能改变时，即使这些东西是社会所公认的问题，教育者也不要尝试去改变，否则，会得不偿失。"对于我来说，她的亲子依恋关系、失衡的父母关系以及不被欣赏的女孩身份，都是我无从改变的，我所能够做的便是让她认识到自己是一个正常人，并且鼓励她积极地接纳自己、坦然地面对生活。

既然她是一个正常人，我就要像对待其他同学一样对待她，给予班里每位同学平等的关爱，而不是表现出对她的特别关注和特别照顾。她依然故意出风头，绞尽脑汁去吸引老师的眼球。她有的时候会把本子撕成碎片铺在自己的座位底下，有的时候会用自己的圆珠笔敲击桌子，有的时候会把纸条贴到自己脸上，有一次甚至还把我的名字写在了教室的黑板上。对于这些行为，我没有制止，没有惩罚，也没有纵容，更没有特别关注。上课时我要么旁若无人地继续讲课，要么暂停讲课微笑着看着其他同学，有的时候为了吸引大多数同学的注意力，我会花很大功夫来提升讲课的趣味性和幽默感。课堂上我视她的异常举动如空气，她的任何出风头行为都没有得到我的特别关注，这样久而久之她开始厌倦自己的这种出风头行为；但私下里我一直默默地关注着她的一举一动，我一直在等待一个恰当的时机。

这样的状态持续了大约一个月，我终于等到了这一天。有个男生把唾沫吐到了她的桌子上，她来到了我的办公室，气呼呼地向我控诉了那个男生有多么无厘头、多么讨人厌，并请我帮她处理。我表示我很理解她现在的感受："这肯定让人感觉很恼火，他做得真过分，确实影响了你在教室学习。"说到最后半句的时候，我故意加强了语气并且放慢了语速，几乎是一字一顿地把这句话说完，然后把一个久违的眼神递给了她，并且一直看着她的眼睛。她是一个敏感而且悟性很高的孩子，"确实影响了你在教室学习"这几个字让她没有理直气壮，反而感到有些不好意思了。我发现了她脸上表情的微妙变化，接着她眼珠一转，看到了我手机壳上的海绵宝宝，然后一脸惊讶地问我："老师，你也喜欢海绵宝宝？"我说："对呀，每当心情不好的时候，我就会看看它，然后就会变得开心了。它天真、淳朴、乐观，能给别人带来快乐。"

"老师，你也有不开心的时候吗？"她不理解地问。

我说："对呀！谁都有心情低落的时候，每个人都要学会去调节和控制自己的情绪，而且我上学的时候还经常故意上课趴在课桌上睡觉，就是为了让老师注意到我、提醒我。我小的时候，父母特别忙，对我的关怀比较少，所以我总是渴望得到别人的关注。后来我发现上课趴着睡觉只能得到老师的关注，而努力学习才能得到老师的欣赏，所以我就开始好好学习。最后我不但得到了老师的欣赏，而且父母和同学以及亲戚都开始对我刮目相看，更重要的是，我发现学习原来是一件很快乐的事情。从此，我就喜欢上了学习。"当我说这些的时候，我似乎看到了她眼中的点点泪光。后来我们又探讨了一些海绵宝宝的话题，不出所料，她正是从海绵宝宝这里开启了学习之旅。

我们的对话持续了不到一小时，但我酝酿了将近一个月。她喜欢海绵宝宝，而且能将海绵宝宝画得惟妙惟肖，所以为了拉近彼此的距离，我故意把自己的手机壳换了，而且几乎看完了《海绵宝宝》所有的动画片。可能是因为海绵宝宝那极其夸张的言行与她有些类似，所以她从海绵宝宝那里得到了一些归属感，从而喜欢上了海绵宝宝。

在整个过程中，我没有责备她，没有纵容她，没有改变她的家庭，也没有改变她的身份，我只给了她平等的关爱，但是她从此踏上了一条自我成长的道路。

绝大多数老师最值得夸耀的才华或技能是他们如何改正了学生的错误或问题，或者改正了多少学生，尤其对自己改正学生错误或问题的方法感到骄傲，认为自己所使用的方法很新颖、有创意、够高级等。改正学生错误的方法固然重要，但教育的方法还包括如何提升学生的积极品质或长处等。教育要有一颗正确的初心（既改正问题或错误，又发展积极品质或长处），不然走得越快或越远，反而越偏离目标。积极教育正是针对这种过于偏向问题的现象而对教育进行了修正，即重新回归了教育本来的定位，强调教育在致力于解决问题时至少也要用同样多的力量去理解和建立人性的那些积极品质，如乐观、勇气、有职业修养、讲道德、关注未来、良好的人际交往能力、感受和领悟快乐的能力以及社会责任等方面[①]。

从教育信念来看，传统教育信奉外在控制论，强调个体的发展可以由外在力量推动，认为只要参照一定的标准，对个体存在的问题发现得足够多，解决得足够彻底，个体就会在外界的驱动下达成提升自己和发展自己的教育效果。因此，传统教育更注重教育的即时性、显性功效，强调教育的工具性价值。采用病理学范式来矫正个体存在的问题以提升全民整体素质，短时间内也许会有一定的效果，但由于其所关注的问题是外在的、非本质的和不可控的，而且个体在改造过程中又大都是被动地接受，因此并不能获得持久的发展动力。

积极教育强调发现和发展学生的积极品质或长处，强调给学生的发展建造和积累内源性基础，并致力于为学生营造利于积极品质或长处发展的条件。这种观念属于内在控制论，强调个体的发展主要依赖于其自身内在的积极品质的发芽和生长，外在力量或条件只是起了一个催化的作用。积极教育相信，个体有自我意识，需要并能做到自我控制，不会像机器那样按照设定的要求永久性地被动接受。只有当个体可以从教育中体验到满足自身的内在需要时，个体才会有主动并持续进行下去的动力，而这种动力正是来自积极教育过程中个体所产生的幸福感和获得感。

尽管传统教育也一直强调教育公平，强调要关注每个学生，爱护每个学生，但它事实上做不到，具有天然局限性。这是因为传统教育习惯

① Seligman, M.E.P. (1999). The President's address. APA 1998 Annual Report.American Psychologist 54, 559–562.

于从学生的问题入手来开展工作，这导致了教育往往聚焦于"差生"或后进生，后进生是"问题学生"，需要改正问题，这迫使老师自觉或不自觉地把主要精力放在他们身上。实际上在任何一个群体内，中等生一定占大多数，也即传统教育其实忽视了对大多数学生（包括中等生和好学生）的关注，是典型的"只见树木，不见森林"。传统教育的这种以问题为导向的理念使得学校在一定意义上有点类似于医院，医院当然只为少数人服务而不是所有人，只有病人才去医院，健康的人自然不需要去医院。

积极教育强调教育在关注问题的同时，也要发展学生的积极品质或长处。不管是差生、中等生还是好学生，都需要进一步发展积极品质或长处，所以积极教育在本质上就意味着关注所有学生和学生的所有方面，意味着平等地对待每个学生。实践已经反复证明，教育最重要的价值在于保证教育中的每一分子都能够公平、公正地共享社会的发展而自我实现，这是确保社会良好发展的前提。所以从这个角度来说，积极教育包含教育本来就应该有的公平价值观，因而更利于促进学生的个性成长与自主发展。

一个人如果被送进医院或监狱，那肯定就是为了消除所存在的问题而使其恢复正常；但如果一个人被送进学校，其目的肯定不是消除问题，家长送孩子进学校都是为了使孩子变得更优秀，而不仅仅是为了消除问题。就教育这一角度来说，问题导向的教育只适合监狱，因为监狱最主要的目的是消除犯人身上所存在的问题，所以一般来说监狱出不了多大的创新，也出不了多大的善良，因为监狱设立的初衷就不是发展积极品质。

2.积极教育是对传统教育的进一步深化

积极教育是对传统教育的进一步深化，也即弥补了传统教育的价值缺陷，从而实现了教育价值的真正回归，这主要体现在以下两个方面。

首先，术语中的"积极"和"消极"隐含着一定的方向意义，然而积极和消极在任何时候和任何语境下都不是"善"和"恶"的同义词①。也就是说，积极教育的提出并不意味着传统消极教育就是一种恶的教育，更不意味着积极教育要颠覆传统教育或完全取代传统教育。积极教育是对传统教育的一种深化，是对其发展过程中出现的偏颇进行补充和完善，从而使教育得到真正的完整发展。

　　学生进入学校，肯定要改正或修复自身的各种问题（如行为问题、心理方面的问题或学习方面的问题等），传统教育在这方面有着很长时间的积累，已经拥有很多得到实证科学支持的技术和方法，这些不仅是教育发展的宝贵遗产，更是人类文化发展的一个重要组成部分。事实上，一旦发现问题，问题去除得越快越好，否则问题一旦在人身上固化之后会形成某种不良习惯，这时候再去改正则要花费更多的时间和精力。问题去除了以后教育该怎么办？成功的教育难道就是因为它培养出了没有问题的人吗？没有问题之后个体的积极品质难道就会自然发展吗？

　　从这个角度上说，积极教育是对传统教育的一种深化。积极教育认为培养了没有问题的人仅仅是完成了教育的一半任务，教育还有另一半任务，那就是发展学生的积极品质或长处等，积极教育就是强调把重心放在后一半任务之上，致力研究积极品质发展的心理机制、行为机制和脑神经机制等。正如抗生素等药物可以用来治病但不能强身健体一样，学生的积极品质的发展也有其特定的心理机制、行为机制和脑神经机制，也即人类处理积极和消极分别是两套独立的系统。一项发表于《自然·神经科学》（*Nature Neuroscience*）上有关小鼠的研究发现，人类可能分别具有处理奖励与惩罚的独立神经环路，研究甚至还发现一些神经元"天生"就负责奖励或惩罚信号的传递②。研究者首先对小鼠进行条

---

① Vázquez, C. (2013). Positive psychology and its enemies: A reply based onscientific evidence. Papeles del Psicólogo 34, 91–115.

② Zhang, Xian, Guan, Wuqiang, Yang, Tao, Furlan, Alessandro, Xiao, Xiong, Yu, Kai, An, Xu, Galbavy, William, Ramakrishnan, Charu, Deisseroth, Karl, Ritola, Kimberly, Hantman, Adam, He, Miao, Josh Huang, Z., Li, Bo(2021). Genetically identified amygdala–striatal circuits for valence-specific behaviors. Nature Neuroscience. 10.1038/s41593-021-00927-0.

件反射式训练，训练小鼠将不同类型的特定声音与奖励或者惩罚联系起来——奖励是给小鼠一口水喝，而惩罚则是向小鼠的胡须送去一股冰冷的空气，然后研究者开发出能标记小鼠杏仁核中不同神经元的方法。实验结果显示，在小鼠的整个杏仁核区域分布着两类功能不同的神经元：一类在小鼠听到与奖励相关的声音时被激活，处理奖赏刺激；另一类则与其相反，负责处理惩罚刺激。即使小鼠没有接受训练，无论是一口水还是一股冷空气，都会激活与上面训练过的小鼠有同样反应的神经元活动。由此可以说明，杏仁核区域的一些神经元似乎先天就承担了不同的角色，一些独立地管理积极的奖励，而另一些则独立地管理消极的惩罚。此外，研究者还分析了分别参与奖励与惩罚过程的神经环路，发现两类神经元的信号分别传向了两条由杏仁核通往腹侧纹状体不同区域的神经通路：其中一条通往伏隔核的通路，让小鼠试图躲避惩罚；另一条通往嗅结节，让小鼠渴望得到奖赏。这项研究不仅帮助人们了解了相关的神经通路，还让人们对于积极与消极在头脑中的实现方式有了全新的认识。

　　总的来说，积极教育和传统教育两者之间并不彻底对立，只是各自完成任务的侧重点不同。当然，积极教育与传统教育的这种任务划分并不十分明确，更没有严格的界限，传统教育和积极教育在方法、途径等层面有着许多相互借鉴、相互促进的地方。事实上，传统教育在早期也一直把两个方面的任务都作为自己的核心任务，只是在后来（从世界范围来说，这个时间点一般以第二次世界大战为界，"二战"大大催生了一系列的问题，从而导致许多学科把重心偏向解决问题）的发展过程中过于强调教育的矫正功能而忽视了教育的发展功能，以致出现了任务偏差。与传统教育相比，积极教育有着天然的优势，它能在短时间内有意识地直接培养孩子的积极品质或长处，既经济又有效，从而能充分挖掘和发挥个体的积极潜能。

　　其次，积极教育不是指教育在每个方面（如手段和方法等）都要积极，也不是越积极越好。积极教育主要指教育也要把发展学生的积极品质或长处作为自己的任务，并根据这一任务而采用合适且恰当的手段、途径和方法等。一些人误解了积极教育，认为积极教育就是整天说好话，唱高调，给学生打鸡血或喝鸡汤等，这是错误的。整天说好话，唱高调，给学生打鸡血和喝鸡汤等恰恰是传统教育常犯的错误，积极教育倡导并培养的是实事求是、公平公正（参见本书中有关积极品质部分的内容）等积极品质。

其实不管在什么情况下，唱高调等过于道德化（过分积极）的教育方法或行为都不是好的选择。比如，做好人好事（心理学研究一般称为利他）做过了头（过于道德化）也不一定就能得到赞誉，人们似乎不喜欢那些做好事做过头的人，甚至倾向于惩罚他们。

2020年9月由河村勇太（Yuta Kawamura）和由久须美（Takashi Kusumi）两位日本学者合作完成了一篇很有意思的研究论文[①]，论文的名字为《利他主义并不总能带来好名声：一个规范性解释》（*Altruism does not always lead to a good reputation: A normative explanation*），这一研究论文发表在心理学领域比较权威的《实验社会心理学杂志》（*Journal of Experimental Social Psychology*）上。该研究以日本成年人为被试而设计了逻辑性较强的四个实验：实验一发现，与适度利他行为相比，过分利他行为不受人们欢迎；实验二发现，把自己所有东西都捐给他人反而不那么受欢迎；实验三则发现，和西方文化相比较，日本文化（一定程度上代表了东方文化）尤其不喜欢过分利他；实验四则在另一个更为生态的条件下成功复制了前面的研究结果，同时表明尽管过分利他并没有威胁到旁观者的自我概念（看到别人的高尚行为是不是会让自己看起来更没有价值或更渺小等），但就是不受旁观者的欢迎。综合上面四个实验的结果可以证明，过分利他在人们的认知中并不好，其行为也不那么受欢迎。

---

① Kawamura, Y., & Kusumi, T. (2020). Altruism does not always lead to a good reputation: A normative explanation. Journal of Experimental Social Psychology. https://doi.org/10.1016/j.ssresearch.2012.10.004.

积极教育和传统教育的最终目的都是促使人成为适应社会发展要求且身心健康的人，只是各自强调的教育重心不同，这导致教育内容、教育方法存在差异。所以，积极教育和传统教育在本质上是相互联系的，积极教育既是对传统教育的一种补充，也是在深入理解传统教育之后对教育的一种重新定位。教育不仅要帮助解决各种问题，也应帮助那些没有问题的个体发展其优势，增加参与者的获得感，达到自我实现，成为最好的自己。

第二节　积极教育的必要性

值得注意的是，作为现代教育一种新模态的积极教育主要植根于当代心理学的新发展——积极心理学（positive psychology，PP），是人们深刻反思现代教育发展过程后所形成的一种理念意识。换言之，积极教育是一种建立在积极心理学基础上的、有待进一步研究的新问题，而非所谓的新瓶装旧酒。一方面，积极教育的出现具有一定的历史必然性，人们要想不落后于时代，就不得不顺应现代社会的新发现和新创造，教育也是如此，它必须顺应当代积极心理学的新发现和新发展；另一方面，积极教育所具有的育人特性又使人们不得不考虑其独特性，教育的发展要立足于当代积极心理学的研究结果，但也不能停留于把这些心理学研究结论简单地直接运用到教育中去。立足于积极心理学又要超越积极心理学成为积极教育的一个主导原则，所以从一定意义上说，积极教育也在重构现代的积极心理学。

不可否认，以问题为核心的传统教育在提升全民整体素质的进程中扮演了很重要的角色，而到了如今这个时代，随着整个社会的迅速发展，若将其始终作为教育的全部价值追求肯定是不够的。过于强调教育矫正个体的工具性价值，这在本质上就违背了教育的本意和终极价值，而以获得感和幸福感为核心的积极教育理念的提出，很好地弥补了这方面的缺失。教育应该具有时代性和前瞻性，以人为本，为了个体的终身发展和追求一生幸福奠基。

一、从学生发展角度来看

首先，人性需要通过某种方式有意识地培养和提升积极品质。尽管人类在历史上一直争论到底是"人本善"还是"人本恶"，但科学家们通过动物实验发现，人类的第一反应可能依然会采用"一报还一报"策略，人类的积极品质确实需要后天有意识地培养。来自哈佛大学的威廉姆斯（Williams）研究组发表了一篇有趣的用猕猴作为实验对象的论文[①]。实验的设计大致是这样的：人们安排三只猕猴同坐在一张圆桌上，每一次实验开始时都有其中一只猕猴被随机指定为分发食物的猴，食物只有一份，这只猕猴有权通过转动圆桌的方式决定把食物分给另外两只猕猴中的任意一只。为了排除其他时空等无关变量的干扰，圆桌的转动方向在实验中随机改变，这三只猕猴也需要在每天中场休息时随机变换自己的座次。这样一来，每只猕猴就都会有机会担任分发食物的角色，它们也就只能依赖社会因素而不是空间地理位置偏好来做出自己的分发决策。研究者还在猕猴的背内侧前额叶皮层（dorsomedial prefrontal cortex，dmPFC）区域插入了电极，用来记录这些猕猴在实验中神经元的放电情况。研究结果发现，不论哪一只猕猴，它们都更倾向于"报答"上一次实验中给自己分发食物的猕猴，并"报复"上一次不给自己分发食物的猕猴。比如，第一次猕猴A给猕猴B分发了食物，第二次如果轮到猕猴B做决定，它会更多地把食物分给猕猴A，而不是猕猴C，但如果前一次猕猴A把食物分发给了猕猴C，接下来如果是猕猴B担任分发食物的角色，猕猴B就会"报复"猕猴A，更可能把食物分给猕猴C。

更有意思的是，猕猴们还会根据另外两只猕猴的"名声"来做自己的决定，比如在猕猴以往的经验中（它自己观察到的），其中有一只猕猴更可能出现报答行为，那食物分发决策者就更愿意把食物分给它，这

① Raymundo Báez-Mendoza , Emma P Mastrobattista, Amy J Wang, Ziv M. Williams (2021). Social agent identity cells in the prefrontal cortex of interacting groups of primates, Science, 374(6566):eabb4149. https://doi.org/10.1126/science.abb4149.

样自己下一次实验时吃到食物的概率就会大大提高。猕猴们的这种行为似乎与人类的行为相一致，强调"一报还一报"。这种行为背后的神经基础是什么呢？科学家在猕猴的dmPFC电极记录中找到了不同类型的神经元，其中一些神经元在自己得到食物时会放电，或者在任意一只猕猴得到食物时就会放电，但他们还发现了另外一类特殊的神经元，这些神经元只在特定一只猕猴得到食物时才会放电。不仅如此，一次实验中不论谁是食物分发者，谁是食物享受者，总有一部分神经元能特异性地响应特定的猕猴（自己或是猕猴B或是猕猴C），而且这些神经元"敌我分明"，响应自己的和响应他人的神经元基本上没有重合。有没有办法让这些猕猴忘记报复而变成善良的猕猴呢？科学家通过在实验中给dmPFC加入额外的电刺激，结果发现额外的电刺激丝毫不能影响猕猴报复另一只猕猴的行为，反倒让它忘记了别人的善意，不再愿意报答其他猕猴了。

这意味着人们如果由着本能，恐怕也会自动地陷入"一报还一报"的丛林法则，那些善良和利他等积极品质就不能得到有效发展，因此，教育应该有意识地培养人们的积极品质，从而提升人的文明程度。

其次，学生积极品质的培养需要合适的教育方式，不能不择手段。过度强调问题矫正的"病理学"式传统教育使得教育者在教育中常常不择手段，只要能减少或消除孩子的问题就可以，而不管是否能对孩子的积极品质或其他方面等造成伤害，这使得个体的很多积极力量和功能（如自我完善、自我激励等）受到了极大的限制，而这些积极品质的发展对个体有着重大的意义。从功能角度来说，教育培养出来的孩子不仅要能承受这个世界的最坏，还要能享受这个世界的最好，因而教育就一定不能不择手段。山西省运城某中学对几名高中生的处理就是典型的不择手段，并且从一定意义上鼓励了欺骗和告密。

山西运城某中学的几名高中生在宿舍喊"你还相信光吗？"等《奥特曼》台词，被学校劝退处理。学校还发布悬赏公告，激励大家举报其他有喊叫行为的同学。此事引发巨大争议，学校接受媒体采访时改口称，那三名学生未被劝退，悬赏公告意在警示其他学生。

媒体发布的悬赏公告显示，校方确实通报了对三名学生"劝退处理"的决定。现在回应说没有劝退，可能是迫于舆论压力改口了。这几名学生应该平安了，但无论是因为喊叫行为劝退学生，还是公开悬赏鼓励学生举报同学，都折射了一种让人不安的教育理念。（微信公众号"新华每日电讯"2021年1月31日消息）

教育的矫正功能在这一事件中体现得淋漓尽致，学校为了改正学生的问题——在宿舍喊动画片《奥特曼》中的台词"你还相信光吗？"，使用了劝退（开除）、悬赏和鼓励告密、说谎等教育手段和教育方法。学校应该矫正学生的问题，也有一定的教育惩戒权，但要依照校纪校规处理，更要坚持"错罚相当"原则。劝退处理是一种非常严重的惩罚，学生在宿舍乱喊乱叫够得上这么严重的惩罚吗？也许教育者认为严苛一点的惩罚可以使学生改正错误的速度更快一点，改正错误的过程短一点，把改正错误的数量或时间等作为教育的主要目标，这明显体现了教育者的目的就是改正这些孩子的错误。其实过于严苛的责罚不仅丧失了教育效果，也使教育者的形象受到了损害。

在这一案例中，学校公开悬赏和鼓励告密，这更是典型的只为了结果而不择手段。学校为了所谓的"改正问题"就不顾自己做法的价值属性，这到底是想向学生们传递一种什么样的价值观呢？可能有人觉得学校的这种做法是鼓励其他学生与"坏人坏事做斗争"，这是错误的。公民只有义务举报其他人的违反国家法律或者犯罪等的行为，而且要向国家相应的管理部门举报，不能什么事都去举报，更不能向谁都举报。至于这一事件中所谓的"坏人坏事"只是管理者从自己利益出发而界定的，学校不能鼓励告密，更不应该培养告密者。这些孩子只有十几岁，大喊大叫发泄一下情绪无论如何也不能定性为"坏人坏事"，如果教育不能宽容，那有什么可以培养宽容？从本质上来说，如果真想发现孩子的问题，现代科学技术和信息技术等的发展可以使教育变得更富有智慧，教育根本就不应该考虑（更不用说是鼓励）告密这种方法。

这一事件引起社会反响后，学校接受媒体采访时竟称："那三名学生未被劝退，悬赏公告意在警示其他学生。"如果这样也可以算作教育，是不是侮辱了教育？学校竟然可以堂而皇之地用撒谎和欺骗的方式来恐吓学生，用谎言去教育只会培养出一批说谎者，最终导致人与人之间失去基本的信任。现在教育中有一种很不好的风气，只要用所谓的爱心包裹，谎言就可以肆无忌惮。例如，教育者（包括教师、父母或其他人）打骂了孩子就以"为了孩子好"为借口，平时随手摸一下孩子的头就能标称是体贴、关怀，随口赞一句"你真聪明"就能包装成是限量版的鼓励。真正的教育要用心去做，不是矫枉过正式的吓唬或欺骗，更不是谎言式的甜言蜜语或随手点赞。

正如每个人有独特的喜怒哀乐表情一样，各种形态的教育也有其独特的教育表情，传统教育以纠正问题为出发点，其教育表情是严肃而冰冷的。这种表情与中国传统文化一贯强调的"学海无涯苦作舟""棍棒之下出才子"等观点基本一致，使得教育给人留下了寒窗勤读、以苦作舟、严厉惩罚等刻板印象，每次新学期的开始都会被许多孩子视为自己幸福时光的结束。积极教育强调以发展学生的积极品质为核心，其教育表情是幸福而温暖的。这种教育表情对个体的发展更有利，能使个体具有较强的获得感和幸福感，减少个体间的抗争，教育过程在整体上处于一种恬静的状态，从而使置身于其中的个体形成一种积极的思维方式、心理结构，甚至是文化模式。

为了使教育具有这种幸福而温暖的表情，积极教育特别强调预防教育，即通过采取各种措施来提前预防问题的产生或减小问题产生的概率。比如，2021年1月15日教育部办公厅发布了《关于加强中小学生手机管理工作的通知》（以下简称《通知》），《通知》的核心内容主要有五点：第一，学校应当告知学生和家长，原则上不得将个人手机带入校园；第二，学校应通过设立校内公共电话、建立班主任沟通热线、探索使用具备通话功能的电子学生证或提供其他家长便捷联系学生的途径等措施，加强课堂教学和作业管理，不得用手机布置作业或要求学生利用手机完成作业；第三，学校要让学生科学理性对待并合理使用手机，避免简单粗暴管理行为；第四，家长应履行教育职责，加强对孩子使用手机的督促管理，形成家校协同育人合力；第五，教育督导部门要将学校手机管理情况纳入日常监督范围。

教育部的这个《通知》其实就是一个预防性教育措施。由于信息和网络技术的发展，更因为2020年年初突如其来的疫情，全国各地的大中小学校都出现了停课现象，为了响应"停课不停学"的号召，各地开展了多样化的网上学习和网上授课。截至2020年年底，在线教育用户规模达4亿多人，仅在线平台方面的课外辅导市场规模一年就有5000多亿元（教育部等六部门为此还于2019年7月印发了《关于规范校外线上培训的实施意见》）。这使得一些学生出现了过度使用手机的问题，如网瘾、手机依赖综合征等，从而影响了身心健康。为了解决这些问题，教育部从预防问题产生的角度出发而制定了这一《通知》。

当然，积极教育具有幸福而温暖的教育表情并不意味着积极教育不使用或不需要惩罚，惩罚或惩戒既是教育的组成部分，也是个体积极品质发展的重要保障。有研究发现，很小的儿童就已经知道应该惩罚一个表现不好（如具有不善良、不公平或欺侮他人等行为）的人。2020年11月《自然·人类行为》（*Nature Human Behaviour*）发表了一篇有趣的研究报告[1]，朱莉娅·马歇尔（Julia Marshall）等研究者以200多名4～7岁的儿童为被试，给每名儿童随机观看两种视频（分为中性视频和消极视频）中的一种。中性视频记录了一名叫杰西卡（Jessica）的儿童在观看另外一名儿童的画（正常行为）；消极视频记录了杰西卡在观看时有意

积极教育：提升孩子乐商，成就优势品格

---

[1]　Julia Marshall, Daniel A. Yudkin, Molly J. Crockett. 2020. Children punish third parties to satisfy both consequentialist and retributive motives. Nature Human Behaviour. 2020/11/23. https://doi.org/10.1038/s41562-020-00975-9.

撕毁了那幅画（不好的行为）。每名儿童观看视频结束后需要决定是否要对杰西卡实施惩罚。惩罚的方式是儿童可以选择将一个平板电脑放在一个上了锁的盒子中（惩罚行为，由于盒子被锁上后做决定的被试儿童也玩不了平板电脑，即对杰西卡实施惩罚的同时自己也会因此而付出代价）还是放在一个打开的盒子中（非惩罚行为）。观看中性视频的控制组儿童（对照组儿童）会被告知"杰西卡知道她玩不了平板电脑了，但她不知道为什么会出现这种情况"。观看消极视频的实验组儿童则进一步被分为两组：原因不明组儿童被告知"杰西卡知道她玩不了平板电脑了，但她不知道为什么会出现这种情况"；原因明确组则被告知"杰西卡知道她玩不了平板电脑了，并且她知道这是因为她撕毁了别人的画而造成的"。

实验结果发现：第一，原因明确组儿童选择惩罚杰西卡的比例显著性高于另外两组；第二，原因不明组儿童选择惩罚杰西卡的比例也显著性高于观看中性视频组儿童。研究者对所有参与实验的儿童进行了更进一步的询问后还发现，儿童普遍同意"因为惩罚能让人改变自己的行为，所以应该实施惩罚""做坏事的人需要得到教训"这两种观点。这意味着很小的孩子就已经相信：受惩罚能让做坏事的人得到教训并且以后少做坏事。因此，这些儿童宁愿自己受损失也要惩罚那些做坏事的人。

不过，积极教育的惩罚一方面是为了改正错误，另一方面是为了培养个体的积极品质。惩罚具有了双重任务之后，惩罚的方式、手段、数量或度等就都会受到一定的限制。当然，总的来说，教育过程中要尽量少用惩罚。事实上，积极教育的最好方式是强调预防。

在对儿童的教育方面，一些家长和老师存在着"教育万能论"观点，甚至流行一种说法，"没有教不好的学生，只有不会教的老师"，认为只要教育方法恰当，教育内容正确，再加上足够的教育时间，孩子就一定能成为最优秀的孩子，这种观点其实是不对的。2020年美国著名的心理学期刊《心理科学》（*Psychological Science*）在线发表了一项研究，该研究采用了双生子研究法^①。韦塞尔代克（Wesseldijk）等研究者收集了瑞典7 786名双胞胎及310名专业音乐人的数据。在这些双胞胎中，有299对为同卵双胞胎，具有完全相同的基因。研究者综合考虑了他们开始接受音乐训练的年龄、每周训练时长、音乐才能（音高、旋律和节奏辨别等方面的能力水平）、音乐成就（主要包括音乐人创作的作品数、教的学生数、CD唱片发行数、国内外评论数、获奖数等）等因素，结果发现了几条特别有意思的规律。

第一，如果抛开其他所有因素，只是单纯考虑开始接受音乐训练的年龄与音乐才能和音乐成就之间的关系，无论是专业音乐人士还是双胞胎，开始音乐训练的时间与其音乐才能和音乐成就之间都有正相关关系，即越早训练越有可能获得高水平的音乐才能和高水平的音乐成就。

第二，如果进一步考虑具体的训练情况，将个体每周训练时长纳入分析中，那么音乐训练开始的年龄与音乐成就之间的关系就消失了。换言之，越早开始音乐训练，音乐才能可能越强，而音乐成就则不一定了。

第三，如果再进一步考虑个体的基因和成长环境的影响，对被试中的双胞胎们进行对比分析，那音乐训练开始的年龄与音乐才能之间的关系也消失了，并且音乐训练开始的年龄与音乐才能和音乐成就之间的关系全部可以由共同的基因和共同的成长环境来加以解释。也就是说，从幼年开始学音乐，并不能导致孩子的音乐才能更强或音乐成就更高，早学与音乐才能或音乐成就之间并没有因果关系。

这意味着教育的成效还要一看天赋，二看家庭。父母是什么样的人和父母在家里做什么，这两个因素都很重要。如果没有天赋也没有家庭氛围，小鸟飞得再早也没用，在日后还有可能依然是笨鸟。

---

① Laura W. Wesseldijk, Miriam A. Mosing, Fredrik Ullén (2020). Why Is an Early Start of Training Related to Musical Skills in Adulthood? A Genetically Informative Study, Psychological Science. 2020/12/14. https://doi.org/10.1177/0956797620959014.

二、从教师发展角度来看

传统教育在很长一段时间里似乎变成了以矫正问题为其唯一任务，在以旨在纠错、重在修补为核心理念的传统教育模式下，教育者总是习惯于用看问题的眼光，通过批评或惩罚来帮助学生认识自己的不足，以矫正学生各种外显或潜在的短板及问题为最终目标，教师的主要任务在于发现学生的问题并找到解决这些问题的机制或办法，这导致了教育本身的失衡。

有研究发现，强调缺点或问题的表达方式会严重影响人们对事件的认知和态度，甚至会让人产生对已有政策或现实的不满，激发对立情绪。2020年发表于《自然·人类行为》的一项研究基于框架效应（framing effect）原理探究了这一问题[①]。框架效应是指人们对同一个客观上完全相同的问题进行不同的描述，这些不同的描述会导致人们采用不同的态度、偏好、倾向或行为决策判断等，这些描述本身就同特定的框架一样限制了人们的决策。框架效应概念由2002年诺贝尔经济学奖获得者丹尼尔·卡尼曼及其合作伙伴阿莫斯·特沃斯基（Amos Tversky）于1981年首次提出。两位美国研究者皮亚·迪兹（Pia Dietze）和莫琳·A.克雷格（Maureen A. Craig）发现框架效应不仅在经济活动中起作用，而且在社会问题的传播上同样能起作用，他们设计了三种强调不同内容的表达方式。

第一种是强调优势：相对于穷人，富人具有经济上的优势。

第二种是强调劣势：相对于富人，穷人具有经济上的劣势。

第三种是中性表达：富人与穷人存在多少差异，不强调差异的方向。

依据这种表达方式，他们对某一内容进行了上面这三种不同的

---

① Pia Dietze, Maureen A. Craig, 2020. Framing economic inequality and policy as group disadvantages (versus group advantages) spurs support for action. Nature Human Behaviour. https://doi.org/10.1038/s41562-020-00988-4.

表达。

强调优势的表达方式："富有的美国人预期比贫穷的美国人多活15年。"

强调劣势的表达方式："贫穷的美国人预期比富有的美国人少活15年。"

中性方式表达："研究发现收入不同的美国人的预期寿命存在15年的差异，科学家认为这与收入不平等的加剧以及医疗保险体制有关。"

迪兹和克雷格发现，这些不同的表达方式在脸书（Facebook）上发布后，强调劣势的消息传播至千人所需的成本最低，24小时内阅读的人数最高，其宣传效果有95%的可能性超过另外两种表达方式。此外，他们通过实验还发现，在考虑了人们自身的社会阶层和政治意识形态后，相较而言，强调劣势的表达方式更能引发人们产生强烈的不公平感，从而提升人们对于重新分配或改变既有收入或医疗政策的支持力度。换言之，改变信息的描述方式影响了人们对社会不公平程度的感知，进而影响了人们对于已有政策或对象的态度。

因此，从教师发展的角度来看，老师把自己的关注重点放在学生的积极方面至少会对自身有四个发展性好处。

第一，积极教育有利于提升老师对学生的爱和关怀，并使学生更愿意听从老师的教诲。积极教育主张关注个体的长处和优势，使学生的求知过程变成积极主动的行为过程。在教育过程中，学生所得到的成就或长处，无疑将对其进一步的自我实现带来源源不断的驱动力，这也让教育者坚信教书育人是其实现自我价值的事业，感受到自己生命的崇高意义和责任。同时，积极教育还认为教学是师生共同参与并获得积极体验的过程，这无疑拉近了相互之间的关系，不但能帮助老师消解工作和生活中的压力，增进他们的身心健康，而且能帮助老师树立起爱学生、爱教育的高尚情感，从而有利于其职业生涯的发展。

老师要爱学生、爱教育，这毋庸置疑，但这种爱需要建立在对学生积极品质的认知基础上。这就如一只杯子，如果你描述它小巧轻便、易携带，人们就会喜欢它并倾向于购买；但如果你描述它容量小、装水少，人们就会讨厌它并倾向于不购买。因此，老师要培养一种积极的能力，特别是培养一种合理处理积极和消极的能力。2017年诺贝尔经济学奖获得者、芝加哥大学行为科学教授理查德·塞勒（Richard Thaler）提出了给他人传递信息的四项原则。

（1）如果你有多个好消息要告诉对方，应该把这些消息分几次告诉对方，也就是说不要把喜欢的蛋糕一次吃完。比如，你今天给妻子买了一件新衣服，还因为买衣服而在商店里抽中了500元的奖金，你最好把这两个好消息分两次告诉你的妻子，这样的话她会因此而开心两次。心理学的研究已经证明：分别经历两次因为获得A和获得B所带来的高兴之和会远远大于经历一次因为获得A+B而带来的总的高兴程度。许多单位分月中和月底两次发工资，这是正确的，当然，如果单位有条件发周薪的话，即使工资的总量不变，这样发的效果还是会更好。

（2）如果你有多个坏消息要告诉对方，你就一定把这些坏消息一次告诉对方。两个坏消息（或损失）相加所带来的痛苦要小于分别经历这两次坏消息（或损失）所带来的痛苦之和。比如，学校如果要向学生收取费用，务必一次性把一学期有关的所有费用收足并留有余地，若因为在学期中有额外开支而一次次地向家长收费，虽然数量不多，但仍然会导致学生或家长满腹牢骚。

（3）如果你有一个大的好消息和一个小的坏消息要告诉对方，你应该把这两个消息一次告诉对方。这样的话，小的坏消息所带来的小痛苦会被大的好消息所带来的大快乐冲淡，负面效应自然就会小许多。

（4）如果你有一个大的坏消息和一个小的好消息要告诉对方，应该找不同的时机分别告诉对方这两个消息。这样的话，小的好消息带来的小快乐不至于被大的坏消息所带来的大痛苦淹没，对方仍然可以享受到好消息带来的快乐。当然，若好消息和坏消息都要告诉对方时，一般要先告诉对方好消息，然后再告诉对方坏消息，所谓的让好消息开道。

第二，积极教育可以更好地促进老师的公平观。一个老师如果总是关注学生的问题或问题学生，就会逐渐形成刻板印象，也就是通常所说的消极偏见。人心目中一旦形成了偏见，就如同人站在一座难以翻越的大山面前，自己的眼光就会被这座大山挡住，从而导致工作或生活中有意无意地出现歧视行为。发表于美国《心理科学》的一项研究[1]认为，偏见加上人们对于特定工作或行为所需要的能力的心理阈限必然会导致生活中的歧视现象。为什么男性更容易获得晋升？因为人们有一个刻板印象——不同身份的人的能力不同（男性的能力要高于女性），随着其职位的升高，人们对其能力的要求也越来越高，男女员工晋升的概率差异就会越来越大，歧视也就在这一过程中自然发生了。老师对学生的教育过程也会存在这种现象，学生的年级越高，老师就越有可能对一部分学生形成偏见。

许多人认为女性更加情绪化，实际上这只是一种偏见，人们在这种偏见的影响下对现实中类似于热情、焦躁、充满力量等都可能在男性和女性中得到不同的诠释。最常见的如男性在运动中出现情绪波动会被描述成"有活力的"，但女性因一些事件而引起的情绪波动则可能被描述为"小心眼的"。人类的情绪化究竟会不会受到雌激素（性别）的影响？美国普渡大学的科学家招募了142名男性和112名女性志愿者参与了为期75天的情绪状态调查研究[2]。在这75天中，志愿者每天都需要在晚上完成一次长达20分钟的问卷调查（积极情绪和消极情绪量表），由于问卷过长，有可能影响量表所收集数据的可靠性，因此研究者根据问卷完成度来发放奖金，以此确保数据收集的稳定性。研究者通过三个不同的指标来判断这些志愿者的情绪波动性：不稳定性、情绪持续性和周期性。结果显示，无论是哪种指标，男性和女性显示的情绪变化实际上并没有区别。在后续的研究中，研究者假定性别差异存在，在此条件下对

① Hester, N., Payne, K., Brown-Iannuzzi, J., & Gray, K. (2020). On Intersectionality: How Complex Patterns of Discrimination Can Emerge From Simple Stereotypes. Psychological Science, 31(8), 1013–1024. https://doi.org/10.1177/0956797620929979.

② Weigard, Alexander, Loviska, Amy M., Beltz, Adriene M. (2021). Little evidence for sex or ovarian hormone influences on affective variability. Scientific Reports. https://doi.org/10.1038/s41598-021-00143-7.

收集到的所有数据进行了统计分析，但即使是最可能受到影响的数值也只出现了微小的变化，这意味着性别差异和情绪变化完全没有关联。

第三，积极教育能使老师形成正确的自我意识。老师总是关注问题容易形成不良的自我意识。这种不良的自我意识，一方面体现在对自己的工作或能力产生错误认知，觉得自己的工作就是修修补补，造成自己对教师职业的认同感越来越低；另一方面，过分关注问题也容易使自己在自我意识中对问题变得麻木不仁，甚至被问题本身同化而形成了有问题的价值观。

2019年6月，正值2019年计算机体系结构国际研讨会（2019 international symposium on computer architecture，ISCA'19）召开前夕，美国佛罗里达大学的在读博士生陈某在校园内自杀身亡。随后一个名为"辉祥之声"（Huixiang Voice）的账号在媒介书（Medium）平台公布了逝者的遗书及其生前的一些微信聊天记录等，这些内容公开指控陈某的导师强迫其在一篇投稿的会议论文中造假，然后导师靠着自己的关系推动了这篇造假论文的发表，并拒绝了陈某的撤稿要求。面对这些指控，其导师自然是极力否认，并且仍然在随后的ISCA'19会议上公开展示了他们共同署名的这篇论文。ISCA会议由美国计算机学会（Association for Computing Machinery，ACM）和美国电气电子工程师学会（Institute of Electrical and Electronics Engineers，IEEE）联合主办，被称为计算机体系结构领域四大国际顶级会议之一（计算机领域最好的论文一般在计算机的顶级会议上发表）。接获举报信息后，ACM通过相当长一段时间的细致调查后发现，涉事导师不仅在这次投稿过程中胁迫共同作者发表一项涉嫌造假的研究论文（尽管该论文的共同作者陈某多次对该研究结果的正确性表示担忧），还在四大顶级会议中的另外两个会议（HPCA'19及ASPLOS'17会议）。HPCA'19指2019年高性能计算架构国际研讨会，英文是"2019 IEEE international symposium on high-performance computer architecture"；ASPLOS'17指2017年编程语言和操作系统的体系结构支持会议，英文是"2017 ACM conference on architectural support for programming languages and operating systems"）上违反了同行评审规定，依据ACM公告，不仅涉事导师违规作假，另外还有多名对象故意违反ISCA'19同行评议程序，多次分享稿件的审稿人姓名及提交的评审分数。ACM调查委员会进一步发现，这些成员私下合作，要求他人撰写信息并在会议评审系统中发布，从而推动某一篇稿件顺利通过论文评审，这次调查还发现了许多其他违规行为。

导师胁迫学生论文作假，学生作假后因内疚、害怕而自杀，导师居然还把论文拿到学术大会上公开展示（类似于在学术杂志公开发表），这是一件多么不应该发生的事情啊。这个导师的自我意识很可能出了问题，也就是他自我意识中并不认为研究作假（事件中是修改数据）是一件多么严重的坏事，这可能是因为在此之前他做了多次类似的事，头脑中形成了错误的自我意识。

学术界一度认为自我意识是人类特有的认知能力，但近几十年的研究发现，如灵长类动物、海豚、大象等动物都具有一定的自我意识。一篇发表于《科学报告》的论文[1]更是发现，像狗这样的动物同样具有自我意识，并能意识到自身行为所造成的后果。这一研究使用了修订过的"毛毯测试"（mat test）任务，让狗坐在系着一个球的毛毯上，研究者让狗的主人向狗同时索要球和毛毯。研究者指出只有当狗意识到自己的身体在毛毯上，且能意识到自己行为的后果时，狗才能迅速地完成将球和毛毯一起交给主人的任务。结果显示，许多狗能顺利完成这一任务。这项研究进一步支持了自我意识是一种广泛存在于动物中的认知能力这一论断，人比动物要聪明得多，因而人的自我意识形成的速度或强度等都要更高。自我意识虽然是一种先天的倾向，但它的发展主要依赖于后天的生活实践。例如，你具有先天的说话遗传倾向，但如果你后天不进行相应的实践或训练（从不和其他人说话），你的这种先天遗传倾向就得不到发展。要让这个世界

---

[1] Rita Lenkei, Tamás Faragó, Borbála Zsilák, Péter Pongrácz. (2021). Dogs (Canis familiaris) recognize their own body as a physical obstacle. Scientific Reports. https://doi.org/10.1038/s41598-021-82309-x.

变得美好，必须先让自己觉得自己很美好。也就是说，一个人觉得自己是怎样的，他的世界就是怎样的。

人们通常认为谦虚（这里的谦虚是指实质谦虚而不是形式谦虚，实质谦虚指个体内心真的认为自己并不太好；形式谦虚指自我意识很好，但用一种谦虚的方式表现出来）是种好品质，人如果谦虚一点能有利于获得更大的进步和更好的成就表现，然而事实并非如此。2015年有一项研究发现，那些对自己的智力非常确信的人真的比其他人更聪明[①]。这项研究对103名学生进行了一个学期的跟踪调查，分别对他们的学习成绩和智力等进行了测试，结果表明那些认为自己优于他人的人在课程学习中的表现更好。不过在人际交往方面，谦虚的人更受同龄人的喜爱，这意味着智力方面自我意识上的傲慢可能对其社会交往造成一定的消极影响，但对其学习成就则有积极作用。

第四，以矫正问题为主要价值取向会导致学生和老师之间的关系易产生不可逾越的鸿沟，造成师生成为矛盾的双方。心理学上有所谓的"消极优先"效应，即消极的东西总是优先被人们注意到，更能吸引人们的眼球，并且传播得更快，即所谓的"好事不出门，坏事传千里"。所以如果不加以刻意控制或努力，老师看待学生就容易出现"问题优先"或"强调问题"的情况。"强调问题"一方面会让学生对老师产生抵触情绪，另一方面老师也无法从教学过程中体会到使命感和价值感，长此以往，将缺乏对教学的兴趣而形成职业倦怠。

传统以问题为核心的教育必然会使老师或学校人为地放大学生存在的问题，因为问题越多或越大就越有利于学校或老师的功利（容易建功立业），即学校或老师的功利一般与学生的问题联系在一起，这就有可能导致"学生问题"或"问题学生"泛滥，进而使学生对老师或学校产生莫名的畏惧感。学生会认为学校就是医院，而老师就如同医生，自

---

① Benjamin R. Meagher, Joseph C. Leman, Joshua P. Bias, et al.(2015). Contrasting self-report and consensus ratings of intellectual humility and arrogance. Journal of Research in Personality, 58, 35-45. https://doi.org/10.1016/j.jrp.2015.07.002.

己在学校里仿佛就是一个问题的集合体，只能消极被动地接受矫正。教育的矫治功能使得教育者可以从容地帮助困境中的学生得到改变并生活良好，但在面对那些已经具备良好条件的学生时却显得无所适从，不知如何让其好上加好。这就使得教育者眼里只有问题，而没有学生，表现出了典型的非人性化特征。在这样的情境下，学生的学习也就相应地成了因受外界压力而不得不产生的一种消极适应，这样所取得的教育效果反而不好。有一种观点在教育界比较流行，即对问题者进行"污名化处理"可以鼓励人们改进问题，如给学习差的人灌输"学习差可耻""学习差的人是时代进步的绊脚石"等意识，给肥胖者冠以"肥胖羞耻"（fat shaming）等消极名声，这实际上是一种非常错误的做法。

有一项研究发现，当人们采用体重歧视或"肥胖羞耻"等污名化处理之后，这些消极性质的污名化处理反而成了肥胖者减肥的障碍[①]，也就是说，一个肥胖的人如果被别人这样用污名化消极对待会导致其减肥失败。在这项长达4年的追踪研究中，被污名化的肥胖者平均体重反而增加了3.5磅（1.6千克），但是那些没有受到污名化处理的被试的体重则出现了显著性减轻。该项研究中的污名化处理主要包括：接受"肥胖羞耻"观念教育，如因肥胖而受到威胁、嘲笑或骚扰；在商店和餐馆接受服务时被区别对待；生活中受到不尊重的对待（如冠以不雅的绰号等）。最后的研究结果表明：消极性质的体重歧视对减肥效果无益，反而增加了这些被试的体重。

这个社会中的许多事情不仅仅是差异，还有是非，教育就是如此。教育可以有不完美，但一定要有是非观。在没有正确理念的前提下，教育即使行了万里路，即使引起了很大的轰动或高光闪亮，也不过类似流星一闪而过。

---

① Jackson SE1, Beeken RJ, Wardle J.(2014). Perceived weight discrimination and changes in weight, waist circumference, and weight status. Obesity, 22(12):2485-8. https://doi.org/10.1002/oby.20891.

三、从社会发展角度来看

社会就是指许多人生活在一起，共享一定的地理环境。为了更好地共同发展并获得美好未来，人们会要求个体让渡一部分个人自由而相应地制定一系列的社会规则或规范，所以一个发展很好的社会，个人一定是遵守一些规则而没有绝对自由的。这些规范或规则只是最低要求，社会要想发展得好，还应有更积极的作为，如形成积极的社会文化环境。行为是个体对环境条件（包括地理环境和文化环境）做出灵活反应的方式，人类有很强的行为灵活度，因而社会具有什么样的环境常常就会塑造其成员形成相应的行为反应方式（通常所说的行为品质）。积极的社会环境可以培养成员的积极行为品质。有研究发现，同一环境中的人群和非人哺乳类及鸟类的觅食、生殖及社会行为也高度相似，这似乎意味着环境条件都有可能造就人类及非人动物产生相似的行为[1]。我国正处于社会转型时期，改革进程的不同时期所面临的主要问题不同，发展重点也不同，当前我国社会的主要矛盾已经转化为人民日益增长的美好生活需要和不平衡、不充分的社会发展之间的矛盾，其中积极的社会文化环境建设正是人民日益增长的一种精神性需要。

社会的发展存在一种趋势：当一个社会达到了一种相对富裕的稳定状态后，这个社会的人们以及整个社会就不再局限于满足最基本的生活需要了，其追求必然更关注积极的一面。这就如同一个生活水平相对不错的家庭，其吃饭的碗筷等都会强调要精致、好看一点，穿的衣服也会要求档次高一点。当前我国已大致告别了贫困而进入了小康社会阶段，基本的物质生活与先前相比已经有了很大的改善，这时候人们的生活不再是为了生存，而更主要是为了自我实现的获得感，社会中的人们因而也自然会更趋向于积极。

---

① Toman Barsbai，Dieter Lukas，Andreas Pondorfer，2021. Local convergence of behavior across species.Science, 2021/01/15. https://doi.org/10.1126/science.abb7481.

曾经一种流传很广的经典"夫妻相理论"[1]认为，夫妻双方的相貌在亲密关系建立初期并不相似，但随着时间的推移，相互之间会变得越来越像。该理论曾一度广受认可，但这其实是一种谬误。2020年10月12日发表的一篇研究[2]发现，夫妻相的原因其实是男女双方往往在婚姻初期或之前即有了"相似性"（夫妻相），事实上，这种夫妻相不会随着时间的推移而变得更加明显。这一理论的真实含义在于：你自己长成了什么样，你就会对什么样的人感兴趣，人们更愿意和自己长得有点像的人一起玩。同样的道理，积极的社会可以培育积极的人，而积极的人也更愿意和积极的社会亲近，更愿意生活在积极的社会中。

　　从已有的科学研究证据来看，除了一些积极天性（如同情、爱等），人们的大多数积极属性或积极品质可能并不是天生的，而是需要有意识地培养，特别是来自社会文化环境的渗透影响。这意味着从个体发展的角度来说，人的积极属性主要还是通过后天学习而获得的，学习使人们成为有用的人，学习更使人们成为快乐、积极的人。

　　大脑是如何完成学习任务的呢？这是一个人们一直在探究的古老的研究命题，这方面的实验研究最早可以追溯到诺贝尔生理学或医学奖获得者、俄国著名生理学家和心理学家伊万·巴甫洛夫（Ivan Pavlov）的经典条件反射实验。巴甫洛夫和其助手在做一个有关狗的消化腺的实验时，无意中发现有些饥饿的狗一听到实验的铃声就会流出口水。饥饿的狗只有在看到或闻到食物（如面包）时才会流口水，这是天生的生理现象（称为无条件反射），而实验时狗听到铃声居然也会流口水，这是什么原因呢？通过一番实验甄别，他们发现，原来这是因为实验铃声之后通常紧接着就会出现食物（或者铃声和食物经常同时出现），因而铃声和食物之间就形成了联结（形成了条件反射），联结建立之后铃声也就

① Zajonc, R. B., Adelmann, P. K., Murphy, S. T. & Niedenthal, P. M. (1987). Convergence in the Physical Appearance of Spouses. Motiv Emotion 11, 335-346, https://doi.org/10.1007/Bf00992848.

② Tea-makorn, P.P., Kosinski, M. (2020). Spouses' faces are similar but do not become more similar with time. Scientific Reports. https://doi.org/10.1038/s41598-020-73971-8.

具有了食物的特性，即狗听到铃声而流口水是后天学习的结果。

巴甫洛夫的"联结学习法则"（associative learning rule）提出之后，引起了许多心理学家的注意。加拿大心理学家唐纳德·赫布（Donald Hebb）于1949年就利用这一法则解释了大脑细胞是如何获取新知识的（解释了学习的机制）。赫布认为，如果两个神经元同时被激活，并且同时产生相应的信号时，它们之间的突触连接就会变得更强，而这就意味着大脑正在发生学习（这也称为赫布学习法则）。这种观点引出了一个理论：一起放电的神经元是通过神经元的突触相连的，突触相连接就代表了学习正在发生。这一理论从分子层面描述了神经突触在学习过程中是如何发生变化的，并且得到了一系列生物、生理等实验证据的支持，从而形成了一个被广泛接受的理论，用于解释什么是学习。随着科技的发展和人类认识的提高，人们发现学习过程远不是如此简单，作为进化环节最重要的一种方式，学习可能还有着更复杂、更精妙的大脑活动。

事实证明，仅仅增强神经元突触之间的联结是无法产生记忆的，为了形成连贯且有效的记忆，整个大脑需要产生大量的多方面的变化。神经科学家已经意识到，人类大脑表层的灰质并不是唯一参与永久记忆形成的区域。研究发现，大脑皮层下方的区域在学习中也发挥着某些关键作用。如果神经突触的增强不足以说明大脑在学习时发生的变化，那么在学习新东西时大脑中到底会发生什么？研究人员利用磁共振成像（MRI）观察大脑的结构，他们惊奇地发现，具有某些特定高超技能的人与普通人在大脑结构上居然存在差异，如音乐家的听觉皮层比其他人更厚。那这种差异到底是先天就有的还是后天学习经验所导致的？也就是说，音乐家到底是因为先天就有了特殊的大脑结构还是通过后天努力学习形成了特殊的大脑结构？相关研究进一步证实，学习过程居然改变了人类大脑的结构。瑞士洛桑大学的神经科学家波格丹·德拉甘基（Bogdan Draganski）和其同事的研究证实：当医学院的学生在考试前努力复习之后，他们大脑中的灰质体积就会有所增加。大脑中多种细胞的变化都会增加大脑灰质的体积，比如形成新的神经元和胶质细胞（非神经元细胞），另外，灰质中血管的变化、轴突和树突的生长和萎缩等也可能使灰质的体积发生变化，但到底是哪种具体情形导致了大脑灰质的变化目前还不十分清楚。值得注意的是，在学习过程中，大脑在生理结构上的变化速度可能比人们预期得更快。以色列特拉维夫大学的亚尼夫·阿萨夫（Yaniv Assaf）和其同事在研究中发现，在玩一项电脑游戏时，新玩家围绕赛道跑16圈就足以使其大脑的海马区域发生变化。玩家在这项游戏中经常要用到导航功能，而这个功能与空间学习能力有非常密切的关系，因此与空间学习有关的海马区发生变化是合理的。阿萨夫及其他研究人员，特别是英国牛津大学的海迪·约翰森-伯格（Heidi Johansen-Berg）还惊讶地发现：学习居然还会导致一些意想不到的大脑区域发生变化，包括没有神经元或突触的区域，如大脑白质[①]。这些研究意味着人们的学习过程受太多因素的影响，有时候一个偶然的社会变化也许会改变你的大脑，并让你承担由此而导致的后果。

---

① 内容来自微信公众号"环球科学"。道格拉斯·菲尔茨（Douglas Fields）撰文，姜海纶翻译。道格拉斯·菲尔茨是美国国立卫生研究院（NIH）的高级研究员，主要研究神经系统的发育与可塑性。本部分内容翻译者姜海纶是中国医学科学院博士，研究方向为神经药理学。

第三节 积极教育不是发扬优点、改正缺点的教育

积极教育既是理性思考的产物，也是一种实践活动的产物，尽管积极教育和发扬优点、改正缺点的教育在教育途径上基本一致，都主要通过课堂教学、课外活动、校外活动和家庭教育等多个途径进行，但积极教育和所谓的发扬优点、改正缺点的教育是两个含义完全不同的概念，其理念、目标和方法等方面还是有着较大的差异的。

一、不同的两种教育理念

教育理念意指对教育应该如何做的一种认知，它虽然是一种思想信念，但在一定意义上也是一种行为实践指导法则，对教育方法、教育手段、教育途径等都产生着巨大的影响。

首先，积极教育属于暖教育理念，而发扬优点、改正缺点的教育则是一种冷教育理念。积极教育认为，人的发展是个体自身内部的积极品质发生变化的结果，发展主要来自个体自身积极品质的增加、发育和生长等，发扬优点是积极教育的核心内容和主要活动目标。和万物一样，个体如果需要生长，就需要一定的温度，只有春天有温度，才能让大地苏醒，因而积极教育旨在为孩子提供温暖，从而让其各种积极品质获得生长的条件。发扬优点、改正缺点的教育仍然属于传统意义范畴里的教育，信奉发展是克服困难之后自然而成的一种结果，它只是把发扬优点

作为克服困难的一种手段或方法，其活动目标主要是使学生的各种问题得到全面纠正，从而使学生成为一种没有问题的人。寒冷的环境是不让问题生长或产生的一种最简单的方法。举个例子来说，假设田里种了禾苗，积极教育关注禾苗本身的生长，因而主要提供合适的温度，让禾苗尽快生长。当然，温暖的环境不仅能让禾苗生长，也能让杂草等得到生长，所以积极教育考虑的是如何让禾苗长得比杂草更快、更高，不会为了不让杂草生长而停止或改变自己的温暖。发扬优点、改正缺点的教育则主要关注如何去除禾苗旁边的杂草，认为杂草去除了，禾苗自然就会长好了，而让杂草不生长或生长缓慢的最简单办法是降低温度，因此发扬优点、改正缺点的教育是一种冷教育。温度低了，禾苗的生长也会变慢，或者干脆停止生长，但这没有关系，因为发扬优点、改正缺点的教育的目的已经达到了：没有了杂草或杂草停止了生长。

其次，积极教育是一种发展理念，而发扬优点、改正缺点的教育则是一种矫正理念。积极教育最根本的任务是保护和发展学生的长处和优点，让孩子成为一个优秀的人。教育不能仅仅把注意力集中在个体消极结果的分析上，而是要把重点放在促进其积极品质上，也即完整的教育既包括消除问题的冷功能，又包括发展优势的暖功能。好教育应该冷暖均衡，问题解决和优势发展并重。从学生发展的角度来看，问题和优势是两个独立的变量，因此，传统教育过分致力于对问题的解决而远远没有实现教育应有的价值。从品质自身发展的机制来说，长处和问题二者之间存在着一定程度上的关联，但并没有必然性，长处并不是问题解除之后的附属结果，问题的消解并不一定意味着长处的产生。个体的发展与成长主要还是靠长处的累积，而不是靠问题的解决。问题的解决只是暂时的、非本质的，个体长处的积累而形成的积极品质才是个体长久的、本质的、决定性的东西。不仅如此，问题的处理也有一个适当性的问题，任何事物都具有两面性，并不是所有问题都可以被解决，有些问题被解决了，与其相关的长处或优势也就消失了。其实，人类的一些消极品质的发展总有其特定的功能，如嫉妒可以削弱个体自身的快乐，但它也是人类进取的原动力之一。

二、内容不同而导致积极教育的教育方法和教育手段具有鲜明的积极特征

积极教育有清晰的、想要发展的内容，知道要培育的具体内容之后就能根据内容选择相对应的方法和手段，是一种被内容限定了的正面清单原则的方法或手段；而发扬优点、改正缺点的教育没有清晰的、要培养或发展的内容，只有清晰的、要纠正和克服的内容，一旦把问题矫正完了，到底该怎么培养孩子的思想则不清楚，这就导致发扬优点、改正缺点的教育不仅在方法、手段方面具有不可控制性，而且孩子未来发展成什么样子也是不可控的。也就是说，改正了缺点和问题的学生未来到底会成为什么样的人是不可控的，也许会成为一个善良的人或者一个有创造力的人，但也有可能会成为一个有其他缺点的人。从教育的具体方法和手段上来看，积极教育最大的特点是有相应的限定范围，不能不择手段或方法。

举例来说，如果通过测试发现某个孩子的长处是具有很好的批判性思维，老师和学校就根据批判性思维的心理机制、脑机制和行为特性等对其实施相关的具体教育措施，从而进一步培育和发展这一品质，同时有意识地提供场合或活动等让这一积极品质有应用的机会，孩子未来的人生之路就有可能以批判见长，这就是积极教育。同样通过测试发现某个孩子也具有很好的批判性思维，坚信发扬优点、改正缺点的教育理念的老师和学校就会把这个孩子的这一积极品质和他身上已有的缺点（如上课不专心）联系起来，通过发扬其批判性思维来改正其上课不专心这一缺点，当孩子改正了自己上课不专心的缺点之后，其批判性思维的长处也就不在学校和老师的关心之列了，孩子改正了自己的缺点之后到底走什么样的人生之路则主要凭机缘、运气。所以，发扬优点、改正缺

点的教育的任务在于改正缺点，而发扬优点只是改正缺点带来的一个副产品，这导致其在教育过程有时会不择手段。积极教育的目标是要发展积极品质和优点，其教育手段或方法会有所选择，必须确保具有积极的特性。

情绪管理是当代教育非常重要的一项内容，孩子的许多问题的产生始于情绪，问题的解决也终于情绪。"情绪管理"（emotion-management）一词由美国学者阿莉·拉塞尔·霍克希尔德（Arlie Russell Hochschild）于1979年提出。她认为情绪管理是一项需要遵循情绪情感规律的工作，是个人为改变情绪体验的程度或质量而采取的行动，也包括根据环境要求进行的情绪调整或改变等。1990年彼得·萨洛维（Peter Salovey）和约翰·梅耶（John D. Mayer）提出了情绪智力理论，后来萨洛维将情绪管理能力作为情绪智力的一个重要组成部分，定义为在自我情绪观察的基础上处理情感以达到适当水平的能力，其内容主要包括如何自我安慰以及摆脱各种消极情绪的不良影响。人们在日常生活中经常会遇到各种外显的或潜在的情绪刺激，从内部感觉（如胃不舒服）到外部事件（如同事的八卦或超市播放的音乐），这意味着人们几乎一直在进行着某种形式的情绪管理。

积极教育提出情绪管理除了管理消极情绪，还要管理积极情绪，基于积极心理学原理的情绪管理通常简称为积极情绪管理，其目标主要在于以培养、放大和提升个体的积极情绪和幸福感为目标，特别强调品味在其中的作用。

积极情绪管理主要有三个明显特征。

首先，强调通过品味来提升或扩大已有积极情绪。品味是指增强或扩大积极事件所带来的积极情绪体验的方法。简单来说，品味和应对相对应，应对是如何消除消极的情绪体验，而品味是如何培育、提升和扩大积极的情绪体验。举个例子来说，如果一个人吃到了一个苦涩的生柿子，他就要想办法让这种苦涩体验很快过去，相应的方法有很多，如用清水漱口，吃甜味食品，吐口水等，这些方法都属于应对；而如果一个人吃到了一个很香甜的熟柿子，他也应该想办法让这种香甜体验持续得更久，如他可以慢慢地小口吃，可以分两次或多次吃完，可以边闻边吃，可以分享一点给别人，可以把吃的过程发个朋友圈等，这些方法就是品味。

其次，提倡主动预防消极情绪。积极情绪管理不是不需要管理消极情绪，但积极情绪管理强调以预防为主。预防是指在消极情绪的诱导因素和积极情绪的阻碍因素还没有产生之前就开始管理。坏情绪和人的生理疾病一样，一旦产生了，需要花很大气力才能消除。

最后，讲究重视整体性管理。针对管理的"碎片化"，英国学者最早提出了整体性管理，指多元主体之间通过充分沟通与合作，达成有效协调与整合，彼此的政策目标连续一致，政策执行手段相互强化，达到合作无间的目标的治理行动。一个人在生活中通常拥有多重身份，只有对情绪进行整体性管理，才能成为一个和谐发展的人。情绪的整体性管理即当自己处于情绪状态时要管理，而当自己在平静状态时也要管理；工作中要管理，生活中也要管理；在他人面前要管理，自己独处时也要管理。

如何有效进行积极情绪管理？现在比较流行的是一种ABCDE理论。ABCDE理论源自贝克（A.Beck）和艾莉斯（A.Ellis）提出的ABC理论。ABC理论原本是去除消极情绪的方法，即理性情绪法。该理论认为生活中的消极事件（adversity）只是情绪产生的诱因，对事件的信念（belief）才是后果（consequence）的决定因素，若要去除消极情绪，首先要改变消极信念。塞利格曼与霍隆（S.Hollon）、弗里曼（A.Freeman）在这一模式后面加上了D——反驳（disputation）和E——激励（energization），旨在鼓励人们寻找消极事件中的积极成分，培养积极的思维习惯。人们经常对别人的错误观点进行反驳，而对于自我的消极信念更需要进行自我反驳。

怎样有效反驳自己的消极信念？塞利格曼提出了以下三种途径：（1）提供不合理证据。反驳消极信念最有效的方法就是举证，即证明消极想法的不合理性。如果你认为自己抵达了人生的低谷，那么恭喜你以后的人生只会比现在更好。其实对于很多消极信念，人们很容易找出其不合理证据。（2）寻找其他可能性。一件事情的发生会有很多原因，悲观主义者往往会把消极事件的原因看成永久的、普遍的或由自己造成的，而乐观主义者认为问题可能是暂时的。悲观的解释风格往往会使人绝望或放弃，所以人们要从多个角度去寻找事情发生的多种可能性，从而突破困境，获得成长。（3）去灾难化。有时候即使你的消极想法是对的，也不要轻易夸大其灾难性后果，生活中发生的绝大多数事情都没有人们想象的那么糟糕。反驳自己的消极想法需要反复练习，形成一种积极的思维习惯，进而形成乐观的解释风格。但是，乐观的解释风格并不是要求人们事事乐观。凡事要有度，过犹不及。

三、教育评价的成分不同

积极教育和发扬优点、克服缺点的教育在教育评价方面也有差异，积极教育的评价包含主客观两种成分，不仅评价结果更全面，评价过程也更人性化。正如积极教育的定义所言，积极教育评价的标准主要是主观幸福感和获得感。主观幸福感是个体的主观体验，是个体对自己快乐不快乐及生活态度的主观感受，而获得感是个体积极品质或长处的客观获得，是一个可测量的客观变化程度。发扬优点、克服缺点的教育主要评价个体的问题去除了多少，一般只有客观的数据，容易出现分数决定论现象。所以从这个角度上说，积极教育更重视教育评价中的公平公正，更重视客观获得对于提高个体的主观感受及自我实现的实际作用，实现了主客观评价的统一，超越了一般教育质量评价的片面性。

有一种错误的观点认为教育评价应该越客观越好，因为客观代表了科学，客观代表了真实，但事实并非如此。一旦一项活动有人参与之后，活动就会被赋予人的情感需要或动机等，针对有人参与之后的活动，评价往往需要加入人的主观体验，如果没有加入人的主观体验，有关人的活动方面的评价注定是不完整的或不太符合实际的。比如，一顿丰盛的烤全羊，尽管羊肉质量特别好，味道也比较鲜美独特，但如果吃的人感觉不好（如有的人天生不喜欢吃羊肉），那就不能说这是一顿好的大餐。同样，一个学生高考得了高分而上了最好的大学，但他痛恨他所经历的中学教育，这样的中学教育算是好的教育吗？

可见，对有人参与的活动，评价时一定要包括参与者的主观感受，师生内心的感受有时远比外在的所谓规范、道理等更重要。有一项研究特别有意思，很小的孩子就能意识到人们之间物品的交易并非完全取决于物品要具有等价的、客观的真实数量或数字，交易价值往往还包含个体的情感、喜好等主观体验或主观感受，也就是说，物品的客观数量并不是影响双方交易顺利实现的唯一因素。这项研究发表于《判断与决策》（*Judgment and Decision Making*）[①]，研究发现很小的孩子已经会在交易中理解参与交易者的主观感受。这项研究一共有314名5~10岁的孩子参与，研究者在实验过程中告诉孩子（每个孩子都单独参与实验，以免受到其他孩子行为的影响），有一只青蛙先生要和实验主持人做一场物品交易，主持人想用自己手里的曲奇饼干换青蛙先生手里的巧克力，孩子们需要判断青蛙先生愿不愿意与实验主持人交换。孩子们会在不同的条件下做出判断：条件一是青蛙先生非常喜欢巧克力；条件二是青蛙先生对曲奇饼干和巧克力都很喜欢；条件三是青蛙先生非常喜欢曲奇饼干。结果发现，假如主持人用相同数量的曲奇饼干交换青蛙先生相同数量的巧克力（如用一块换一块或者用两块换两块，这个年龄的孩子已经具有了客观数量的概念，但你千万不要让孩子们去理解巧克力和曲奇饼干相比，哪个价值更大，这个年龄的孩子不具备这种理解能力），青蛙先生如果对曲奇饼干和巧克力都很喜欢，绝大多数孩子认为青蛙先生会接受交换；但如果青蛙先生非常喜欢巧克力或非常喜欢曲奇饼干，那

① Margaret Echelbarger, Kayla Good, Alex Shaw (2020). Will she give you two cookies for one chocolate? Children's intuitions about trades. Judgment and Decision Making. 2020/11/20. https://www.sas.upenn.edu/~baron/journal/20/200213/jdm200213.html.

交换的数量就不相等，比如，当青蛙先生很喜欢巧克力时，主持人如果能用更多的曲奇饼干换更少的巧克力，大多数孩子认为青蛙先生是会同意的。

这一研究的意义在于揭示了很小的孩子已经理解了客观数量（数字的多少）不是对活动进行评价的全部依据，客观数量会受到个人喜好等主观体验或主观感受的影响。这种情形在生活中也经常出现，比如你有一件蓝色的新衣服，想换别人同款式的白色的新衣服，尽管价格、尺码和质量等都一样，但对方就是不愿意和你换，因为对方对白色的喜爱远胜于蓝色，但如果你拿出两件蓝色的衣服去和对方换一件白色的衣服呢？估计对方就有可能和你换了。所以，当小伙伴问你："我可以用一个苹果换你的三个榴梿吗？"你千万不要生气，如果你真的非常喜欢吃苹果而又特别不喜欢榴梿，那就抛开物品的实际价值去换吧，毕竟吃一个爱吃的苹果肯定要比吃三个不喜欢吃的榴梿能得到更多的幸福体验。

另一项有关合作决策的研究也揭示了情绪对人们做出抉择的重要性。人们在现实生活中经常要与他人合作完成任务，哪些因素会影响人们的合作意愿呢？人们通常都认为自己会基于合作选项的价值做出自己的决策，即选择合作能给自己带来多大的预期收益误差。例如，你预期能从完成任务中拿到65元，但最终只拿到60元，5元的差距就可能让你下一次不再与这个人合作或者寻找另一个合作者，传统的强化学习理论就是建立在这种认知和理解上的。其实除了价值，人们的情绪对决策选择的影响也是巨大的，与同伴合作带来的不愉悦感会产生带有负性特征的预测误差，从而导致人们相应地调整自己后面的决策（如下次不再与他合作）。2021年发表于《自然·人类行为》的一项研究就研究了这一问题，并且比较了情绪预测误差对人类的社会适应行为的影响①。研究者使用了实验社会心理学中经典的最终博弈任务范式，两名玩家共同分配

① Heffner, Joseph, Son, Jae-Young, FeldmanHall, Oriel.(2021). Emotion prediction errors guide socially adaptive behaviour. Nature Human Behaviour. https://doi.org/10.1038/s41562-021-01213-6.

一笔钱，被试扮演反应者的角色，需要决定接受还是拒绝提议者提出的分配方案，如果被试决定不接受分配方案，那两个人都拿不到钱。在每轮游戏中，被试需要在看到提议前做出两项预测：第一，预测自己会在这次分配中拿到多少（价值）；第二，预测自己在看到分配方案后会感觉如何（情绪）。在看到提议后，玩家再次报告自己的实际情绪体验，并决定自己是接受还是拒绝分配方案。结果表明，尽管价值和情绪预测误差都能预测人们拒绝接受提议的行为（对提议者的惩罚），但情绪预测误差的作用更为突出。进一步的结构模型分析还发现，将情绪分为效价（积极情绪和消极情绪）和唤醒度（情绪体验强和弱）之后，负性情绪预测误差（比预期更差）和高强度的积极情绪预测误差（比预期唤醒度更高）都能预测被试随后的惩罚行为。不仅如此，通过观察被试的情绪变化过程发现，被试一开始的情绪反应（最开始一秒内）能非常有力地预测其接下来的决策选择，被试一旦做出惩罚选择，就能迅速地感到愉悦。这一研究证明，人们在社会决策中并不单纯依据价值大小做出决策。做出决策也受人们当时的情绪体验的影响，人们在做决策时都会情字当头，如果双方合作愉快，哪怕少拿一点也没事，但如果合作不愉快，那宁可什么都不要。

第二章 积极教育与积极品质（上）

时间可以改变一个人，一项研究发现[①]，仅仅需要60多年就可以把一个人改变成另一个人。心理学家在20世纪40年代末期对1 208名青少年被试进行了人格测试，在2012年又设法追踪到其中的174名被试并对他们进行了第二次人格测试（两次测试使用了相同的测试工具）。结果令人惊讶，同一个人在14岁时的性格和在77岁时的性格相比没有任何关系，似乎63年之后是对另一个人进行的测试，两次测试找不出任何相关性。这意味着两次人格测试之间的时间间隔越长，两者之间的关系就会越弱，也即一个人的人格处于逐渐变化之中。类似的结果在另一项包括1 795名16～66岁（间隔了50岁）的被试的研究中也得到了验证[②]，研究发现随着人们年龄的增长，许多人会逐渐变得情绪更加稳定，更容易与他人相处和更有责任感，也即人格变得越来越完善了。情绪稳定通常与较少的精神健康问题相关联，和蔼与体贴、善良有关，而有责任心的人会更可靠。这些相关研究的结果表明，尽管人格在一生中是相当稳定的，但也可以改变，甚至会有一个自然变好的趋势。

　　人格的这种变化并不意味着人们就可以放弃教育，这是因为教育可以在短期内使人变得更具有建设性，能加速人的变化，但教育的影响是双向的，既有可能促进也有可能阻碍孩子的发展，因而教育的一个根本前提是要确保教育影响是正向的，即能有效促进学生的健康发展。要确保教育做到这一点，就一定要明确教育到底要培养什么样的人，因为这从根本上决定了教育的方向。

① 　Harris, M. A., Brett, C. E., Johnson, W., & Deary, I. J. (2016). Personality stability from age 14 to age 77 years. Psychology and Aging, 31(8), 862-874.

② 　Damian, Rodica Ioana, Spengler, Marion, Sutu, Andreea,Roberts, Brent W(2018). Sixteen going on sixty-six: A longitudinal study of personality stability and change across 50 years. Journal of Personality and Social Psychology, Aug 16. No Pagination Specified.

教育到底要培养什么样的人？这个问题在不同的时代常常有不同的回答，事实上已经讨论和践行过千百年了，但在积极心理学兴起的今天，这个问题似乎又有了一种新的答案。积极教育是对传统教育的一种补充和完善，其理论基础是积极心理学，而积极心理学的基本任务则是对好人进行分类，并找出这些人之所以成为好人的心理机制和脑机制。人们对好人进行分类的依据标准是什么呢？那就是好人的行为特征。

心理学在过去取得的最大成功是根据问题行为特征对"问题人"进行了分类，如通常把"问题学生"分为五类：情绪问题（包括焦虑等）、学业成绩不良（包括成绩差与偏科等）、行为和品德问题（包括多动症、品行不良、偏食挑食等）、人格问题（包括青春期问题、人格障碍等）、物质或精神依赖问题（包括抽烟、网瘾、依赖父母等）。精神病人则通常根据其行为特征分为十四类：脑器质性精神障碍、躯体疾病伴发性精神障碍、酒依赖或酒精中毒性精神障碍、鸦片类及其他毒品物质伴发性精神障碍、中毒性精神障碍、精神分裂症（如偏执型、青春型、紧张型、单纯型等）、偏执性精神病、情感障碍、心因性精神障碍、与文化相关的精神障碍、人格障碍、性心理障碍、精神发育迟滞、其他综合性精神障碍。这样分类的最大好处在于可以为人们找到有效的应对策略而提供方向和基础，这些"问题人"的行为特征（或问题特征）也就是所谓的消极品质。

与此相对应，好人的行为特征也就是人们所说的积极品质。积极教育认为，并不是所有具有积极意义的行为特征都可以称为积极品质，只有同时满足下面这六个要求的行为特征才可以称为积极品质。

第一个要求，积极品质应该是一种稳定的心理或行为特质，可以跨越不同的情境和时间。这意味着偶然的或情境性的行为表现并不是积极品质，比如有些学生在面临考试时非常刻苦，而在平时没有考试期间却从不看书学习，那刻苦就不是这个学生的积极品质；或者有的学生在学校里非常刻苦，在家里却从不看书学习，那刻苦也不是这些学生的积极品质。如果某一种行为特征只是在某一个特定时期或特定场合具有积极价值，那这种行为特征就不能算作积极品质，积极品质是人们思想底层那些不变的心理或行为特质。

第二个要求，积极品质要具有整体性社会价值，也就是说积极品质一般要给自己、他人和社会都带来积极价值，是一种价值平衡型特质行为。比如，一个人如果总能把自己家里的食物主动送给他人，就是一种事实上的利他行为，但如果一个人把自己家里所有的食物全部给了他人而让自己的家人天天忍饥挨饿，那这种行为就不能算作积极品质，因为这种行为只给一部分人带去了积极价值。

第三个要求，积极品质要体现在父母对新生儿的愿望上。积极品质一定是一个母亲希望她还没有出生或还没有成年的孩子能够成为这样的人或具有这种品质，如果一个母亲不希望她的孩子将来成为这样的人，那这个行为特征就一定不是积极品质。例如，勇敢就是一种积极品质，因为任何一位妈妈都希望自己的孩子将来能成为一个勇敢的人，而小气则一定不是积极品质，因为多数妈妈不会希望自己的孩子将来成为一个小气的人。

第四个要求，积极品质不能具有排他性，一种积极品质的展现不能影响或降低其他积极品质的发挥。每种积极品质都应该是一种独立的心理或行为特质，不能和其他任何积极品质有因果相关（包括正相关和负相关）关系。如果两种品质存在因果相关关系，那就意味着它们有可能是同一个维度上的品质。

第五个要求，每种积极品质都必须有相当长的历史积淀，有相应的习俗、礼节、模范、寓言、座右铭及少儿励志故事等支持。每个时代都有其特色，也有其烙印，但积极品质一定是每个时代都倡导和推荐的，是漫长历史中沉淀下来的基本的东西，是人性发展的普遍性特质。所以，从一定的角度来说，教育要培养的人就是人性的普遍性特质加上时代的烙印。

第六个要求，积极品质必须受全世界各种文化的普遍推崇，东方文化、西方文化、佛教文化、伊斯兰教文化或基督教文化都推崇的才是积极品质。世界各国在发展过程中形成了自己的特色文化，这些文化都经过了千百年的洗涤和发展，都一定有其独特的生命力，但不管是哪种文化，其背后都应有一定的共同特质，而积极品质就是建立在这种共同特质基础上的。

基于以上六个要求，现代积极心理学主要将积极品质分为六大类，而每一大类又可以分为几个具体的分项，合起来共24项积极品质。这一分类主要得益于美国密歇根大学的心理学终身教授克里斯托弗·彼得森（Christopher Peterson）带领的一个研究小组的辛苦工作，他们经过三年多的大量调查和研究，首次提出了人类积极品质分类理论。需要说明的是，这一分类本身并不是最终不变的结果，正如人们对心理疾病的分类一样（世界卫生组织最新提出的关于心理疾病的分类中已经把网络成瘾列入精神病分类），随着人类认知的提升和相关研究的不断深入，这一分类肯定会进一步被扩充或细化。本书中的分类已经较彼得森教授最早的分类进行了一些调整，如社会智力（social intelligence，有时也称为"情绪智力"，主要指交往能力）在早期曾作为智慧（wisdom）大类中的一个分项，而现在则根据其情感属性把它归入了仁爱（love）这一大类，这样就能更好地突出智慧大类中的知识这一分项。为了避免概念混淆，本书中把积极品质的六个大类称为美德，而具体的24种分类则称为积极品质，合在一起即六大美德24种积极品质，这也正是积极教育要培养的人的具体模样。

第一节　培养有智慧的人

按照积极心理学的积极品质分类理论，智慧是人类的第一大美德。

什么是智慧？这是一个复杂的概念，至少到目前尚没有一个明确统一的定义，但它似乎又有约定俗成的内涵。美国心理学家斯腾博格（Sternberg, R. J.）[①]在20世纪80年代曾让一些艺术教授、商业和经济学教授、哲学教授和物理学教授列举一个在他们各自领域中理想的智慧人应该具有的行为特质（品质），然后对这些行为特质进行概括，最后让一些普通民众对这些专家所列举的行为特质到底是不是智慧进行评分（按1~9计分，最没有智慧得1分，完全具有智慧得9分），结果发现，普通民众和各领域专家的观点相关度非常高。这意味着尽管人们说不清楚智慧到底是什么，但几乎所有人对一个行为是不是智慧基本持相同的观点，也即大多数人对智慧的内涵持有相同的认知。

智慧是一个较广泛的概念，既包括如何获得知识，也包括如何运用已经获得的知识，既包括在生活中合理做出决断，也包括正确理解世界的不确定性等。智慧既是一种生存性特质，也是一种发展性特质。总的来说，智慧主要是指在困难和不确定的生活情境中做出好的判断和好的建议。智慧有两个核心要素。第一个是处理不确定情境或困难情境，智慧一定要在困难的或不确定的情境下才能得到体现，在日常生活明确的情境中人们通常都只是按照惯例来做事，这不能算作智慧，如人们知道吃饭要用碗就不是智慧。第二个是有意识地做出好的决策，智

---

① Sternberg, R. J.(1985). Implicit theories of intelligence creativity and wisdom. Journal of Personality and Social Psychology, 49, 607-627.

慧是在困难情境中做出正确的决策，正确的决策一般由三个部分组成，即正确的想法（包括计划）、正确的判断和正确的建议。智慧不仅体现在做出好的决策上，还体现在有意识方面，无意或碰巧做出的好决策并不是智慧。

因此，从本质上说，智慧通常需要建立在丰富的知识的基础之上，若没有充足的知识，人们就不可能正确认知情境，更不可能做出正确的判断或提出合理的建议。丰富的知识并不一定是智慧本身，而只是智慧的基础，智慧更体现在对丰富知识的实际应用方面。

智慧这一大类美德具体包含了以下五种常见的积极品质。

一、创造性（creativity）

1. 什么是创造

创造主要通过人们所贡献出的产品、思想和理念等得到体现。严格意义上说，创造和创新不太一样，创造指发现或发明了一种前所未有的新东西；而创新一方面包括发现或发明新东西，另一方面包括重新整合已有的各个要素而使事物整体发挥出一种全新的特性或功能（如把一个公司的人事进行了重新安排而使公司发生了质的积极变化）。创造属于创新，创新的范围要更大一些，本书中的论述主要指创造。

现代社会一直鼓励创造，如世界各国都有较完备的专利制度，其核心就在于保护劳动者的创造，诺贝尔奖设立的初衷也是为了鼓励那些最杰出的创造。甚至衡量一个时代也是以创造的多少作为标准，那些具有较多创造的时代常常被称为"黄金时代"，而缺乏创造的时代则被称为"黑暗时代"。

创造主要包括三个方面的具体特征：第一，创造是原创性或独创性，不是原创的只能是仿照，做得再精致也不是创造，创造只能落在第一个发现者身上，从第二个人开始就不再是创造；第二，不管是理念还是产品，创造一定要体现出新颖和出乎意料，要令人称奇；第三，创造要具有可行性，许多人有一些奇异的想法，但这些想法如果不可行，就不属于创造。比如，我们想把地球上的水抽到月亮上去，从而让月亮能适合人居住，这想法很新颖，但至少在目前的科技条件下不可行，因而这种想法就不是创造。所以简单地说，创造就是"新奇且可行的原创"。

创造的能力，简称创造力，创造力在大样本人群中的分布类似于智商分布，但智商本身不等于创造力。一般来说，高创造力的人一定具有高智商，但高智商的人不一定有高创造力；低创造力的人的智商水平可能高也可能低，而低智商的人一般都没有高创造力。创造力受年龄的影响很大，就每一个人或同一批人来说，创造力的分布与年龄增长之间基本上呈倒U形曲线，一般在20～35岁时创造力达到巅峰，而在这之后逐渐下降。

2. 如何评估创造力

对一个产品创造性大小的评估主要依赖于其新颖程度、给人类带来的实际功效等，诺贝尔奖评选过程就是一个很好的例子。总的来说，获得诺贝尔奖的人一定是高创造力的人，但这种通过实物或产品对一个人创造力的大小进行评估的方法并不十分科学，因为做出创造性的产品和实物不仅依赖于创造力，还依赖于其他一些客观条件（如科研条件、机遇运气、生活经历等）。心理学的一个重要功能是预测，即一个人在还没有做出产品之前如何去评估其创造力的大小呢？

从创造的心理过程来看，创造主要有两种思维过程，第一种是发散性思维（divergent thought），第二种是集中性思维（convergent thought），创造只有在这两种思维共同发挥作用时才会产生。发散性思维，就是对一个问题尽可能多地提出新的解决方案，然后再对各种方案进行价值评估（如常用的一个问题是"请你列举一个回形针有多少种用法"）。集中性思维是指以某个目标为中心，将众多的思想和信息汇集于这个目标，通过分析、比较、概括等得出在现有条件下达到目标的最佳方案。

创造力来自创造性思维，而对创造性思维评估的常用方法是给被试一项任务，然后看被试解决问题（主要是集中性思维）的替代性方案的数量及质量（发散性思维+集中性思维），后来更是简化为给被试一个常用的物品（如回形针、铅笔等），要求被试尽可能多地说出其功用，这一过程其实就是评估被试的发散性思维+集中性思维的质量。人们在评估时不仅要看被试列出的条目的数量，还要看其列出的条目之间的差距，各条目之间的差距越大越好，差距越大说明思维越灵活、新颖。

换句话说，创造性测量的本质其实就是让被试列举出一个事物的替代性用途，或一个问题除常规解决方案外的替代性解决方案，之后根据灵活性（列举的不同类别功用，列举的类别越多表明思维越灵活，如回形针夹书、夹纸、夹头发都是同一类别功用，但用回形针来做手链则就属于另一类别的用途）和独创性（每次列举的与已经列举的内容相比有多大差距，如用回形针夹书与用回形针夹头发之间的差距并不太大，而用回形针夹书与用回形针做手链之间的差距就很大）以及流畅度（有效列举一共产生了多少条目，条目越多，表明创造性思维越流畅）进行评分。不过，这样的评估相对来说比较耗时费力，而且没有考虑文化差异和被试过去的生活经验等的影响。一个人过去的经验会严重影响这类测试的结果，这在心理学上被称为经验偏差。例如，在测试替代使用任务"列出铅笔的用途"时，经常用铅笔写字的人肯定与不经常用铅笔写字的人有着不同的反应，而这种偏差在具体测试中很难被纠正。

心理学界提出过一种新的创造力评估方法，它可以有效克服经验偏差这一问题，这一方法只需要被试说出10个词就可以有效评估其创造力的高低[1]。关于创造力有一个约定俗成的评估前提：创造力越高的人，越能够产生更多不同的、有效解决问题的新想法。如果这一前提是正

积极教育：提升孩子乐商，成就优势品格

① Jay A. Olson, Johnny Nahas, Denis Chmoulevitch, Simon J. Cropper, Margaret E. Webb (2021). Naming unrelated words predicts creativity, PNAS. https://doi.org/10.1073/pnas.2022340118.

确的，那么如果让被试简单地说出一些不相关的词语，然后测量这些词语之间的语义距离，就可以作为其创造力高低的一个客观衡量指标了。为了验证这一方法是否有效，共8 914名被试被要求说出10个在语义和用途上尽可能完全不一样的词（不相关联想任务，divergent association task，DAT），然后对这些词之间的平均语义距离进行评估。越紧密相关的词（如猫和狗都是动物）之间的语义距离越短，而越不相关的词（如猫和顶针）之间的语义距离越长。评估词义相似度则运用斯坦福大学计算机学院的杰弗雷·彭宁顿（Jeffrey Pennington）等人提出的GloVe算法[GloVe： global vectors for word representation[①]，2014年杰弗雷·彭宁顿、理查德·索彻（Richard Socher）、克里斯托弗·D.曼宁（Christopher D. Manning）三人共同提出了GloVe算法]，其训练集来自数百亿的网络词语文本。为了保证检测的稳定性（避免被试可能出现的拼写错误），正式检测中只选取了被试列举出的前七个词（如有拼写错误，则顺延到下一个词），之后计算每个被试所列七个词中两两之间的相似度，从而得到一个平均值。结果发现不相关联想任务测试这一方法所得到的结果和传统的创造力检测方法所得到的结果呈现强相关性，这意味着两种方法的效用几乎一致，而且不受性别、年龄、文化、国籍等因素的影响。

这种测量方法简单又可靠，且相对客观，被试可以在很短时间（如10秒）内完成测试任务，然后马上就可以给出反馈，从而可在广大人群中推广使用，比如应用于大学或研究生招生，抑或企业员工招聘等具体场景。

3. 如何培养孩子的创造力

如何才能有效培养孩子的创造力？这既是一个社会问题，也是一个教育问题。心理学的相关研究发现，人们在做决策（或寻找解决问题

---

① Pennington J, Socher R, Manning C. (2014). Glove: Global vectors for word representation. Proceedings of the 2014 conference on empirical methods in natural language processing (EMNLP), 1532-1543. glove.pdf (stanford.edu).

的方案）时倾向于复读机本质[①]，德国马格德堡大学的几个研究人员设计了一个学习与决策任务的研究范式，并将其应用于功能性磁共振成像（fMRI）实验及其他三个独立行为实验。结果发现，人们在面对完全等值的解决方案或答案时，总是倾向于重复之前做过的选择，而不愿意选择未曾做过的方案，就好像人的脑子中有一个复读机在帮你做决定一样。所以，如果不加注意，在做决策时，人们或许更愿意坚持之前曾经做过的选择而不愿意去尝试新的东西，因而教育者应该有意识地培养孩子的创造力。

就目前来说，教育中的创造力培养至少应该注意以下几个方面。

第一，创设有利于个体创造力发展的文化和环境氛围。

合适的环境条件能自然地激发人的创造力。《美国国家科学院院刊》有一项研究显示[②]，如果让孩子们处于不能说话的情境条件时，孩子们就能自然地创造出一套"语言"进行相互交流。实验中招募的4岁和6岁的孩子即使在不使用语言的情况下，依然能够进行交流，他们在交流过程中还能够迅速发展出一些类似现实语言的核心属性。曼纽尔·博思（Manuel Bohn）和他的同事们让一些说德语的孩子们分别待在不同的房间，彼此之间只能通过无声的动作视频进行交流，即不能发出声音而只能用动作进行沟通。在游戏过程中研究者会不断重复展现要沟通的图片，研究者想知道当孩子们需要一遍又一遍地重复相同的概念时，他们会做些什么。研究者惊奇地发现，孩子们的创造力非常惊人，沟通过程中孩子们能迅速地创造出一些约定俗成的手势来指代一个概念，这种指代关系一旦确定，这些孩子就不会再使用与概念相似的手势来指代其他概念。如有一对孩子面对一个棘手的任务，负责描述的孩子拿到了一

① Lennart Luettgau, Claus Tempelmann, Luca Franziska Kaiser, Gerhard Jocham (2020). Decisions bias future choices by modifying hippocampal associative memories. Nature Communications. https://doi.org/10.1038/s41467-020-17192-7.

② Manuel Bohn, Gregor Kachel, Michael Tomasello (2019). Young children spontaneously recreate core properties of language in a new modality. PNAS. https://doi.org/10.1073/pnas.1904871116.

张空无一物的图片（这代表"空白"的意思），他要把这个概念告诉对方。在与对方进行了几次失败的尝试后，这个孩子发现自己的T恤上有一个白点，所以他指了指这个点。这一次他成功了，对方成功地选出了对应的图片。在下一轮游戏中，当这张空白的图片再次出现时，曾做出正确选择的孩子在自己的衣服上没有白点的情况下，指了指衣服上相同的位置。仅仅经过了一轮游戏，这个手势就不必搭配衣服上的白点，而可以独立地传递"空白"这个信息了。如果这时一个未参与过这一游戏的人看到了这个手势，一定无法理解其含义，这就好像在使用真正的语言一样，如果给一个不懂中文的人看"大象"这两个字，他肯定没办法只从字形推断出这个词的意思。研究者随后又对更大一点的孩子进行了实验，6岁和8岁的孩子们甚至能创造出一些可以组合的"词语"，发展出一些小型的语法。比如，当需要描述"大鸭子"时，他们会发明出一个在各种情况下都能使用的"大"的手势再加上"鸭子"的手势。研究者发现，这些孩子在组合这些手势来表达一个复杂词的含义时，并没有按照德语的语序来排列，这也表明了这些孩子的游戏过程并没有过多地受母语的影响，而是一种独立创造。

总的来说，就环境氛围而言，一个民主、和谐、宽容的文化和社会氛围更能促进个体的创造性思维的发展，并能有效促进人们的创造潜能转化为现实的创造才能。学校要创设自由、平等和公正的环境氛围，培养崇尚创造的精神风气，同时要有包容失败的集体气氛。

第二，进一步改进教育、教学的方法、评价和管理等。

教学中要鼓励老师善于创设智力上有挑战性的问题情境。创造是一种复杂的思维探索过程，创造能力只有在不断加深的挑战性问题的解决中才能得到锻炼和提升。鼓励老师多采用创造性教学法，创造性教学是指在教学过程中把握创造活动的一般规律，引导学生以积极的态度，运用创造性思维，充分发挥自身的潜力来吸收已有知识，并在此基础上去探索某些未知问题。比如，在课堂教学中应加长师生共同"探讨"的时间，给学生相对充分的思考时间来回答老师的提问，让学生有机会提出自己的疑问，创造条件让学生积极参与教学过程，确保学生在课堂上能思维活跃并有自己去设法解决各种问题的动机倾向等。

要正确认识和处理学生的统一要求与个性发展的关系，变硬性管理为弹性管理，使原则性与灵活性统一、一致性与多样性统一，从注重过程管理到注重目标管理。在教育民主化思想的指导下，树立以学习者为中心、学生自主学习和学生的全面发展为目标的新的评价观。教育者应该承认学生的个性和潜能存在差异性，避免用单一的学业成绩来评价和管理学生，要实行多元的评价标准，评价重心要向创造能力方向倾斜。

第三，重视培养学生的创造性人格。

创造力的培养不仅是智力、能力的培养，也是创造性人格的培养。从某种意义上说，创造性人格是创造力不可分割的一部分，是确保人类一直有创造力的基础。因此，创造力的培养不能忽视创造性人格的培养，一些研究表明，具有高水平创造力的人普遍具有以下人格特征。

（1）渴望创造，有显著的创造意识、创造意愿和创造动机。

（2）有强烈的好奇心，对事物的机制有深究的愿望。

（3）知识面广，善于观察和思考，善于发现别人发现不了的东西。

（4）思维活动表现出发散的特点，喜欢从多个角度来探索解决问题的途径和方法。

（5）有丰富的想象力，直觉敏锐，对智力活动与游戏有广泛兴趣。

（6）具有鲜明的个性，对问题常常有独到的见解。

（7）有坚强的意志品质，能排除外界干扰而长时间专注于某个感兴趣的问题。

创造是一系列连续的、复杂的高水平心理活动，通常要求人的全部体力和智力高度紧张，因而它不是普通人能做到的，但这并不意味着普通人就不需要提升自己的创造力。事实上，这个社会中的每个人都是独特的个体，都需要创造自己独特的、有社会意义的个人价值，而这在一定程度上就是一种创造力。

二、好奇心（curiosity）

特斯拉（Tesla）汽车已经畅销全世界，但特斯拉公司CEO埃隆·马斯克（Elon Musk）更大的名气来自其火星移民计划（Mars immigrant plans）。埃隆·马斯克也是美国宇宙探索技术公司（SpaceX）的创始人兼总裁，他多次对媒体透露想要在火星上建立人类生活社区，并且已经着手为实施这一计划做着各种准备。火星是除了金星以外离地球最近的行星，由于运行轨道的变化，它与地球的距离在5 570万～12 000万公里，人类到达火星至少需要耗时7个月，而且有可能是去了就不能回来。是什么促使马斯克开展这样疯狂的计划？心理学把这称为好奇心。好奇心是人类进化过程中形成的一种想了解和探索世界的内在欲望，是人对世界产生兴趣的根源。在一定意义上，人其实是为了探索而活，你只要看看那些出生不久的婴幼儿，他们什么都想知道，什么都想去尝试，你就知道好奇心的驱动力有多大。在一个电视访谈节目中，主持人问诺贝尔物理学奖获得者理查德·菲利普斯·费曼（Richard Phillips Feynman，1942年，24岁的费曼就加入了美国原子弹研究项目小组，参与秘密研制原子弹项目"曼哈顿计划"，费曼提出了费曼图、费曼规则等，他被认为是继爱因斯坦之后最睿智的理论物理学家，也是第一个提出纳米概念的人）想要了解这个世界的什么，费曼说："每一个未知。"所以不管是成年人还是孩子，人们都被那颗好奇的心驱使着。

有研究表明[①]，好奇心甚至可能与智力一样重要，能决定人们生活的好坏。好奇心强的人喜欢问很多问题（包括一些稀奇古怪的问题），愿意花时间去寻找新的答案或想法，并习惯从解决问题中寻找惊喜和特别的感觉。高智力水平加上高好奇心可以预测许多领域的成功表现，这一结论来自对大约200项独立研究的系统分析，其中包括大约5万名学生。

---

① Von Stumm, S., Hell, B., & Chamorro-Premuzic, T.(2011).The Hungry Mind: Intellectual Curiosity Is the Third Pillar of Academic Performance. Perspectives on Psychological Science, 6(6), 574–588. https://doi.org/10.1177/1745691611421204.

所有这些研究都检验了人格中的一些因素和智力是如何影响学业成绩的，结果表明，好奇心强的学生的学业成绩更好，好奇的人也是最有发展潜力的人。

如何培养孩子的好奇心呢？或者说有哪些因素能影响孩子的好奇心呢？该如何利用孩子的好奇心驱动他们学习呢？这是一个非常复杂的问题，但有些做法得到了实验证明，这些得到了实验证明的做法一定不会错。

第一，似懂非懂的孩子更好奇。好奇心不仅来自知识本身的新奇程度，还来自个人对知识的了解程度，也即一定的知识储备是影响好奇的一个重要因素。2021年一项发表在国际著名心理学期刊《心理科学》上的研究探索了学龄前儿童对知识所知多少和好奇心之间的关系[①]。研究人员招募了100名3～5岁的学龄前儿童，并设计了一些简单故事情节来测试孩子们对不同知识领域（主要包括新奇知识领域和常用知识领域）的了解程度。随后研究人员测试了这些孩子对这些知识领域的好奇心，并让他们选择希望学习哪个领域的知识。研究结果显示，对某一知识领域的好奇心似乎并不只来源于知识本身的新奇程度，还包括孩子们对这一领域知识的了解程度。具体而言，学龄前儿童对自己已经一知半解的知识更加好奇，并更愿意去学习。相反，对于认为自己已经完全掌握或者被告知太多信息的学习主题，他们的好奇心似乎减弱了，因而表现出较低的学习愿望。

这一研究发现了一条有趣的规律：学龄前儿童对某一知识领域的了解程度和好奇心之间似乎有一个"最佳结合点"，过高或过低的了解都不能激发孩子们学习的好奇心，而知道得"刚刚好"或"不多不少"会让孩子对知识产生强烈的好奇心。这一发现与人们过去的认知不太相符，过去人们总认为好奇心强的人是知道得最多（如科学家）或最少的

---

① Jinjing (Jenny) Wang, Yang Yang, Carla Macias, Elizabeth Bonawitz(2021). Children With More Uncertainty in Their Intuitive Theories Seek Domain-Relevant Information, Psychological Science. https://doi.org/10.1177/0956797621994230.

人（如婴幼儿），但这一研究结果表明，对知识的了解程度趋于中等水平的学龄前儿童的好奇心最强。

这项研究给教育者和家长提供了一个对学龄前儿童进行合适教育的依据，学龄前是人生发展的起始阶段，是人认知发展的一个重要时期，当然是孩子成长的关键期。中国是一个重视教育的国家，许多家长希望自己的孩子能"赢在人生的起跑线上"，便让孩子提前学习小学的内容，这样的提前学习会让孩子赢在人生的起跑线上吗？这个研究所给出的答案是否定的。早学的孩子进入小学之后，由于之前已经学过了相关内容，相应的重复学习就会降低孩子的好奇心，导致孩子进入小学后不愿意学，而这有可能让孩子形成不良的学习习惯和学习风气，导致以后对那些没有学过的内容也不好好学习了。学龄前在心理学上属于前运算阶段（运算指思维的活动方式），这是孩子好奇心极度旺盛的时期，好奇心促使他们不断学习探索，而且这一阶段也正处于把具体动作与认知本身相分离的阶段，因此培养和保护孩子的好奇心才是这一阶段家长和老师的主要任务。重复学习不代表一定能学得更好，更不代表孩子愿意学。提前学习小学的内容可能会打击孩子的好奇心，还容易使孩子在上小学时对学习失去兴趣，这是每位家长和教育者都需要仔细思考的问题。但这也并不是说不要进行学前教育，学前教育一定不能少。然而，学前教育不是把小学的课程内容提前学习，而是让孩子多接触世界，多了解社会，培养孩子揭开这个世界奥妙的欲望，从而激发其好奇心和学习兴趣。

第二，让孩子直观地看到学习或活动的效果。对学龄前儿童来说，把学习后得到的结果形象地呈现出来，能有效激发他们的学习好奇心，促使他们想去弄清楚为什么会出现那样的结果。例如，有个孩子不太爱学习数学，妈妈就带孩子一起去超市，当孩子买了自己最爱吃的东西时得付钱，该付多少钱呢？东西拿回去准备几天吃完呢？妈妈需要准备多少钱才能保证孩子一个月中天天能吃这样的好东西？一系列数学过程就围绕孩子最爱吃的东西展开了。要注意，在这一过程中，家长和孩子的

第二章 积极教育与积极品质（上）

注意力始终要放在所买的"好吃的东西"上，而不是计算上。

其实这一原理对成年人也适用。2018年的一项研究显示[①]，给肥胖的人使用功能性图像训练（functional imagery training，FIT）比使用简单谈话疗法（主要在于激发对象的减肥动机和提高其减肥认识）的减肥效果要好得多，前者减去的体重约是后者的8倍。这项研究涉及141个自愿参加的被试，这些被试被随机分成两组，一组接受功能性图像训练，另一组则接受动机激发训练。FIT的主要做法是让这些被试想象自己将会变成什么样子，会做哪些现在不能做的事，怎样做才能让这个样子保持下去等，整个过程配有各种形式的直观展现（如经验再现、图片、实物等），而不仅仅是"想象一下减肥有多好"的说教，鼓励被试尽可能使用他们所有的感官来参与这一过程；而动机激发组被试在相应的时间则收到各种减肥说教，以激发他们的减肥动机，说教的内容与表象训练组被试相同，但没有相应的直观展现。

6个月之后，使用FIT技术的被试平均减重4公斤，而接受动机激发说教的被试平均仅减重0.7公斤。随后的自我报告显示，大多数被试同意为了减肥需要少吃多锻炼，但是在接受说教的情况下，人们根本没有足够的动力去听从这个建议。随后的追踪发现，一年后想象组被试又平均减掉了6公斤，而动机激发组则还是之前减掉的平均0.7公斤。要知道，在这一研究过程中，研究者从未给所有被试任何饮食或身体活动的建议，只是教育方式不同。

在激发孩子好奇心时，教育者或家长当前的一个非常重要的任务是防止孩子沉迷于游戏。网络游戏的开发商、服务提供商和其他参与其中的商家、机构等都想方设法在玩法、故事、设备、音效、场景、晋级等方面激发玩家的好奇心，许多甚至针对人性的弱点进行专门化设计来提

① Linda Solbrig, Ben Whalley, David J. Kavanagh, Jon May, Tracey Parkin, Ray Jones & Jackie Andrade(2018). Functional imagery training versus motivational interviewing for weight loss: a randomised controlled trial of brief individual interventions for overweight and obesity. International Journal of Obesity, Published 5 September, https://doi.org/10.1038/s41366-018-0122-1.

升玩家的兴趣而使玩家投入更多的时间、精力和钱财等。

　　2021年8月，《经济参考报》记者随机来到四川省泸州市展开调研[①]。当地蓝田中学得知记者调研主题后，主动设计问卷在全校学生中进行调查，共收到反馈问卷1 929份。问卷数据统计结果显示，2～3天玩一次网络游戏的学生占比为26.23%，几乎每天玩网络游戏的学生占比为11.66%；每次玩游戏时长为1～2小时的学生占比53.91%，每次玩游戏时长超过5小时的学生占比达2.28%。其中，《王者荣耀》为最受学生欢迎的网络游戏，参与调查的学生中经常玩《王者荣耀》的人数达47.59%。学校八年级（12）班的班主任刘老师更是直截了当地说："学生接受调查时肯定有所保留，实际情况远远比这个严重，自己班上60名学生完全不玩游戏的学生几乎没有！"共青团中央维护青少年权益部和中国互联网信息中心联合发布的《2020年全国未成年人互联网使用情况研究报告》显示，未成年网民规模持续增长，触网低龄化趋势更为明显。2020年，我国未成年网民达到1.83亿人，互联网普及率为94.9%，高于全国互联网普及率（70.4%）。玩游戏是未成年人主要的网上休闲娱乐活动之一。数据显示，62.5%的未成年网民会经常玩网络游戏。未成年手机游戏用户中，在工作日玩手机游戏日均超过2小时的占比达13.2%，高于2019年的12.5%。

　　玩游戏到底好不好？就目前来说，玩游戏的弊端大于好处，过度玩游戏不仅影响孩子的身体健康成长（明显减少了孩子的户外活动时间），还会影响孩子的人格健康发展。中国互联网法治研究中心主任、中国社会科学院大学副校长林维认为，一些孩子可能会在游戏中得到愉悦感、获得感，但是总体上网络游戏带来的负面作用还是占主要方面。其中，对于网络游戏的过度投入，使得未成年人的时间分配管理出现问题，分散对于其他方面的关注力，影响学业；沉迷于游戏虚拟世界，容易使未成年人游离于现实世界之外，引发性格异化风险。从目前来看，禁止孩子玩游戏不太可能，家长要做的可能是预防孩子沉迷其中，那就

[①]　http://www.jjckb.cn/2021-08/03/c_1310105032.htm.

要想方设法消除孩子对游戏的好奇心和兴趣，具体的做法如使玩游戏污名化（贴个不好的标签），让孩子一下子就接触游戏的最高等级（熟悉较高等级的游戏之后就不愿意再玩低等级的），让孩子分心（如学习一些消耗体力的运动项目等），家长或教育者增加和孩子一起活动的时间，适当选择游戏（最好给孩子选择一些和机器玩的游戏，不要选择那些可以人与人之间玩的网络游戏），选择合适的榜样作为孩子的玩耍伙伴（榜样的力量对孩子影响非常大）。

三、批判性思维（critical thinking）

思维和知觉不同，思维是人脑对客观事物的一种间接的、概括性的反映，而知觉则是人脑对客观事物的直接反应。批判性思维指反映他人或自己的思想或成果等客观事物时能找出其存在的问题，并给予相应的反驳，其目的在于改善思维本身，有时也称为反思性思维。批判性思维的重点在于评价时的反思，强调取其精华，去其糟粕。批判性思维最早的模型来自古希腊苏格拉底的"助产术"，即通过寻找对方思想的漏洞进行反驳而促使对方改善自己的思想。

通常认为智力较高的人的批判性思维（其实智力测验中的一些项目测的就是批判性思维，如选出和其他图形不一样的图形等）更强，更聪明的人通常不愿意随大溜而有自己独特的风格，不喜欢顺从他人的思想，因为他们不害怕打破固有习俗，愿意承担责任，相信自己有能力保护自己。批判性思维既有可能让自己处于危险之中（容易受到他人或社会的攻击），也有可能让自己得到更好的发展。

批判性思维主要通过后天培养形成，受中国传统集体主义文化的影响，强调人与人之间和谐相处。中国教育对批判性思维能力的培养明显不足。一项由美国斯坦福大学（Stanford University）、莫斯科国立高等经济学院（HSE University Moscow）、北京大学、清华大学和印度的合作大学等共同发起的名为超级测试（supertest）的项目特别有意思，该项

积极教育：提升孩子乐商，成就优势品格

目对美国、俄罗斯、中国和印度的工科大学生的理科学业表现和批判性思维能力进行了大规模研究，共有超过3万名本科生被试参与了这项综合研究[1]，研究报告于2021年3月1日发表在世界知名期刊《自然》的子刊《自然·人类行为》上。不同国家的测试都按照相同的规则进行，并有经过专门培训的考官协助，所有参与测试的学生都得到了同样的激励措施。这一项目的研究者主要有斯坦福大学副教授、HSE国际教育实践与创新评估实验室首席研究员普拉尚特·洛亚尔卡（Prashant Loyalka），加州大学伯克利分校高等教育研究中心高级研究员、HSE教育研究所的附属研究员伊戈尔·奇里科夫（Igor Chirikov），以及HSE教育心理测量中心的领军研究员埃琳娜·卡尔达诺娃（Elena Kardanova）和丹尼斯·费德雷亚金（Denis Federyakin）等人。

　　研究人员分别选择了来自中国、美国、俄罗斯、印度这四个国家的精英大学（重点大学）和大型大学（普通大学）的学生样本，每个国家的学生数量大致相等，该项目对所有学生的数学、物理和批判性思维发展水平一共进行了三次测量，第一次是在这些学生刚刚进入大学时，第二次是在这些学生大学二年级学习结束时，第三次是在这些学生四年级本科毕业时。从所获得的数据来看，无论是在大学新生入学时还是在第二学年快结束时，中国学生的数学和物理成绩在各国一直处于最高水平，而经过四年的学习后，俄罗斯、印度、美国学生的数学和物理成绩都赶了上来。最令人惊讶的是学生批判性思维的变化，统计数据显示，在刚刚入学时，中国学生的批判性思维能力与美国学生差距不大，但明显高于印度和俄罗斯的学生。在大学毕业时，中国学生的批判性思维能力却出现了显著下降，能力水平被俄罗斯学生反超，而美国学生在大学毕业时批判性思维能力有了显著提高，在四国学生中最突出。该项目研究人员指出，这可能是一个严重的问题，21世纪的科学技术变化很快，

第二章　积极教育与积极品质（上）

① Loyalka, P., Liu, O.L., Li, G. et al. (2021). Skill levels and gains in university STEM education in China, India, Russia and the United States. Nature Human Behaviour, vol.5, 892–904. https://doi.org/10.1038/s41562-021-01062-3.

而批判性思维能力是非常重要的一项能力，学生仅仅对学科领域知识掌握牢固是不够的。

就中国重点大学和普通大学来说，相关数据显示，中国重点大学和普通大学学生的批判性思维能力发展在大学期间都呈相对下降趋势，中国重点大学学生在入学时的得分为1.612，普通大学学生的得分为0.741，远高于印度和俄罗斯学生水平。在大学四年结束后，中国重点大学学生的得分降至1.339，批判性思维能力下降了17%，普通大学学生的得分更是直接降至0.234，批判性思维能力下降了68%。如果该项研究的数据准确无误，这对于中国高校的本科教育绝对是一个不小的打击。

该研究报告还分析了到底是什么造成了中国、俄罗斯、印度三国学生在批判性能力发展上与美国学生有如此显著的差异。

首先，研究人员认为中国、印度、俄罗斯三国的理工科本科普遍比美国理工科本科开设了较少的人文和社会科学课程，而这些课程的相对缺乏有可能导致学生批判性思维能力的下降。人文和社会科学课程对于培养学生的批判性思维能力有着极大的帮助，美国大学生无论选择什么专业，一般在大学前两年都会接受广泛的人文和社会科学课程教育，但中国理工科大学生进入大学后除了学习几门公共课，其他都是专业课程。

其次，可能是大学的教学方式有差异。中国的大学教学往往不太活跃，把上课等同于知识学习，基本上是老师讲，学生听，学生很少参与，特别是考虑到学生将来的工作和就业（就业率也是中国教育部门考核一所大学的一项重要指标），中国大学本科名义上是四年，但后两年给学生安排的课程很少，最后一年几乎就没什么课了，学生把主要精力都放在找工作和备考研究生上，这意味着中国大学生的真正学习年限实际上要比美国大学生短。美国大学生的学习时间几乎是整整四年，中间可以休学，但事后都需要补足相应的学习时间。

最后，大学录取的政策取向不同。中国大学采用的是"严进宽出"

政策，学生在进校之前的压力很大，竞争性强，而一旦进入大学之后基本没有什么学习压力。美国大学采取的则是"宽进严出"政策，虽然在入学时压力相对小一点，但进入大学之后的学业压力很大，老师对学生的学业要求比较严格，学生必须下很大功夫才能顺利毕业。

批判一直不是中国文化的主流，许多人特别害怕别人批评自己的思想或行为，最根本的原因是这些人比较自卑，越自卑的人一般越会阻止批评和打压批评，他们认为不同意见就是针对他的一种阴谋。批判性思维其实本质上不是批判，它在一定意义上是一种多角度的思维模式，能拓宽人的思路，开阔人的眼界，并最终达到改善思维的功能。要想让一辆车沿着一条高速公路顺利前进，就需要不停地调整方向盘、油门、刹车等，人的思想或行为如果想沿着正确的轨道一直前进，同样需要经过各种批判性思维的修正。现代学术界都要求把自己的研究成果公开发表，这一过程本质上就是让全世界所有的同行能进行公开批判，从而确保研究真实有效。

运用批判性思维要注意以下几个问题。

第一，批判性思维的表达方式应该是理性判断，而不是情感判断，要讲事实，提出明确的事实依据来支持或否定一个观点。批判性思维一定不是一种情感发泄，现在网络发达，许多人在网上看到与自己不一样的想法或思想就开骂，并无限上纲上线，这并不可取。

第二，批判性思维的核心在于能洞察到他人论证的陷阱和漏洞，或者论证的逻辑性错误，所以就个体来说，在你的专业之外，一般很难形成好的批判性思维。2021年6月有一件事引起了很多人的讨论，河北燕山大学某教师公开申报项目，称自己已推翻了爱因斯坦的相对论，为科学的健康发展扫清了一个巨大障碍。该教师自称其研究已经达成了以下一系列目标[①]：（1）提出了意识是物质的一种高级有序组织形式；（2）纠正和完善了物质命名方法；（3）完善了唯物主义时空质能观；（4）指出了狭义相对论的错误及狭义相对论不容易否定的原因；

[①] https://www.cn-healthcare.com/articlewm/20210624/content-1235373.html.

（5）论证了光的本性、光的传播规律和超光速现象；（6）建立了运动物体观测论；（7）用物体与微粒子的动量交换假说解释了万有引力定律；（8）用电质子假说解释了电荷的本质、电荷相互作用原理与库仑定律等。该教师用哲学的观点批判物理学，这仅仅可以体现在形式上，但哲学的批判没有能力代替科学的批判，科学结论本身还是要依靠科学方法和实验进行批判。比如，一个受过精的鸡蛋只有在合适的温度和湿度下才能孵出小鸡，于是可以从哲学角度上对这种现象进行批判——"这个鸡蛋贪图安逸，吃不了苦。"但如果要证明这个鸡蛋能不能孵出小鸡，还得依靠实验。

第三，批判性思维的重点在于批判证据，而不是批判观点，主要包括识别原有证据中的不足，提出原有证据的漏洞并建议收集其他哪个方面的信息，要用真实的数据而不是观点建立起令人信服的论证过程。根据具体数据得出的结论要符合逻辑，特别要避免发布言过其实的结论。

四、爱学习（love of learning）

学习是人们（尤其是年轻人）适应社会进化的一种方式，现代社会里，学习好的人相对更能适应环境和社会的发展，尤其是在社会发展迅速、新技术和新产品层出不穷的今天，只有爱学习，才能跟得上时代发展的步伐。从某种意义上说，和平时期的社会，社会财富的分配主要按照学习能力来进行。根据美国的一项调查显示，美国最高学历群体比高中学历群体的平均收入高了整整6倍，并且每个教育等级（博士、硕士、本科、专科、高中等）之间都有明显的收入差异，而且这种差异并不受时代变迁、个体的人生追求等因素的影响。在社会统计领域，相关的统计资料也证明，人们的受教育水平和其收入水平、身体健康水平、预期寿命、心理健康水平、社会道德水平、社会责任感水平等几乎所有的人类社会发展指标都呈无可争议的正相关，总体来说，学得好，活得好!

人们发现，学习不仅让人获得社会适应性技能和知识，还有一个潜在好处：改善学习者老年时期的记忆力，尤其是女性老年人。这项由乔治敦大学医疗中心进行的研究[1]，招募了704名我国台湾老年人（58～98岁），并用记忆测试衡量了他们的陈述性记忆能力水平，即能够明确想起某件事或事实的能力。他们发现那些年轻时期经受过更久教育的老年人记忆力更好，这个现象在女性群体中尤为明显。对于女性来说，早期接受教育的经历可以使年老时的记忆力衰退延缓近5倍，从研究获得的数据可以看到，一个拥有本科学历的80岁女性和一个拥有高中学历的60岁女性在记忆力测试中的表现水平基本相似。相比之下，接受教育经历的长短对男性老年群体的记忆力影响相对较小，但仍能将记忆力衰退延缓2倍左右。这个结果体现了人在年轻时爱学习甚至会对年老时心理功能的衰退起到很好的延缓作用，即爱学习的人，心不太容易老。

有项研究还表明，爱学习的人一般智商较高，行为表现好，较少有攻击性，也不那么咄咄逼人[2]；智商低、不爱学习的孩子（包括男孩和女孩），社会适应性不好，相对容易反社会，这一结果来自对英格兰和威尔士超过1 000名儿童被试的横向研究和纵向研究。

由于现代社会科技发展，一些人不太爱看书学习，而是喜欢看电视、短视频等，并把这当作自己学习知识的主要来源。有研究表明，电视剧等视频看多了，人可能会变傻。北京时间2021年5月21日，发表在美国心脏协会"2021年流行病学、预防、生活方式和心脏代谢健康会议"

[1] Jana Reifegerste, João Veríssimo, Michael D. Rugg, Mariel Y. Pullman, Laura Babcock, Dana A. Glei, Maxine Weinstein, Noreen Goldman, Michael T. Ullman.(2020). Early-life education may help bolster declarative memory in old age, especially for women. Aging, Neuropsychology, and Cognition. https://doi.org/10.1080/13825585.2020.1736497.

[2] Koenen, Karestan C.,Caspi, Avshalom,Moffitt, Terrie E.,Rijsdijk, Fruhling,Taylor, Alan (2006). Genetic influences on the overlap between low IQ and antisocial behavior in young children. Journal of Abnormal Psychology, 115(4), 787-797.

上的三项研究在看电视与认知能力下降、大脑结构变化之间建立了关联。研究人员发现，在青年期和中年期，每天看电视的时间越长，大脑老化的速度就越快，并导致以后生活中面临认知能力下降的风险更大。不仅如此，中年时花较多时间看电视也与大脑灰质体积减小有关，而阅读（看书、看报）则没有这种负面影响。

大脑灰质是中枢神经系统的重要组成部分，它有助于协调肌肉控制、视觉、听觉、决策和其他重要的大脑功能。一个人的大脑灰质体积越大，其认知能力通常就越好。来自约翰霍普金斯大学流行病学系雷扬·多尔蒂（Ryan Dougherty）博士的研究团队发现[1]，人们中年时期长期看电视与其大脑灰质体积有关。这项纵向研究涉及599名平均年龄为30岁的被试（其中306名为女性），研究人员每五年进行一次随访，被试在随访期间被询问在过去一年中每天看电视的平均时长。20年后，被试接受核磁共振脑部扫描。研究人员比较了相关数据后发现，成年早期（青年期）到中年期间看电视次数较多与这些被试大脑灰质体积减小有关，看电视每天增加一个小时，老年后大脑灰质体积会减少0.5%，这种变化速度与中晚年时期的脑萎缩率比较接近。在这一变化过程中，运动习惯并未影响中年看电视频率与脑灰质体积减小之间的关联（是否运动在其中并不起作用）。雷扬在研究报告中说，从认知行为和大脑健康之间的关系来看，并非所有的久坐行为都具有一样的效果，像看电视这样的久坐活动会增加大脑认知损伤的风险，而阅读、动手玩电脑和玩桌面游戏反而可以降低患痴呆症的可能性。

第二个研究来自美国哥伦比亚大学欧文医学中心的神经学家普里

---

① Priya Palta, Kelley P Gabriel, Aarti Kumar, A Richey Sharrett, Kelly R Evenson, Rebecca F Gottesman, Thomas Mosley, Gerardo M Heiss, Keith Diaz(2021). Sedentary Behavior In Mid-life And Risk Of Change In Global Cognitive Function And Incident Dementia: The Atherosclerosis Risk In Communities Neurocognitive Study (ARIC-NCS). Circulation. https://doi.org/10.1161/circ.143.suppl_1.P149.

亚·帕尔塔（Priya Palta）博士领导的研究团队的一项研究数据[1]，该研究涉及10 700名平均年龄为59岁的被试（其中男性占44%），被试报告了自己在闲暇时间看电视的频率，主要包括从不或很少看电视（低频率）、有时看电视（中等频率）、经常看电视（高频率）。研究人员在24年的时间里对这些被试进行了5次随访、测量及相应的一系列认知测试，特别测试了这些被试的工作记忆、言语、执行等能力和处理问题的速度等。最终结果表明，与低频率看电视的人相比，中等频率和高频率看电视的被试在15年内认知能力下降了6.9%，高频率看电视与老年痴呆症的患病风险呈明显正相关，身体活动水平和锻炼习惯似乎并没有在看电视与认知功能下降、看电视与痴呆症风险增加这两项关联中起作用。

第三个研究来自美国阿拉巴马大学伯明翰分校公共卫生学院流行病学凯利佩蒂·加布里埃尔（Kelley Pettee Gabriel）教授的研究团队，他们纵向研究了1 601名平均年龄为76.2岁的被试（其中60.5%为女性）[2]，研究者在最早的两次随访期间收集了这些被试自我报告的自己看电视的频率，在第五次随访时对所有被试进行了核磁共振脑部扫描，检查了这些被试的几种结构性的大脑标志物，包括灰质体积。这项研究的结论与上面的结论一致，在整个中年时期看电视的时间与其大脑灰质体积减小的关联非常明显，这意味着过多地看电视与大脑萎缩或退化相关联。

虽然这三项研究有一定的局限性，比如被试看电视的频率和长度主要依赖被试的自我报告，也没有搜集被试完整的生活状况等，但这三个

① Kelley Pettee Gabriel, Keith Diaz, Aarti Kumar, A Richey Sharrett, Kelly R Evenson, Rebecca F Gottesman, Thomas Mosley, Gerardo M Heiss, Priya Palta(2021). Sedentary Behavior (SB) In Mid-life And Structural Brain Magnetic Resonance Imaging (MRI) Markers Of Cerebrovascular Disease And Neurodegeneration In Late-life: The Atherosclerosis Risk In Communities Neurocognitive Study (ARIC-NCS). Circulation. https://doi.org/10.1161/circ.143.suppl_1.MP24.

② Ryan J Dougherty, Tina Hoang, Lenore J Launer, David R Jacobs, Stephen Sidney, Kristine Yaffe(2021). Long-term TV Viewing Is Associated With Grey Matter Brain Volume In Midlife: The Coronary Artery Risk Development In Young Adults (CARDIA) Study. Circulation. https://doi.org/10.1161/circ.143.suppl_1.MP67.

分散的研究能得到共同的结论还是有一定的指导意义的：青年或中年时还是要爱学习、多学习，少看电视，这样才能确保老年时期大脑退化的速度慢一点。

人们评价是不是爱学习通常是从学习结果来看。如果从学习结果来看，中国的中小学生（不包括大学生）可能是出了名的爱学习。国际学生评估项目（the programme for international student assessment，PISA）是由经济合作与发展组织（Organization for Economic Co-operation and Development，OECD）发起的教育评估监测项目，自2000年开始举办，每3年针对全世界15周岁的在校学生举行一轮测试。2019年12月3日当地时间9点，OECD在法国巴黎总部宣布了2018年最新测试的PISA成绩结果。在共有来自79个国家和地区约60万名学生参与的测试中，由北京、上海、江苏、浙江组成的中国部分地区的学生在阅读（555分）、数学（591分）和科学（590分）三项测试中均居第一位。实际上，2009年、2012年中国学生也是连续两年排名第一位，只有2015年排名居第十位。值得注意的是，2018年的PISA报告特别提到，即使是代表中国大陆参与测试的这4个省市中得分最差的倒数10%的学生，他们的阅读能力也超过了OECD国家/地区学生的平均水平。

这个结果真的能说明中国学生爱学习吗？恐怕不一定，这次调查中人们还发现中国学生的另一个"世界第一现象"，中国学生平均每周的学习时长为56～57小时（校内+校外，包括周六和周日，平均每天8个多小时），学习时长也是世界第一，是世界少有的"辛苦孩子"，参与这次测试的所有国家学生的平均学习时长是44小时（平均每天6个多小时）。这意味着中国学生一周要比其他国家的学生多学习两天，也许PISA第一名的成绩是牺牲了其他活动（如体育、休闲等）时间换来的。所以，仅仅从测试结果来判断学生是不是爱学习结果不一定准确，爱学习的学生除了成绩好，通常还具有下面两个简单特征。

第一，主动预习。孩子在没有外在要求条件下能主动预习将要学习的内容是爱学习的学生的一个重要特征，这既体现了孩子内心对学习的渴望和喜欢，也体现了孩子愿意为即将到来的新内容的学习做好了准备。如何预习效果最好呢？研究发现，学习之前用一些与新学习内容相关的问题让学生回答，既能够测试学生已掌握的知识，更有助于学生学习新知识[1]。

第二，爱学习的孩子更喜欢使用纸和笔而不是手机或平板进行学习。电子产品成为学习工具是人类社会的一大进步，它在一定程度上既方便省事，也环保，这导致一些学生不愿意拿笔在纸上写或算。不过有研究发现[2]，学习过程中使用纸和笔的孩子要比使用电脑、平板或智能手机的孩子有更多的大脑活动，表现出更好的记忆力。来自美国约翰霍普金斯大学的研究人员比较了成年志愿者通过打字、视频学习或手写练习学习一门外语的情况，结果发现用纸和笔练习的被试用时最短，学习效果最好，甚至能举一反三。相应的研究结果也和日本东京大学针对日本大学生开展的一项实验得出的结果完全一致，用纸和笔手写确实提高了被试的学习结果和效率，这可能是因为用纸和笔学习的被试内心更喜欢学习，从而导致学习结果更好。

五、大局观（perspective）

大局观就是指人们能够抓住事物的主要矛盾，看到事物长远的最终利益，根据事物的整体价值利益做出反应和行为决策。这一点在棋手下棋时表现得特别明显，好的棋手不在乎一个棋子的得与失，也不在乎一块地盘的得与失，一切只是为了保证最终的胜利。人的生活其实也是如此，只有凡事从长远考虑，处处以整体利益的得失来看待各种问题，才能不被眼前的景象所迷惑。

---

[1]　St. Hilaire, K. J., & Carpenter, S. K.(2020). Prequestions enhance learning, but only when they are remembered.Journal of Experimental Psychology: General. https://doi.org/10.1037/xap0000296.

[2]　Robert W. Wiley, Brenda RApp(2021). The Effects of Handwriting Experience on Literacy Learning. Psychological Science. https://doi.org/10.1177/0956797621993111.

许多动物也有大局观，能在生活中选择那些大概率事件而放弃小概率事件，有研究发现新西兰的啄羊鹦鹉不仅能理解概率，还能据此采取行动，这一发现是对类人猿以外的动物可以进行统计推断的首次报告。新西兰奥克兰大学的艾马利·巴斯托斯（Amalia Bastos）和阿勒克斯·泰勒（Alex Taylor）设计并开展了一个系列实验[1]：第一步，研究者首先训练6只啄羊鹦鹉（分别取名为Blofeld、Bruce、Loki、Neo、Plankton和Taz）形成条件反射，让它们将黑色与获得奖赏、橙色与没有奖赏联系起来；第二步，研究者按不同比率在两个透明罐子里分别装了橙色和黑色小棍的混合体，并从两个罐子中随机取小棍让啄羊鹦鹉选择，研究者展示时把小棍攥在拳头里不让啄羊鹦鹉看到。实验结果发现，啄羊鹦鹉更喜欢黑色比例更高的罐子里的小棍。然后研究者又进一步进行了操作，当罐子里放置一层水平夹板，改变了夹板上方可拿取黑色小棍的比例时，啄羊鹦鹉能发现这种人为的限制，并选择夹板上方可拿取黑色小棍概率最高的罐子。不仅如此，研究者还在研究中得到一个意外发现，啄羊鹦鹉更喜欢选择那些之前给出黑色小棍概率更高的实验人员手里的罐子，由此可见，啄羊鹦鹉真正是抓大局的高手。

大局观说起来容易，但其实做起来很难。比如上课玩手机游戏会让人开心，而认真听课会让人有点疲乏，就某一节课来说，在这节课上玩游戏可能影响了这节课的学习，但这其实有可能并不会在整体上影响某个学生的顺利毕业，那你这节课是选择玩游戏还是认真听课？人们在生活中其实不一定能轻易地抓住大局，美国弗吉尼亚大学研究公共政策与心理学的加伯利莱·亚当斯（Gabrielle Adams）教授和本杰明·康弗斯（Benjamin Converse）教授等设计了一系列实验[2]来考察人们对不同问题的处理方式，共有1 000多名被试参与了这一实验。其中一个代表性实

① Amalia P. M. Bastos, Alex H. Taylor.(2020). Kea show three signatures of domain-general statistical inference. Nature Communications. https://doi.org/10.1038/s41467-020-14695-1.

② Gabrielle S. Adams et al., (2021) People systematically overlook subtractive changes. Nature. https://doi.org/10.1038/s41586-021-03380-y.

验是研究者预先用乐高积木搭建了一个不稳定结构：房子的屋顶只靠屋顶基座一角的一根支柱支撑着，如果继续往屋顶上面堆积木，房子就有可能会倒塌。为了避免屋顶失去平衡而倒塌，你会用什么办法来改造这个结构？当然，解决问题时使用积木的成本也需要考虑在内，搭建中每增加一块积木就要多花费10美分。

结果发现，绝大部分实验参与者选择在合适的位置给屋顶增加一根积木支柱。不过，还有一个更简单也更便宜的解决方案，即拆除已经存在的那根支柱，把屋顶直接放在基座上。研究者还设计了多个类似的实验，其核心都是要完成对物体或抽象概念的改进，一般有两种方式：一种是做加法（如增加物品），另一种是做减法（减少或去除已有的某些成分）。即便做减法也可以更简单地达成目标，并且效果也更好（如降低成本）。统计结果却显示，大多数实验中的被试倾向于做加法，采取做减法策略的人往往只占10%～30%，远远少于选择做加法的人。除了专门设计的实验，研究人员也观察并统计了生活中的一些现象。研究者分析了一组档案数据，这些档案来自一名新校长为改进自己的工作而征集到的600多条建议，这些建议中只有10%左右的方案涉及删减现有的条例或做法。这意味着当人们被要求对物体、想法或现状做出改进时，大多数人不会从整体大局出发，而是自然地倾向于做加法。也就是说，在搜寻解决方案的认知过程中，"在现有基础上添加点什么"是一种默认策略。《自然》[①]刊登了一篇评论文章，专门对这项研究进行了解读和讨论。文章分析：人们普遍倾向于做加法，可能是因为提出增加新东西会显得更有创造性，而做减法通常显得消极（如解散一个部门，那个部门的人肯定不开心）；此外，人们也会假定现有的东西肯定有其存在的价值，且对沉没成本的偏好及对浪费的厌恶都会导致人们回避做减法。所以，人们在生活中应该培养自己总是从大局来考虑问题的意识。

一般，没有大局观的人有三个基本的共同特征。第一，过于忙碌，但又说不清自己忙的到底是什么事。有些人每天看起来忙忙碌碌，但

---

① Tom Meyvis & Heeyoung Yoon (2021). Adding to our problems. Nature. 2021/04/07.

每天只对一些鸡毛蒜皮的小事斤斤计较,这就是典型的抓小放大,结果做了许多无用功,到月底或年底回头看似乎什么也没有做。人生也是一样,不同阶段有不同的大局任务,做该做的、主要的事才是真正抓住了大局,而不是在小事情上瞎折腾。第二,喜欢凭直觉做事。什么事情都是建立在直觉之上,不喜欢通过规则、计划和目标等进行生活管理,做事情往往朝令夕改,天天都有新方向、新目标、新措施、新重点,生活、学习和工作缺乏稳定性、一致性。第三,习惯把问题的解决方案当成问题本身,从而导致根本没有抓住问题。如有的家长批评孩子:"玩游戏影响学习,你怎么还总是玩啊?"家长提出的这个问题其实是另一些情况的解决方案,这样去教育孩子并没有真正抓住问题本身,也就是没有大局观。想想这些情形:当孩子和同学一起玩时,谈论共同熟悉的游戏,可以相互交流感情;当班级里大多数孩子玩游戏时,孩子如果不玩的话,就显得见识少而容易遭到排挤;孩子学习很累了的时候,玩一会儿游戏可以解解乏;当孩子考试成绩不好或受到挫折时,玩一会儿游戏可以减缓压力……孩子玩游戏也许是应对这些情形的一种办法,如果你想要孩子不玩游戏,那你就应该帮助孩子在这些情形下找到好的应对办法,这才是有大局观的表现。大局观就是要找到"元问题"(借鉴心理学中有关元认知的概念)并解决它,元问题就是指造成问题本身的问题,也可以理解为最根本的问题。

积极教育:提升孩子乐商,成就优势品格

第二节 培养有勇气的人

积极教育提出的第二大类美德是勇气（courage），勇气是指人们面临内在、外在压力时不畏困难而誓达目标的心理特征。勇气既体现在敢于坚持对的，也体现在敢于改正已经被证明错的。勇气一般分为身体勇气（physical courage）和道德勇气（moral courage），身体勇气主要用来战胜恐惧、伤害和死亡等，而道德勇气主要用来战胜谎言、不文明、冲动或欺骗等。勇气这一美德主要包括三项具有同一方向但又各自独立的积极品质。

一、真实性（integrity）

真实性指人们在生活中思想和行为要诚实一致，讲真话，以展示真正的自我，与这一品质相反的是假装。有人认为假装就是说谎，但其实这种表述并不全对，说谎有时候是假装，也可能只是不知情下的无意行为。也就是说，人们有时候说谎是在认知能力不足、不知情或不明事实的情况下发生的，这种说谎并不是假装，只有在明明知道事实的情况下还故意说谎才是假装。如有的幼儿由于认知能力有限，对大小的概念不十分清楚，常常出现错误性夸张。例如，孩子回来对妈妈说："我看到一只比马还要大的狗。"幼儿的这种说法是说谎，但不是假装。有些人在不明真相时说了谎，但这不是假装；而在已经知道了真相的情况下还要说谎，这就是假装了。

如果你简单地问一个人："你是一个从不说谎的真实的人吗？"几

乎所有人都会回答你"是的"，但这是真的吗？人们的真实性这一积极品质的发展水平到底怎样呢？ 2013年曾有一项研究横空出世[1]，声称60%的人会为了得到更多的钱而撒谎。这项研究采取了一种"掷骰子"任务方式：参与者会拿到一个六面体的骰子，并被要求自己一个人悄悄地掷骰子（没有任何其他人能看到他掷出的数字），然后报告自己掷出的数字是多少（骰子正面朝上的数字）。在掷之前，所有被试均被告知投出数字1～5能获得1～5美元的奖励，即掷出数字1获得1美元，掷出数字2获得2美元，以此类推。但如果掷出数字6则不会获得任何奖励。实验的最终结果表明：绝大多数被试报告自己掷出了5这个数字，而报告掷出6这个数字的人很少。根据大样本概率，人们掷出5或6的概率实际应该差不多，所以参与实验的这群人要么是运气爆棚，要么就是在说谎，但这种实验模式并不能直观地展示被试在有意说谎，而只是推测这些被试在说谎，那这种说谎的现象是不是真实存在的呢？

2020年，一项新发表的研究采用了类似的"掷骰子"的任务方式，这次的设计非常巧妙，新的实验结果表明[2]，人们的撒谎和欺骗不仅真实存在，而且撒谎和欺骗的方式竟如此多样。来自西班牙的心理学家戴维（David Pascual-Ezama）等人招募了172名被试，要求他们访问一个特定的网站，并让他们独自点击网络上的一个骰子进行投掷，之后被试报告自己投出的数字并获得相应的奖励。这些被试不知道的是，这个网站是研究者自行开发的，参与者每次投出的数字都将会被暗暗地、准确地记录下来。这一研究的结果显示，真的有60%左右的被试不诚实，更令人吃惊的是，这些被试不诚实的方式居然多种多样。第一，直接对结果撒谎。一些被试访问了网站并投掷了骰子，然后不报告掷出的真实结果而是直接对结果撒谎，如他们掷出了6，却直接报告自己掷出的是5或其他

① Fischbacher, U., Föllmi-Heusi, F. (2013). Lies in disguise—An experimental study on cheating. Journal of the European Economic Association, https://doi.org/10.1111/jeea.12014.

② David Pascual-Ezama, Drazen Prelec, Adrián Muñoz, Beatriz Gil-Gómez de Liaño (2020). Cheaters, Liars, or Both? A New Classification of Dishonesty Profiles. Psychological Science. https://doi.org/10.1177/0956797620929634.

数字。第二，重复投掷，直到数字5出现为止（截屏报告）。一些被试在报告时确实没有撒谎，但他们在网上会一直掷骰子（研究中要求每个被试只能掷一次，然后报告掷的结果），直到获得了好的结果才报告。第三，有些人根本就没有到网站上去投掷，然而他们居然煞有介事地报告说自己掷出了一个数字（3或5等），其撒谎程度最高，是彻头彻尾的骗子，这一部分被试占15%。

不过也可以从积极的角度来看待这项研究，在没人监视且完全自愿的情况下，仍然有40%左右的人诚实正直，这还是很令人欣慰的（在世俗眼光里这一部分人似乎是傻子）。即使是那60%左右的不诚实者，他们中有一部分人也还是有一定的良知，如有些被试一遍又一遍地掷骰子，直到获得好的结果才报告，他们在没有监视的条件下其实大可不必如此麻烦，这说明他们心目中还存有一定的良知（在世俗眼光里这一部分人似乎是有些小聪明的人）。那些直接对结果进行撒谎的人也还是至少到网站上掷了一次的（在世俗眼光里这一部分人似乎是很聪明的人）。至于15%根本没有掷骰子的彻头彻尾的骗子，他们可能是社会需要真正防范的（在世俗眼光里这一部分人似乎是聪明过头的人）。

人为什么会不诚实？从上面的实验结果来看，有些不诚实者其实一开始也想照着道德楷模的样子做个诚实的人，比如在掷之前会祈祷自己掷出一个好的数字，这些人一开始并不想不诚实，但一旦掷出了坏的结果，就会改变原来的想法而表现出不诚实，这说明自身的利益导致了这些人出现了不诚实行为。

心理学一直对人们如何平衡"追求自身利益"和"想要坚守道德规范"之间的心路历程比较感兴趣。2020年的一个系列实验研究指出[①]：当人们的行为达不到个人道德标准时，人们可能会扭曲自己的记忆而让行为符合个人道德标准。

---

① Ryan W. Carlson, Michel André Maréchal, Bastiaan Oud, Ernst Fehr, Molly J. Crockett. (2020). Motivated misremembering of selfish decisions. Nature Communications. https://doi.org/10.1038/s41467-020-15602-4.

在第一项实验中，研究者给被试一些钱，并要求他们自行决定如何把这些钱分配给自己和其他人（一种所谓的独裁者游戏的实验研究模式，分配者可以任意决定分给自己和其他人多少钱，其他人只能被动接受，同时其他人也无权知道分配者自己分到了多少钱），分配完之后让被试完成一系列问卷任务（用来干扰被试的短期记忆），然后要求被试回忆他刚才给其他人分了多少钱，并且告诉被试，如果回忆准确，他就会得到额外的奖金。实验结果显示：即使有额外奖金的刺激，那些之前比较小气的被试（之前分给其他人很少钱的被试）也倾向于回忆自己给了其他人比实际情况更多的钱。

研究者紧接着做了第二项实验研究，这项研究包括线下和线上两种情况，研究人员首先询问每个被试在特定情况下（自己有权力随意分配钱而对方无权知道）认为公平分配的标准应该是多少钱，然后要求这些被试给自己和其他人分钱。结果显示，那些给了其他人少于他们个人认为公平标准数的被试，产生了比他们实际行为更慷慨的错误记忆。

第三项在线实验表明，同样是分配给其他人较少的钱，一种情况是让被试感到自己对自己的分配决策负有责任时，他们记忆中那些给其他人较少钱的行为就出错了，即他们记忆中的自己似乎没那么小气。另一种情况是实验者明确指示分配者给其他人较少的钱，即被试只是执行命令，并不需要对自己的行为承担责任时，他们竟然准确地记住了自己给予其他人的金钱数额。

当然，这种错误记忆的倾向只适用于那些比较自私的人（自私或不诚实的人可能会扭曲自己的记忆，以让自己满足于自己心目中的道德规范标准），这一研究还有一个重大发现，即大多数人对其他人表现得很慷慨，而且这些人的记忆很准确。正如这一研究的第一作者卡尔松博士所说："大多数人努力遵守道德规范，但有时人们因受利益的影响而无法坚持自己的理想。在这种情况下，保持道德自我形象的愿望不仅促使我们合理化自己的不道德行为，还在我们的记忆中'修正'这些已经发生了的不道德行为。"

二、勇敢（bravery）

勇敢是指人们面对困难、邪恶、压力或危险时不屈服而能坚持正确的做法。这一含义有两个核心：第一是面对邪恶和对自己有伤害的压力，第二是要坚持正义或正确的做法。那为什么很多人在面临困难、压力或危险时会屈服或认输呢？其根本原因是人们在那种时刻生理上会感到疼痛（痛苦）。疼痛是人类在进化过程中保存下来的一种危险警告信号，如当你的手不小心碰到热炉，你大脑中的某个神经元网络就会立即被激活，你就会感到疼痛，并意识到这很危险！你的手会马上离开，如果没有疼痛这个信号警告你，有可能你的手在热炉上烤熟了你都还不知道。同样，疼痛也是引起人们注意的一种方式，如你被别人踩了一下脚趾，你就会感到疼痛，这种疼痛会在一段时间内让你的全部注意力集中在这个脚趾上。所以，疼痛就是警告你遇到了危险，并且让你集中注意力解决它，而勇敢的本质就是宁愿忍住疼痛（痛苦）也决不屈服于危险。

当人们身体受到伤害时人们会感到疼痛，而当人们面临困难或压力时身体并没有受到伤害而只是心灵受到伤害时，那又会如何呢？心理学的研究发现，心理伤害和身体伤害一样，会让人感到疼痛，因而勇敢既体现在面临身体伤害时，也体现在面对心灵或心理伤害时。

一篇发表在《美国国家科学院院刊》上的研究表明，当人们遭到拒绝或排挤（这是一种典型的心理伤害）时的脑活动与处于生理疼痛时的脑活动极其相似[1]。2011年，一些心理学家用功能性磁共振成像机器扫描了40个心情悲伤的被试，这些被试都在近期经历了一场和情侣意外分手的事件（都是被甩的一方）。在核磁扫描仪里，被试一边注视着那些甩了自己的人的照片，一边想着自己如何被对方甩的伤心事。随

① Ethan Kross, Marc G. Berman, Walter Mischel, Edward E. Smith, Tor D. Wager(2021). Social rejection shares somatosensory representations with physical pain. PNAS. https://doi.org/10.1073/pnas.1102693108.

后，这些被试又一边注视着自己最亲密朋友的照片，一边回想着和他们的快乐记忆。而后，研究者还将一个滚烫（但并不致烫伤）的物体放在这些被试的手臂上，接着在这些人的手臂上放一个令人愉悦的温暖物体。心理学家分别收集了这些被试经历痛苦、愉快、滚烫和温暖等生理感受时的脑活动（当然，实验中这些被试接受刺激的顺序效应会消除）。

结果显示，看到前任照片和感到滚烫都会激活与疼痛相关的大脑区域，而且有很大的重合，这意味着这两种刺激在本质上都会引起人们的疼痛感，从而证明心理伤害确实引起了人们的疼痛感，但看到朋友的照片和感受到温暖却没有重合的脑区，表明这两种刺激造成的脑机制可能不一样。另外一些有关疼痛和记忆神经科学方面的研究也显示了与上述研究类似的结果。这篇论文的作者、多伦多大学的心理学教授杰夫·麦克唐纳（Geoff MacDonald）说道，从进化论的角度来看，被拒绝确实不是一件好事，对远古人类而言，生存需要一种紧密的社会网络，合作有利于收集食物和抵御外敌，而且很显然，如果你和其他人没有联络，就更容易面临危险，甚至找对象也成问题。所以，被拒绝后会以疼痛信号来警告你这是一种危险，并提醒你要注意。当然，如果你的一个朋友被他前女友甩了以后伤心不已，碰巧他来向你倾诉自己的难过，你不妨建议他去买点阿司匹林止痛片吃一下，这可能会有一定的效果。

关于心理痛和生理痛到底是不是一回事，有关这方面的研究比较早的是2011年来自密歇根大学的心理学教授伊桑·克罗斯（Ethan Kross），他当时以第一作者的身份在《美国国家科学院院刊》发表了一项研究，他提出情感上的疼痛体验借由早已存于我们祖先脑内的身体疼痛系统来保护我们。克罗斯说，和好朋友吵架后的疼痛是真实存在的，但这和身体上的疼痛略有不同，任何曾经恋爱被甩过且也被打过鼻子的人都会告诉你，这两种经历显然不一样。他继续说道，功能磁共振成像的研究结果也反映了这一点：被这两种不同体验激活的大脑区域只是有部分重叠，并不完全重合。不过有一个问题一直困扰着人们：为什么恋爱被甩（或受到了其他心理伤害）的人们只是在胸口和腹部感受到疼

积极教育：提升孩子乐商，成就优势品格

痛，而不是在手臂或膝盖等部位感受到疼痛呢？一些心理学家假设，这种体验可能与迷走神经的激活有关，迷走神经只从大脑延伸到颈部、胸部和腹部，而没有延伸到手臂或腿部，但目前还没有太多令人信服的证据来支持这种解释。不过现有的科学证据已经证明心理伤害确实会让人感受到疼痛，所以面对生活压力或恋爱对象提出分手时其实也正是你展示和练习使用勇气的好时机。

如果一个人坚持自己的错误，特别是坚持那些已经被证明了是错误的东西时，这种行为并不是勇敢，可能被称为"顽固不化"。如吸烟有害健康已经成为全社会的共识，世界顶尖学术期刊《自然》在线发表的一篇论文指出，长期吸烟的人，肺部一些看似健康的细胞里会存在大量的突变，而只要戒烟，这些细胞里的突变就会减少。这项研究来自英国威康·桑格研究所和伦敦大学学院的合作[①]。科学家们从16名健康的志愿者体内取出一些支气管上皮细胞，并进行体外培养。在培养皿里，每个细胞都能长成一团有着相同遗传背景的细胞，便于科学家们对其进行基因测序。使用这种方法，科学家们一共获得了632个健康细胞的基因组信息，并分析了这些细胞中各自发生了哪些突变。与此同时，科学家们也把志愿者按年龄和吸烟状况进行了分类，以便更好地估计不同人群的肺部会出现怎样的突变。比对结果发现，随着年龄的增长，这些细胞里的突变会不断地增加，这一点其实并不令人感到意外，毕竟在细胞分裂的过程中，偶尔会发生一些突变，这些突变会不断积累，并在测序结果中显现出来。据估计，人每年长一岁，这些细胞里就会多出22个单核苷酸的突变（这也是人的年龄越大越容易生病的一个原因）。科学家们同时评估了吸烟对肺部的影响，如他们的预期一样，烟民的这些细胞里

① Kenichi Yoshida, Kate H. C. Gowers, Henry Lee-Six, Deepak P. Chandrasekharan, Tim Coorens, Elizabeth F. Maughan, Kathryn Beal, Andrew Menzies, Fraser R. Millar, Elizabeth Anderson, Sarah E. Clarke, Adam Pennycuick, Ricky M. Thakrar, Colin R. Butler, Nobuyuki Kakiuchi, Tomonori Hirano, Robert E. Hynds, Michael R. Stratton, Iñigo Martincorena, Sam M. Janes, Peter J. Campbell (2020). Tobacco smoking and somatic mutations in human bronchial epithelium. Nature. https://doi.org/10.1038/s41586-020-1961-1.

有着大量突变，平均每个健康细胞里居然能找到5 300个单核苷酸突变。此外，这些细胞里还会出现各种DNA的插入和删除变异，也就是许多额外的变异。科学家们指出，这些表面看起来很健康的细胞，其实在体内都已经演变成了一颗颗小型的不定时炸弹，可能随时发生爆炸而诱发肺癌。有趣的是，如果一个人戒烟了，在这些戒烟者的细胞里，平均的突变就只有2 330个，不到吸烟者的一半！在这次的研究分析中，科学家们从那些戒烟者体内找到的健康细胞是吸烟者的4倍！更令人称奇的是，科学家们发现，在6名戒烟者中，5名志愿者的细胞中的突变极少，和同年龄且从未吸过烟的人处于同一水平，这在细胞分子水平上证明戒烟绝对是一件正确的事情。可能有人会说，既然戒烟就能迅速减少突变，那是不是说明人们在最开始可以随便地抽烟呢？是不是只要戒烟就能恢复健康？科学家们也想到了这个潜在的问题，他们指出，这一研究分析的都是健康细胞里的突变数目，在这个指标之外，吸烟依旧会给人带来其他方面的损害，且这些损害可能无法通过戒烟来恢复。

虽然早已有多个科学研究证明了吸烟有害，有些人就是要顶住外在压力坚持吸烟，这并不是勇敢，而是顽固不化。不过从另一个角度来说，坚持吸烟有可能恰恰说明吸烟者可能没有战胜尼古丁作用的勇气，缺乏勇敢这一积极品质。所以，在此忠告年轻人，一定不能抽烟，因为抽烟会给人的身体（特别是肺部）带来损害。

人们在面对生活压力、生理伤害或心理伤害等事件时为什么要勇敢？这是因为这些压力性事件会对人造成重大伤害，而勇敢是人们战胜这些压力性事件的基础，其本身就是一种对抗压力的有效方法。

有关勇敢的科学研究做得比较好的是浙江大学的胡海岚教授及其团队，他们于2017年7月14日在《科学》杂志在线发表了《胜负经历重塑丘脑到前额叶皮层环路以调节社会竞争优势》一文。研究者进行了一项钻玻璃管实验，有四只差不多大的小鼠，玻璃管和小鼠的身体差不多宽，且只能容一只小鼠进出，研究者从玻璃管的两头分别放入一只小鼠，两只小鼠钻到中间时就会互相推搡，那个被倒退着推出来的小鼠的等级就低，研究者通过这种方式把四只小鼠的等级顺序进行了排列，并给最低等级的那个小鼠取名为"豆豆"。然后研究者在豆豆的前额叶皮层的神经元细胞中嵌入光敏感蛋白基因，并将光纤植入神经元细胞的上方，这样蓝色激光就可以通过光纤进入小鼠头脑中而激活这群神经元。当豆豆再次和比它等级高的小鼠在玻璃管中相遇时，研究者打开了蓝色的激光，激活了豆豆的前额叶皮层的那部分神经元，结果豆豆表现出自信而死活不退，最后把等级高的小鼠推出了玻璃管，从而出现了逆袭现象。豆豆之前一直输给那三只比它等级高的小鼠，而现在为什么就能赢对方呢？这是因为其前额叶皮层的神经元被激活了，而这一部分神经元被激活到底让豆豆产生了什么呢？研究者认为，豆豆在这一过程中既没有增加任何能量，也没有学习相应的推操技能，更没有借助任何的外部力量，最后居然反败为胜，这只能归功于勇敢这一心理品质。

　　研究者紧接着重复地用蓝色激光刺激，以帮助豆豆连续赢得竞争六次，之后连续几天，豆豆就可以不依赖激光的刺激而自行战胜那些等级高的小鼠，最终成为最高等级的小鼠，并且可以将战果维持下去。这一实验结果意味着勇敢这一积极品质可以通过学习而获得，六次的成功经历培养了豆豆的勇敢品质。研究者随后又设计了一个新的非常有趣的实验：他们把四只小鼠放在一个冰冷的笼子里，在这个笼子里只有一个小小的、只能容下一只小鼠的角落是温暖的，这四只挨冻的小鼠就必须相互竞争，结果还是豆豆成功地占据了那个温暖的角落。这意味着豆豆之前获得的积极品质——勇敢——是可以被迁移的，即通过某些事或在某个领域里获得的积极品质应用于其他领域时依然有效。

三、坚持性或锲而不舍（perseverance or persistence）

　　愚公移山，可能连小学生都知道这则成语的意思，它主要用来赞美那些贵在坚持的人。我们想要实现任何梦想都需要付出长时间的努力，几乎没有一蹴而就的可能。坚持性这一积极品质就是指人们在做一件事情时可以长时间集中注意力进行，直到取得成功。

有关坚持性这一积极品质目前仍然存在争论，一些人认为这种积极品质其实是一种特殊的情绪体验。生活中人们经常看到一种奇怪的现象，有些家长总是会说自己的孩子缺乏毅力，不能坚持学习，但在玩游戏时却能坚持很长时间，有时甚至能忍饥挨饿玩一个通宵。这是为什么呢？很多人可能觉得孩子在玩游戏时很快乐，是快乐让孩子能坚持下去。其实孩子在玩游戏时并不一直快乐，当他在游戏中经历失败或挫折时，他也会体验沮丧、难受、愤怒等消极情绪，但他仍然会坚持玩下去。研究者米哈里·契克森米哈赖（Mihaly Csikszentmihalyi）将孩子玩游戏时体验到的这种情绪称为心流（flow），也叫"福流"[①]，意即这种情绪体验像流动的水一样，会促使人们持续不断地做着当前的活动而不愿停下来。也就是说，如果一个人从事某一项活动时能体验到福流情绪，他就会在这项活动中表现出坚持性，福流情绪从性质上说属于积极情绪。

一项活动具有什么特征才能让人产生福流情绪呢？从活动本身来看，如果一项活动具有明显的结构性特征（如对于正确与否有清楚的定义，因正确而得到的奖励和因错误而受到的惩罚等是及时且公正的，难度等级合适）、技能与难度（挑战）相匹配（参与活动的人的能力要与活动的难度相匹配，太难或太不容易都不行）、活动本身是活动的目的（活动没有任何外在目的，如为了获得奖励、报酬等）等特征时，这项活动就容易产生福流情绪。从参与者这一角度来说，不同的人具有不同的福流天性，有的人天生就具有很好的坚持性，而有些人则天生喜欢多变。

有研究者做过一个研究，发现被试在等待不确定的消息时，玩一种可以让他们处于福流状态的游戏能显著减轻压力，并使被试感觉到更多的积极情绪和更少的消极情绪[②]。在这项研究中，290名被试被拍摄了他

---

① 福流是一种积极情绪，目前中国心理学界对这一概念还没有统一的译法，主要有福乐、沉浸、心流和流畅感多种译法。

② Rankin, K., Walsh, L. C., & Sweeny, K.(2018). A better distraction: Exploring the benefits of flow during uncertain waiting periods. Emotion. Advance online publication. No Pagination Specified. http://dx.doi.org/10.1037/emo0000479.

们的照片，并被告知，他们必须等待一段时间让评委来评估其吸引力的大小而决定他们是否能参与接下来的活动。这个等待过程让这些被试很紧张。与此同时，研究者让这些被试玩了一款叫"俄罗斯方块"的游戏来分散他们的注意力。被试被随机分为三组：第一组人在特别容易的水平上玩，第二组人在特别难的水平上玩，第三组人则是在正好适应他们的水平上玩。结果表明，当游戏难度正好适应这些被试的水平时，相比于其他两组被试，这些人以最好的心情度过了这个等待期，并丝毫没有觉得等待时间太长。

既然并不是所有的活动都能让人产生福流情绪体验，当人们必须从事那些不太能（或不容易）产生福流情绪的活动时，人们如何才能提高坚持性呢？指导意见如下。

第一，把自己的行动方案和行动目标等在网上公开（如发朋友圈、发微博等），并及时更新。有项研究跟踪了一组减肥超过四年的人，结果表明那些在网上公开承诺减肥并及时分享自己的进步的人更容易在减肥活动中坚持下去并会减轻更多的体重[①]。公开承诺类似于一个立场宣言，也是一个即时反馈，这增加了被试遵守行动方针的可能性，因为这让被试觉得有那么多人在监督他的行为。

第二，要把活动方式固定下来并养成一种习惯。一项研究比较了两种关于控制饮食的减肥方案[②]：第一种方案是被试第一天放开肚子多吃，然后第二天吃特别少，也即每天吃的数量不固定，但一周的进食量固定；第二种方案是天天都适量少吃，一周的进食量与第一种方案是一样的。研究结果表明，对于大多数人来说，虽然这两种减肥方案的效果差

① Tonya Williams Bradford, Sonya A. Grier, Geraldine Rosa Henderson(2017). Weight Loss Through Virtual Support Communities: A Role for Identity-based Motivation in Public Commitment. Journal of Interactive Marketing, 40, 9-23.https://doi.org/10.1016/j.intmar.2017.06.002.

② Trepanowski JF, Kroeger CM, Barnosky A, et al.(2017). Effect of Alternate-Day Fasting on Weight Loss, Weight Maintenance, and Cardioprotection Among Metabolically Healthy Obese Adults: A Randomized Clinical Trial. JAMA Intern Med. 2017;177(7):930–938. https://doi.org/10.1001/jamainternmed.2017.0936.

不多，但有规律的连续性适量少食比有时候多食有时候少食的饮食方案更容易让人坚持下去。

坚持性不仅是一种积极品质，也有一定的积极价值意义。人们常说做事贵在坚持，但也有一种说法是做事要张弛有度，这二者之间的关系到底是怎样的？有研究通过实验揭示了这二者之间的关系。

有些学习常常只需要一次经历就会形成长期记忆，比如有些事你只经历过一次，却可以令你终生不忘，这类学习一般称为联想学习，联想学习大多涉及情景记忆；但另外一些学习则需要反复练习才能形成长期记忆，比如大部分课本上的知识或者一些技能动作等，这通常称为感知学习。感知学习需要经过大量的练习，这意味着感知学习过程中的每一次练习的效果会逐渐累积，通过一定的累积才能达到最后的长期记忆目标。如果控制了其他因素的影响，只有练习的总量是学习效果好坏的唯一决定因素时，那么每次练习后的间隔时间长短会不会影响这种累积效果呢？人们经历了持续时间的学习之后往往需要适度的休息，而这种休息的时长该如何设置呢？

研究者招募被试进行了一项持续多天的听觉判别实验，要求被试学习辨别各种声音之间的差异。研究者让一组被试每天进行一次性的持续学习，而另一组被试则在持续学习的过程中可以休息30分钟，两组被试每天的学习总时间完全一致，然后比较两组被试之间的差异。结果发现，每天进行一次性持续训练的被试达到了非常好的感知学习效果，而中途休息一次的被试则没有达到感知学习所设立的目标[①]。这表明感知学习过程中的累积作用在中途休息的这30分钟里被弱化了，所以在感知学习中，持续学习要比中间有打断的学习方式有更好的效果，但这种持续也并非持续时间越长越好，因为人都会有一定的生理疲劳，在疲劳状态下学习非但没有效果，还有可能对身体造成一定的伤害。这一研究的作

---

① Little, D. F., Zhang, Y.-X., & Wright, B. A. (2017). Disruption of Perceptual Learning by a Brief Practice Break. Current Biology, 27(23), 3699-3705.e3693. https://www.sciencedirect.com/science/article/pii/S0960982217313350.

者通过多次实验后发现：最有效的学习方式是短时间内要持续学习（一般要持续40分钟）且不要停顿，这也告诉人们，一个孩子在学习一门课程时最好持续40分钟以上才更换学习内容；如果持续长时间学习（如一天）而感觉疲劳，可以休息5次，每次休息6分钟就可以。如果学习中途有长达30分钟以上的休息，那大脑对学习内容的记忆就将受到一定的影响。这一研究对优化感知学习的学习习惯具有重要意义。

四、热情（passion）

热情是人们对待他人、事物或工作的一种态度，它体现了人们对他人、事物或工作等的极度喜爱，是一种典型的情绪类积极品质。如果对工作有热情，那人们工作时会特别轻松，也会特别专注，就不会计较这项工作是否有价值；如果对他人热情，那么人们就会积极主动、热烈友好地对待他人或帮助他人。热情相对应的反面是冷漠或冷落，其行为既包括不理不睬，也包括讽刺讥笑等。热情是一种创造性情绪，即多数创造或创新的产生都伴随着这种情绪，甚至可以说是这种情绪导致了人们创造或创新的实现。

热情的一个很重要的特征是要热烈主动地表达自己的友好情绪，因而外向的人更容易表现出热情这一积极品质。有研究发现，外向的人婚姻相对更幸福，新婚后外向者出现的婚姻问题往往较少，而且随着时间的推移，他们对婚姻更加满意。原因可能是外向的人在婚姻中更容易表现出热情，处理一些不可避免的冲突时会更有信心。相比之下，内向害羞的人往往在婚姻中遇到更多的问题。内向害羞的人很难在人际交往中表现出热情，伴侣间相处时会感到更多的焦虑。这一结论来自一项对112对夫妇的研究[①]，研究者还对其中一些夫妇进行了为期6个多月的跟踪调

---

① Baker, L., & McNulty, J. K.(2010). Shyness and Marriage: Does Shyness Shape Even Established Relationships? Personality and Social Psychology Bulletin, 36(5), 665–676. https://doi.org/10.1177/0146167210367489.

查，发现人格的这种影响是可以改变的，如果内向害羞的人能在生活中主动表现热情，那婚姻关系就会得到有效改善。

另外，也有研究发现，性格外向的人相对拥有更幸福的生活[①]，一个原因是外向的人可能会更积极地回忆过去，往往精力充沛，对人或对工作有热情，愿意与人交流，是那种喜欢透过玫瑰色眼镜去看待世界的人。这项研究的第一作者瑞安·豪厄尔（Ryan Howell）博士解释，高度外向的人对自己的生活更有热情，因为他们倾向于对自己的过去持积极的怀旧态度，不太容易产生消极的想法和遗憾，也即这些热情的人有更好的时间观；而高度神经质的人基本上对自己的过去持完全相反的看法，而这影响到他们现在的生活，导致他们在当下不太可能热情地对待他人和对待生活。这一研究调查了人们对生活的满意度、个性和时间观等，结果显示，热情的人往往更可能记住过去的积极事件，更愿意用积极的眼光重新审视自己的过去，他们注重活在当下，生活得更幸福。这一研究其实也是一个好消息，因为尽管改变性格可能很困难，但人们可以通过提升生活热情来提高幸福感。

这个世界有一些"超级老人"，这些人至少是70多岁的人，但他们的心理和身体机能如年轻人一样，并没有出现很严重的退化。人们对这一现象进行了研究，发现这些老人除爱好运动，经常参加体育锻炼外，还有一些其他特征令人印象深刻。其中一个关键的心理特征是热情拥抱衰老过程，放弃对年老的消极想法和情绪，害怕衰老是无益的，这会让人更加容易衰老，因为情绪往往与身体机能等会建立一种平衡关系。所以，当人们老了以后，应该寻找更加积极的环境，剔除一些不喜欢的东西，戒除消极情绪，热情地对待世界和他人，更要热情地对待生活。老年人的运动非常重要，运动能提高身体机能，也能给老年人一些积极暗示（如我一直运动，所以我肯定会健康的），但老年人要选择一些合适

---

① Jia Wei Zhang, Ryan T. Howell.(2011). Do time perspectives predict unique variance in life satisfaction beyond personality traits? Personality and Individual Differences, 50(8), 1261-1266, https://doi.org/10.1016/j.paid.2011.02.021.

的运动方式，冥想已经被证明可以减少焦虑、抑郁等消极情绪并带来生理上的益处。

热情在家庭生活中也具有很好的价值意义，不仅能有效地建立良好的亲密关系，在儿童教育中的价值也很大。热情，首先要倾听和理解他人正在经历的事情，然后以同情的态度做出回应，这意味着要了解对方的情绪并应对，所以也叫反应式关怀。特别需要指出的是，这种热情响应创造了一种确认感和被关心的感觉，会促使伴侣之间的焦虑感降低，并进一步改善伴侣的睡眠质量。当睡眠质量高且不间断时，睡眠对人的恢复作用最大。根据对698对已婚同居夫妇的调查得出的结论，那些感受到热情关注和被理解的人拥有最好的睡眠质量[1]。热情关怀不仅能改善夫妻之间的关系，对孩子的健康发展也有好处，它能影响孩子并使孩子具有热情这种积极品质。研究表明[2]，夫妻之间有意识地练习对伴侣的敏感和热情反应（通过真正倾听和思考对方的观点而做出热情反应）不仅能改善夫妻关系，也能帮助孩子提高热情，这项研究涉及125对夫妇和他们的孩子。

与热情相反，讽刺和不友好的评论会让一切变得更糟糕。有一项关于减肥的研究发现[3]，虽然减肥非常困难，但人们只要通过辛苦努力还是可以取得一定成效的。不过如果被试在减肥过程中受到亲朋好友的不友好评论或讽刺时（如对被试的健康饮食习惯说些风凉话，或者告诉他们减肥没用，减掉的体重很快会恢复等），这些被试的努力和热情就会被完全破坏。

① Selcuk, E., E., S. C., Slatcher, R. B., & Ong, A. D.(2017). Perceived Partner Responsiveness Predicts Better Sleep Quality Through Lower Anxiety. Social Psychological and Personality Science, 8(1), 83–92. https://doi.org/10.1177/1948550616662128.

② Abigail Millings, Judi Walsh, Erica Hepper, et al.,(2013). Good Partner, Good Parent: Responsiveness Mediates the Link Between Romantic Attachment and Parenting Style. Personality and Social Psychology Bulletin, 39(2): 170-180.

③ Lynsey K. Romo (2018) An Examination of How People Who Have Lost Weight Communicatively Negotiate Interpersonal Challenges to Weight Management, Health Communication, 33:4, 469-477. https://doi.org/10.1080/10410236.2016.1278497.

虽然青春期通常是一个不稳定和容易受挫的时期，但人们在20多岁时的快乐其实并不是最少的。心理学家研究发现，人的发展过程中确实存在中年危机，即接近中年的这一群体中，抑郁、自杀意念、吸毒和酗酒等现象正在增加，30多岁和40多岁的人现在似乎比以往任何时候都更有可能经历这些危机心理[1]。这一结论由一项对1974—1983年出生的数千名美国人的心理健康状况的跟踪调查而得出。那到底是什么原因导致中年危机的出现呢？最根本的原因是这个时期的人们生活压力大，工作时间长，社交相对狭窄而导致对生活的热情开始下降，从而出现了中年危机。

社会学家和心理学家一直对一个问题百思不得其解，生活中"坏男孩"为什么对女孩更有吸引力？相关的研究发现[2]，具有黑暗人格的坏男孩多数是外向人格，他们最大的特点是待人热情大方，愿意与人交往，具有典型的"二手车经销商"的魅力和操纵能力。如果你想买一辆车或买一套房，那么最终卖给你车或房的一定是那个最热情的中介。

积极教育：提升孩子乐商，成就优势品格

---

① Lauren Gaydosh, Robert A. Hummer, Taylor W. Hargrove, Carolyn T. Halpern, Jon M. Hussey, Eric A. Whitsel, Nancy Dole, and Kathleen Mullan Harris (2019). The Depths of Despair Among US Adults Entering Midlife, American Journal of Public Health. 109(5), 774-780. https://doi.org/10.2105/AJPH.2019.305002.

② Gregory Louis Carter, Anne C. Campbell, Steven Muncer(2014). The Dark Triad personality: Attractiveness to women. Personality and Individual Differences, 56, 57-61. https://doi.org/10.1016/j.paid.2013.08.021.

第三章 积极教育与积极品质（中）

第一节　培养仁爱的人

仁爱（humanity）是积极心理学提出的第三大美德，这一美德主要涉及人与人交往的积极品质。人之所以不同于动物，就在于人有人道和人性。人要尊重自己和他人应有的权利，要爱护人的生命，关怀人的幸福，维护人的尊严，保障人的自由等，这些是仁爱的核心本质，也是最基本的为人之道。

一、善良（kindness）

善良也就是仁慈，善良主要表现为做人本分，做事脚踏实地，对他人心存善念，不算计别人，生活中乐于助人，懂得换位思考，为别人着想。善良是一个人发自内心的美好，也是人的一个重要行为准则。善良也并不是不辨是非，善良与邪恶并不相容，善良是要让正义得到伸张，让人性得到发扬。

加拿大游泳运动员玛格丽特·麦克尼尔（Margaret MacNeil）的养父母的行为可以诠释什么是善良。2001年6月，爱德华夫妇收养了这个女孩和另一个孤儿，并对她们俩视如己出，竭尽一切让她们在自由和充满爱的环境中长大。爱德华夫妇看出玛格丽特的运动天赋，但从不过多干涉女儿的兴趣爱好，是否坚持游泳以及要不要参加比赛等都完全尊重玛格丽特的意愿。据其养父母透露，玛格丽特几乎是全能的。她会打排球，在5岁的时候开始学小提琴，随后又学了单簧管，而且对医学和法律颇有兴趣。一直以来，爱德华夫妇不仅担负了玛格丽特训练和参赛的相关费用，还保障了玛格丽特的饮食健康和她的心理情绪。

善良不仅体现为一种善行，更体现出"真"，要把真实的自己或真相展现出来，而要想保真，就要有相关的知识，如果自己不具备这方面的知识，那就应该借助相关的科研报告作为支撑证据。善良的人从来都会对自己的言行负责，所以真正的善良是愿意并敢于对自己的言行负责任。然而，有些人打着善良的名号（有的甚至打着爱国的名号）散布真假不明的消息，许多人认为"我只是转发一下，又不是我写的，不关我的事！"如2020年世界各地新冠肺炎疫情肆虐时，一些人也许是出于好心而到处转发用抗生素来对抗新冠病毒的信息，结果让民众上了当，还吃了亏。如阿奇霉素是一种广谱抗生素，许多地区用它来治疗新冠肺炎，事实上它根本没有治疗效果。发表在《美国医学会杂志》上的一项研究发现[1]，阿奇霉素在预防门诊患者出现新冠症状方面并不比安慰剂更有效，并且可能会增加患者住院的概率。该研究包括263名被试，他们在加入研究前的7天内均检测出新冠病毒呈阳性，登记时没有人住院。其中171名被试接受了单剂量的1.2克阿奇霉素口服剂量，92名参与者接受了相同剂量的安慰剂。在研究的第14天，两组中都有50%的参与者没有出现症状。到第21天，5名接受阿奇霉素治疗的参与者因严重的症状而住院，而安慰剂组中没有人住院。研究人员指出，与安慰剂相比，单剂量的阿奇霉素治疗并不能有效地避免患者出现新冠症状。

有些传媒为了追求效应和风口，常常不负责任地发表一些吸引人眼球的文章，为了流量而发，再加上现在是自媒体时代，一条错误的消息会很快到处传播，就像病毒的复制一样，这是典型的不善良，善良的媒体一定是有良心的。2021年7月22日，一项发表在《美国国家癌症研究

---

[1]　Catherine E. Oldenburg, Benjamin A. Pinsky, et.al.(2021). Effect of Oral Azithromycin vs Placebo on COVID-19 Symptoms in Outpatients With SARS-CoV-2 Infection: A Randomized Clinical Trial. JAMA. https://doi.org/10.1001/jama.2021.11517.

所杂志》（*Journal of the National Cancer Institute*）的研究报告发现[①]，社交媒体上最受欢迎的癌症治疗文章中有1/3包含错误信息。在此项研究中，美国犹他大学亨斯迈癌症研究所的研究人员分别选取了社交媒体中和乳腺癌、前列腺癌、肺癌、结直肠癌这4种最常见的癌症有关的、最受欢迎的50篇文章，分析了其中癌症治疗信息的准确性及潜在的危害。结果显示，在这200篇文章中，32.5%的文章含有错误信息，30.5%的文章含有有害信息。在含有错误信息的文章中，76.9%的文章含有可能不利于患者治疗效果的信息，因为它们所支持的方法可能对患者的治疗质量和生存机会产生负面影响。与此同时，研究还表明，那些含有错误信息的文章比含有循证信息的文章获得了更多人的关注。

有心理学研究发现，高智商的人更善良，他们在行为上表现出更多的慷慨性和利他性[②]。这也许是因为智商较高的人通常拥有更多的资源，因而他们有条件更慷慨，即部分原因可能是他们负担得起。善良品质并不是人们通常认为的、与智力有关的东西，但这项研究清楚地表明两者之间存在联系。在第一项研究中，研究者发现那些为公共利益贡献了超过应该贡献的公平份额的人智商更高。在第二项研究中，研究者发现那些倾向于重视集体利益的人在智力测验中的得分更高。合并两项研究的结果可以得到结论：智商高的人更善良，如对他人更慷慨，更照顾集体利益，而智商低的那些人更自私，他们更多地为自己保留利益。所以从一定意义上说，这个社会中智商高的人越多，社会就越善良仁慈。

善良的人有时也容易被人利用，这主要是因为善良的人更容易产生内疚感。在与人交往时，善良的人常会因为一些小事情就感到内疚，如小组合作时觉得自己的贡献没有别人的大而有些内疚，因工作太忙没有

---

① Johnson, Skyler B, Parsons, Matthew, Dorff, Tanya, et al.(2021). Cancer Misinformation and Harmful Information on Facebook and Other Social Media: A Brief Report. Journal of the National Cancer Institute. https://doi.org/10.1093/jnci/djab141.

② Kobe Millet, Siegfried Dewitte(2007). Altruistic behavior as a costly signal of general intelligence. Journal of Research in Personality, 41(2): 316-326. https://doi.org/10.1016/j.jrp.2006.04.002.

时间经常陪伴父母而感到内疚，因父母对自己很关心但自己学习不够优秀而觉得内疚。内疚感会促使人们做出一些有益于改善相互间关系的行为，比如合作、补偿等，总的来说，内疚感作为一种道德情绪，无论对个体还是对社会都是有益的。心理学有一个"留面子效应"，即当人们拒绝了一个人的较高要求后，如果对方马上提出一个相对较低的要求，人们都会倾向于满足对方，这一效应的背后就是内疚情绪在起作用。比如，当你拒绝了你的孩子要买一个新手机的要求后，这时候孩子说想吃一顿肯德基，大部分情况下你会倾向于满足孩子的这个要求。

有时候，内疚可能也会有一定的消极意义，会让你违背道德准则（直言）而说谎。一项研究表明[1]，假如诚实被认为会不利于当前的关系，那么内疚会促使人们违背道德准则而说些有利于维护关系的谎话，但如果人们能仔细考虑诚实的价值，那内疚带来的说谎的可能性将被大大削弱。实验中所有被试需要想象自己与安妮共同参与了一个项目，一部分被试（内疚组）会被告知，由于他们没有尽力，项目评分不高，安妮将面临无法续约的风险；剩余的被试（控制组）则会被告知，由于安妮自己没有尽力，项目评分不高，安妮将面临无法续约的风险。实验中所有被试都会被告知，安妮成功续约的可能性只有20%。接着，安妮会亲自询问每个被试自己成功续约的可能性是多大。

在回答安妮的询问之前，一部分被试（谨慎组被试，谨慎组中既有内疚组被试，也有控制组被试）还会被要求先考虑一下，如果不对安妮如实相告会给安妮和其他人造成什么样的后果。实验过程中被试回答的安妮续约的可能性与20%（真正的可能性）的差异将作为衡量被试撒谎程度的指标。结果发现，在未被谨慎处理的被试中，内疚组被试的撒谎更严重，给了安妮更高的"不切实际"的希望。当被试被要求谨慎处理之后，内疚组被试的撒谎程度甚至低于控制组（平均而言）。也就是说，面对安妮的询问，内疚组被试会出于对安妮的内疚而说善意的谎

① Li, S., & Jain, K.(2021). Blinded by guilt: Short-term relational focus and lying. Journal of Experimental Social Psychology, 96, 104191. https://doi.org/10.1016/j.jesp.2021.104191.

言，但若被试在被安妮询问前先冷静思考谎言可能对安妮和其他人造成的影响与价值，这些内疚组被试讲出善意谎言的程度便会大幅降低。

这一研究表明，当内疚情绪产生的一刹那，人们急切地想要补偿对方，对于如何维护关系会变得"短视"且"盲目"，哪怕是撒谎也在所不惜，但即使是善意的谎言，其效果也只是一时的，人不能被内疚冲昏了头脑，冷静下来仔细思考一下自己当下行为的价值意义或许才是最好的选择。所以，即便你是一个善良的人，也要冷静思考一下你的所作所为的价值意义（慢一点表达意见，慢一点做出选择或行为等），那你就不会用谎言营造一个愉悦幻象。

二、爱（love）

如果让你回答一个问题：人的幸福生活中最重要的是什么？这个问题如果只能有一个答案，那一定是"爱"，爱伴侣、爱父母、爱朋友等。最早对爱进行系统论述的是美国麻省理工学院哲学教授欧文·辛格（Irving Singer），他写的《爱的本质》（*The Nature of Love*）一书主要从哲学角度论述了从古代到现代爱的本质到底是什么，提出了四种不同的爱：性爱（Eros，希腊神话中爱神伊洛斯，主要指出于本能的感性冲动及浪漫情怀）、友爱（philia，对朋友的一种友情之爱）、热爱（nomos，对美德、信仰、国家的爱）、博爱（agape，它原指上帝对人类之爱，意思是无私的爱）。美国心理学家斯滕伯格则认为爱由三种成分组成：亲密（intimacy）、热情（passion）和承诺（commitment），然后根据各种成分是否缺乏进行分类，如有些爱只有亲密和承诺，但缺少热情，而另外一些爱只有亲密而缺少其他两种成分。

喜欢的产生有其特定的神经机制，已有多个研究证实，爱和大脑中的催产素（oxytocin）水平有关，催产素也称为拥抱荷尔蒙（cuddle hormone），人们在和喜欢的人进行拥抱、抚摸等行为时会大量分泌催产素，催产素的分泌与愉快、开心和成瘾有很强的关联，而且可以舒缓压力。

喜欢和爱不一样。喜欢强调一个人对另一个人或事物的积极评价，主要受一些外在因素（自我之外的因素）的影响而引起，如距离近（邻居或同学）、与自己比较相似（属于同一种族或同一地区）、能满足自己的需要（能陪同自己打球）、能力高（球星）、长得好看（漂亮帅气的明星）、能互惠（朋友）等，友谊是喜欢的高级形式。爱则反映了一个人在情绪情感上对对方的依恋和挂念，它受外在因素的影响，但更主要的是受自己内在因素的影响，比如身份归属、智商、人格、身体特征等。

对爱的解释主要有两种观点。一种是以进化理论为基础的天性论，这种观点强调爱的生物属性，认为爱来自人类的繁殖需求，是人进化而来的一种本能。如弗洛伊德的性本能理论，基本把爱等同于性本能的驱使。另一种是以心理学研究或理论为基础的交换论，强调爱的社会属性，认为爱是由认知、交往的需求或动机等组成的一种心理属性，是社会文化的一个重要组成部分。典型的如心理学家哈里·哈洛（Harry Harlow）的恒河猴依恋实验。实验中的小猴子从一出生就有两个假妈妈：一个是能给它供应食物但浑身长满铁刺而不能碰的铁丝猴子，另一个是不能给它供应任何食物但能拥抱和玩耍的绒布猴子。等到小猴子长大一点后，研究开始检验小猴子更爱哪一个猴妈妈，实验结果表明，小猴子更爱能与它亲密交往的绒布猴子妈妈，而不爱只能提供食物的铁丝猴子妈妈，所以哈洛得出结论：爱在本质上可能是一种交往的结果。

有意思的是，婴儿身上很早就出现了爱的萌芽。刚出生1个小时的婴儿视力非常弱，就已经会对人脸形状做出一定的追随反应，而对相应的非人脸物体不会出现追随反应。婴儿出生后3个月左右就会把抚养者和其他人区分开，出生后6个月开始对母亲或抚养者表现出明显的依恋性行为，总是去寻找和接触依恋者，并在一定程度上拒绝其他人。从朋友数量来看，学龄前儿童一般有1～2个朋友；学龄儿童有3～5个朋友；中老年人约有5个朋友；朋友数量最多的是新婚夫妻，有7～9个朋友（因为结婚后双方共同的朋友会增加1倍）。中年人花在朋友身上的时间最少，大概只有10%；和朋友一起花最多时间的是学龄儿童，他们有1/3的时间是和朋友在一起的。

爱情是爱的一种重要类型，既是每个人的美好神往，也是心理学、社会学等研究的重点，爱情的目标是婚姻（不包括柏拉图式爱情），既包括心灵的沟通，也包括肉体的结合，所以人们常说，婚姻是爱情的结晶。总体上男性要比女性对婚姻的满意度更高，生了孩子的女性要比那些没有生孩子的女性的满意度更高，有工作的职场女性要比没有工作的家庭妇女的满意度更高。

相关研究早已发现，结婚对人们的生活有很多好处，总体来看，结婚者的身体和心理健康都要好于那些没有结婚的人，其幸福感也更高。随着现代社会的发展，年轻人出于各种原因而表现出了越来越弱的结婚愿望，而且这成了一种跨文化的世界性现象。为什么会出现这种情形呢？心理学常常用公平理论（equity theory）来解释什么是爱情，这一理论强调爱情是一种付出与获得的平衡，当获得与付出不平衡时人们自然就不愿意结婚了。这种理论的一个最好证明就是一个人如果长得没有对方好看就会在其他方面胜过对方，如薪酬更高、职业地位更好或者名气更大等，不然两个人就不太可能结婚。男性永远都想娶年轻漂亮的女性，而女性总想嫁勤奋、可靠且有钱的男性，这都是公平理论的体现。这种解释有一定的缺陷，比如这个世界确实存在很多无私的爱情，也存在一些完全利他的爱情，这又如何解释呢？另一个最主要的问题是公平理论忽视了感情对婚姻的作用，没有感情的婚姻那岂不等于买卖？

结婚并不一定意味着永恒，从世界范围来看，有大概40%的婚姻会破裂，以中国为例，民政部正式发布的《2019年民政事业发展统计公报》中公布了2019年全国结婚登记和离婚登记的数据，其中2019年结婚登记为927.3万对，离婚登记为470.1万对。结婚后6～7年是离婚的高发期，即所谓的"七年之痒"（*The Seven Year Itch*，由美国1955年上映的一部电影而得名）。以前人们总认为婚姻满意度下降是导致离婚数量增

积极教育：提升孩子乐商，成就优势品格

加的一个原因，但研究发现婚姻满意与否与离婚并没有直接关系，对婚姻满意的人群和不满意的人群之间的离婚数量差距并不大。离婚对当事人都有一定的伤害，离婚后特别容易出现的问题是酗酒和抑郁，有些人的身体也会因离婚而出现问题，如果离婚时双方有孩子，发生这些问题的可能性会更高。从一些研究来看，一个人要从离婚伤害中恢复过来大概需要两年的时间，而导致离婚最重要的几个因素分别为金钱、性、孩子的教育与抚养、法律麻烦、文化或性别角色冲突等。

就儿童教育来看，有些家长或成年人喜欢体罚孩子，并认为这是自己爱孩子的一种体现，所谓"爱之深，责之切"，这其实是一种大错特错的观念。体罚从来不会和爱联系在一起，不管你的动机再怎么美好，体罚永远属于阴性刺激，只能让被体罚的人产生消极情绪体验。全球目前有63%的2～4岁儿童（2.5亿）经常受到成人（更主要的是家长）的体罚。当儿童有不当行为时，有些家长喜欢用体罚这一方式来教育孩子。2021年一项发表在《柳叶刀》（*The Lancet*，世界最知名的学术期刊之一）杂志上的报告表明[①]，对儿童进行体罚不但不能有效预防儿童的行为问题并期待出现积极结果，反而会更多地增加儿童的行为问题和其他不良后果。该研究团队来自得克萨斯大学奥斯汀分校，研究者结合已经发表的69项相关研究，具体分析了体罚（如打屁股、打手等）对儿童的影响（研究中的体罚不包括任何虐待行为），并总结了体罚对儿童影响的七个重要结论。

第一，体罚非但不能帮助父母改善儿童已有的行为问题，反而在一定程度上增加了儿童的不良行为，包括儿童已有行为问题之外的其他方面的不良行为。

第二，除短期内可以减少孩子的行为问题外，体罚不会对儿童产生其他任何积极影响，比如提升儿童的注意力、认知能力，或者改善儿童

① Anja Heilmann, Anita Mehay, Richard G Watt, Yvonne Kelly, Joan E Durrant, Jillian van Turnhout, Elizabeth T. Gershoff(2021). Physical punishment and child outcomes: a narrative review of prospective studies. The Lancet. https://doi.org/10.1016/S0140-6736(21)00582-1.

与他人的社交关系或应激反应等。

第三，随着时间的推移，体罚并不能预测儿童的积极社交行为或社交能力的改善，即孩子受到体罚后，其后期成长过程并没有好的效果。

第四，体罚还增加了儿童遭受虐待的风险。有证据表明，儿童受到体罚主要是因为其外在的行为问题（如对外部环境造成了一定的破坏影响，或者出现了违反社会规范或危害他人的行为等），但即便是因这些问题而挨打，体罚也始终预示着儿童的这些外在行为问题会越来越严重。

第五，使用干预措施减少对儿童的体罚，在一定程度上能够减少儿童的一些外在行为问题，而且这一结果不受儿童的性别、种族、父母的养育方式等因素的影响。体罚后即使父母采取温暖补偿等措施，也并不能缓解体罚对儿童行为造成的负面影响。

第六，体罚频率与儿童的负面影响强度和频率有关。随着体罚频率的增加，儿童的攻击行为变得更强，数学成绩变得更差，阅读能力变得更低。

第七，体罚对儿童产生负面影响的严重程度，还导致家长更加频繁地使用体罚，从而形成一个恶性循环。

论文的作者、得克萨斯大学奥斯汀分校人类发展和家庭科学教授伊丽莎白·葛修夫（Elizabeth Gershoff）指出，父母打孩子是因为他们认为这样做会改善孩子的不良行为，但是所有的证据都表明，体罚对儿童的发育与发展不但没有益处，反而会使情况变得更糟糕。

三、社会性智力（social intelligence）

社会性智力其实就是人们通常所说的交往能力，科技的发展已经使社会成为一个地球村，人与人之间的联系日益紧密，因而交往能力变得越来越重要。交往能力是一项综合能力，既包括情绪能力（认知他人及自我的情绪，恰当地表达情绪并正确地管理自己情绪的能力），也包括与他人社交的能力（主要指社交意识和社交技能）。

广场舞已经成了当代中国文化的一大特色，好多中国人非常喜欢跳广场舞，并把其作为一项主要的日常活动，但在有的地方跳广场舞已经构成了扰民事件，许多人对一个问题很不理解：跳广场舞不就是为了锻炼身体吗？这些人为什么不在家里跳？为什么不去偏僻的地方跳？道理其实很简单，跳广场舞的主要功能不仅仅是锻炼身体，其更主要的还在于人际交往。广场舞一定要一群人一起跳，也一定要有人看，这一过程能满足广场舞者的交往心理，这也是集体性体育活动往往要比个体性体育活动更能促进人的身心健康的主要原因。

社交不仅是人们的一种生活方式，它还具有一定的生物意义，能改善人们的大脑结构。科学家发现灵长类动物的大脑比其他动物要大得多（主要指大脑与身体的比例），脑袋越大，就需要耗费越多的能量，并有条件来实现更高级的认知功能，所以灵长类动物相对于其他动物就显得更聪明。为什么灵长类动物的脑袋会更大呢？科学家对这种变化产生的原因有两种解释：一种是生态假说（ecological hypothesis），认为主要是灵长类动物吃了富有营养的食物而使自己的脑袋变大，这一派的观点认为灵长类动物吃的食物比较杂（肉素都吃），营养相对更全面，经过长期的进化，脑袋就会逐渐发育得更大；另一种是社会脑假说（social brain hypothesis），认为是扩大了的同族社群导致灵长类动物要有更大的脑袋（意味着更高的认知加工能力）来对付其社交生活，即灵长类动物多群居，随着群体越来越大，其交往就会越来越复杂，从而导致其脑袋变得更大，以便应付这种复杂的社交生活。为了验证哪种假说更合理，研究者调取了82只圈养狒狒（2～26岁）的资料作为样本[①]，狒狒社交生活的复杂程度与其所在族群的大小分不开，在控制了生态环境和圈养狒狒的大脑形态条件等变量后，结果显示，住在更大社群（有63只同

---

① Adrien Meguerditchian, Damien Marie, Konstantina Margiotoudi, Muriel Roth, Bruno Nazarian, Jean-Luc Anton, Nicolas Claidière(2020). Baboons (*Papio anubis*) living in larger social groups have bigger brains. Evolution and Human Behaviour. https://doi.org/10.1016/j.evolhumbehav.2020.06.010.

伴）里的圈养狒狒的脑容积比那些住在更小社群（只有2只同伴）里的圈养狒狒的脑容积更大，其主要在于大脑中的白质和一部分灰质的体积不同。根据这一结果，研究者推论更大的同族社群具有进化上的优势，而更大的社群要求更高的认知水平及社会功能，从而与神经可塑性基因共同作用而促使大脑长得更大，简单地说就是社交越复杂，其大脑长得越大，因为只有更大的大脑才能应付更复杂的交往，这是一个交互促进的过程。

良好的社交对人的身心都具有促进作用，2018年的一项研究发现[①]，经常外出去电影院、博物馆、剧院等地方，或者经常出去旅游是一种预防抑郁症的简单方法。这一研究涉及2 000多名50岁以上的被试，这些被试被跟踪研究了10年，结果让研究者非常吃惊。研究者发现参与这些活动不仅可以帮助人们从抑郁症中得到恢复，还可以帮助人们预防抑郁症。一个人如果每隔几个月去看一次电影、戏剧和展览，其患抑郁症的风险会降低32%，而那些每月都去或以更高频率去看电影、戏剧和展览的人患抑郁症的风险更是降低了48%。这一结果在高财富和低财富拥有者之间以及不同教育水平的人群之间都没有任何差异，即这一结果不受一个人的财富水平和教育水平的影响，而只跟这个人参与这些活动的频率相关[②]。人们去电影院、博物馆、剧院等地方或者出去旅游是一种文化参与，其本质在于交往，这类参与行为越多，意味着这些人交往的愿望越强。这一研究特别有意思的地方在于告诉人们这种交往要经常进行，而这和人们需要定期从事体育锻炼类似，你不能指望在1月1日的一次跑步在当年年底的12月依然会给你的身体健康带来好处。

有关抑郁症治疗的最新方法也从另一个角度提示了社交的积极意义。美国食品药品监督管理局（Food and Drug Administration，FDA）在

---

① Daisy Fancourt & Urszula Tymoszuk (2018). Cultural engagement and incident depression in older adults: evidence from the English Longitudinal Study of Ageing, The British Journal of Psychiatry. https://doi.org/10.1192/bjp.2018.267.

② 同上。

2019年3月6日批准了一款名为"斯普拉法多"（spravato，主要成分为艾氯胺酮，即右旋氯胺酮）的鼻腔喷雾作为抑郁症的治疗药物之一，这是几十年来FDA第一次批准新的抑郁症治疗药物。2020年8月，FDA又批准使用"斯普拉法多"来治疗自杀性想法和行为等。这一治疗方案最早始于20世纪90年代末，当时耶鲁大学的约翰·克丽丝特尔（John Krystal）和丹尼斯·查尼（Dennis Charney）在一次实验中为7名抑郁症患者分别注射了0.5毫克/千克体重剂量的氯胺酮和安慰剂，作为一种麻醉剂，氯胺酮起效非常快，药效一般在两三个小时内就会消散，但在4个小时之后，却陆续有患者表示自己感觉"好多了"。第二天，几乎所有接受了氯胺酮注射的患者都认为自己的抑郁症症状有了很大改善，而安慰剂组的抑郁症患者则没有太大改变。克丽丝特尔和查尼对这些患者进行了为期两周的追踪调查，发现仅仅一剂氯胺酮就能对抑郁症症状产生较长时间的缓解作用。这项研究发表之后，人们对这一问题进行了大量的实验研究，不过至今也没有搞清楚其中的全部机制[1]。

另一项研究也发现，积极社交而避免孤独（avoiding loneliness）会降低40%的痴呆症风险[2]。这项研究对12 000多名50岁以上的美国人进行了长达10年的调查，被试每年都报告自己的孤独感水平，并接受相关的认知测试。在这项研究中最终确定有1 104人患上了痴呆症，相关的数据比较结果显示，那些报告孤独感最强的人更有可能患上痴呆症。你可以是一个独居的人，但如果有足够的社交就没有问题，特别是被试主观上认为自己并不孤立，这种自我评价满足了他们对社交的内在需求。孤独感可能会通过多种途径与痴呆症联系在一起：有意义的社会接触和社会

① Argel Aguilar-Valles, Danilo De Gregorio, Edna Matta-Camacho, Mohammad J. Eslamizade, Abdessattar Khlaifia, Agnieszka Skaleka, Angelica Torres-Berrio, Sara Bermudez, Gareth M. Rurak, Stephanie Simard. Natalina Salmaso, Gabriella Gobbi, Jean-Claude Lacaille, Nahum Sonenberg(2020). Antidepressant actions of ketamine engage cell-specific translation via eIF4E. Nature. https://doi.org/10.1038/s41586-020-03047-0.

② Angelina R Sutin, Yannick Stephan, Martina Luchetti, Antonio Terracciano (2018). Loneliness and Risk of Dementia. Journal of Gerontology: Psychological Sciences. 112. https://doi.org/10.1093/geronb/gby112.

交往有助于保持大脑活跃和健康，或者孤独的人的身体可能会有更多炎症，或者孤独可能导致不健康的行为，如饮酒、吸烟等。

交往会影响人们的身心健康，这甚至可以从社交媒体的使用方式上反映出来。当今社会的社交媒体越来越发达，利用社交媒体进行交往变得越来越流行，中国人大多使用微信、微博，而西方人更喜欢使用脸书（Facebook）和推特（Twitter）。许多人每天都会通过社交媒体来发表自己的观点、见识，或解读自己的经历等，人们在社交媒体上所发表的这些内容（其实就是与他人交往的内容）有没有其他意义呢？一些人认为，人们在社交媒体上所发表的内容会暗含一定的标记，像人的基因组表达上的标记一样，利用基因组学中类似的方法，人们可以对社交媒体数据进行梳理并找到这些标记。也就是说，社交媒体本身可能是诊断、监测和治疗人们心理健康问题的一种重要途径。一项研究利用计算机算法对1 175个被试在脸书上发布的帖子进行了数据分析[1]，并把获得的数据与这些被试的医疗记录相匹配。结果显示，计算机诊断抑郁的效果与专业医生使用自我报告量表一样有效。一个人如果在社交媒体上发布的内容中更多地使用第一人称代词"I"（我）和宾语"me"（我），那这个人就更容易抑郁，另外一些与抑郁有很大相关的词是"感觉""眼泪""沉思"和"焦虑"等。

交往对孩子的发展有很大影响，民间有种说法叫"跟什么榜样长什么样"，因此有的家长会有意识地为孩子寻找优秀的社交对象，中国古代就有孟母三迁而为自己孩子寻找好榜样的说法，那这种做法好不好呢？我们一方面知道榜样的力量是无穷的，但同时要知道在榜样强光的照耀之下，孩子的阴影有可能会变得更深。其实孩子和成年人差不多，他们更喜欢与兴趣相投的孩子交往。成年人选择对象或交往的朋友都喜

① Johannes C. Eichstaedt, Robert J. Smith, Raina M. Merchant, Lyle H. Ungar, Patrick Crutchley, Daniel Preoţiuc-Pietro, David A. Asch, H. Andrew Schwartz(2018). Facebook language predicts depression in medical records. Proceedings of the National Academy of Sciences, 115(44):11203-11208. https://doi.org/10.1073/pnas.1802331115.

欢选择与自己有相似的性格、智力水平和教育水平的人。这一结论来自2017年发表在世界知名心理学学术期刊《人格与社会心理学杂志》上的一项涉及1 000多人的研究[①]，在该研究中，被试被问及与自己当前和未来相关的一系列问题。结果表明，人们选择的伴侣或朋友在很多方面都与自己已有的情形相似。这一研究强烈驳斥了人们普遍认同的性格互补观点，即不同性格之间会相互吸引的观点，换句话说，人们更愿意与自己相似的人交往（不管是寻找伴侣，还是做普通朋友）。孩子的交往也是如此，如果你给孩子选择一个智商高、学习好的人作为交往对象，孩子就有可能整天生活在认知的阴影里，所以就与谁交往这个问题来看，父母应该让孩子自己去做决定，他会从他的同学、邻居中选出一个适合自己的交往伙伴。

孩子的一种交往方式是相互打打闹闹，很多人不习惯这种形式，但其实好朋友之间的这种相互触摸是有好处的。爱在一定意义上是相互触摸出来的。根据一项发表在《自然》的子刊《自然·神经科学》（*Nature Neuroscience*）上的研究，神经科学家发现人们在友好的社交过程中，触摸会和大脑分泌的一种物质形成奇妙的关系，这种物质就是催产素[②]。从中文翻译的命名来看，催产素就是帮助母亲分娩时调节子宫收缩的一种激素，但这种激素并不是女性独有的，男性身上也有这种激素，男性并没有子宫等器官，那要这种激素有什么用呢？科学家们一直想弄清楚这个问题。随着相关研究的展开，人们发现催产素的分泌和人的许多行为有关，如依恋行为、信任行为等，而且催产素还有镇痛、减压和抗焦虑等作用。于是人们就开始猜测，在交往过程中之所以抚摸、拥抱等肢体接触行为会使人开心愉悦，可能是因为这类行为会促进大脑分泌催产

① Eastwick, P. W., Harden, K. P., Shukusky, J. A., Morgan, T. A., & Joel, S. (2017). Consistency and inconsistency among romantic partners over time. Journal of Personality and Social Psychology, 112(6), 838-859. https://doi.org/10.1037/pspi0000087.

② Yan Tang, Diego Benusiglio, Arthur Lefevre, et al. (2020). Social touch promotes interfemale communication via activation of parvocellular oxytocin neurons. Nature Neuroscience. https://doi.org/10.1038/s41593-020-0674-y.

素，但这一过程主要发生在人们的大脑内部，在技术手段没有实现之前不好直接证实。在2020年的这项研究中，研究者采用了多种先进的神经生物学研究工具，终于证实了触摸等行为与催产素分泌间的关系。研究人员利用光遗传学标记等技术手段记录了大鼠脑中一些特殊神经元（能分泌催产素）的活动，看看这些大鼠在和其他大鼠进行自由社交时这些神经元会出现什么变化。研究中为了避免雄性之间的打斗、异性之间出现交配等其他社交行为的干扰，只选择了雌性大鼠作为实验对象，也即主要研究了这些大鼠与其"小姐妹"进行社交活动时的大脑神经活动状况。雌性大鼠也喜欢通过相互间的触碰来交往，如头碰头、用嘴去吻一下对方，用前肢去触碰对方的身体等。研究中发现了令人惊奇的现象，如果雌性大鼠彼此之间通过一种简易装置隔离，它们相互间没有任何肢体接触，就算这些雌性大鼠相互间可以看到、听到和闻到对方，其大脑中能分泌催产素的神经元也没什么特别反应，即不分泌催产素；而当研究人员帮这些雌性大鼠解除相互间人为隔离后，这些雌性大鼠一旦相互间有了某种形式的肢体接触，短短几秒钟之内，其大脑中的催产素能神经元就明显兴奋起来。随后的血液检测结果也显示，这些雌性大鼠体内的催产素分泌量出现了显著性增多。在研究中，研究人员又进一步发现，在大鼠的下丘脑区域其实有两种不同类型的催产素神经元，其中一类数量很少，大概占3%，但这小类神经元却是催产素分泌的开关，只要刺激这一小撮催产素神经元，就可以进一步激活大脑中的整个催产素系统，并最终调节这些雌性大鼠的社交行为。于是研究者又做了一个直接的因果实验：研究人员用遗传学操作手段有意抑制大鼠的这一小撮神经元后，雌性大鼠们表现出明显的社交恐惧，开始主动拒绝相互间的肢体接触。反之，如果研究者人为地激活这一小撮特殊的神经元，雌性大鼠就会花更多时间与同伴进行肢体互动。

科学家们的这一系列精妙实验首次揭示了大脑的催产素系统与雌性大鼠社交互动中的肢体接触之间具有明确的因果关系，并且成功地从神经环路中找到了一群可以调控社交行为的特别神经元，这是一种很好的

积极教育：提升孩子乐商，成就优势品格

尝试。尽管只是动物实验，但依然可以为关于人的研究提供启示。人们在将来或许可以以这群特殊的神经元为靶点，开发出特异而高效的药物来促进大脑释放催产素，从而达到治疗社交恐惧症、自闭症、孤独症等害怕社交类疾病的目的。当然，这一研究成果对儿童教育也有所启发，和孩子交往时可以用适当的接触来提升其社交的意愿，特别是对于那些有社交恐惧的孩子来说，成年人用一定的接触互动方式也许可以产生意想不到的效果。不过这里有一个问题要说明，一定是熟悉的人或者是喜欢的人之间进行接触才会出现分泌催产素并带来愉悦的效应，如果是陌生人之间则不会产生这些效应，有时反而会带来恐惧感。也就是说，当一个人接触到较为熟悉（或喜欢）的人，那么催产素将让这个人更擅长交际，但如果对方是个陌生人，催产素就没有效果了。所以不要随意去触摸你不熟悉的人，也不要让你不喜欢的人轻易触摸你，不然催产素没有分泌，反而会起一身鸡皮疙瘩。对于你的孩子或学生来说，你也许主动和他们握个手、碰个肘，或者轻轻拍一下头，这也是教育的一个组成部分。

第二节　培养有正义感的人

正义（justice）是积极心理学提出的第四大类美德，也是社会普遍认同的美德，更是促使人类走向文明的一种重要的积极力量。正义的本质是公正或公道，主要指个体或社会等的行为、活动、思想、制度、分配形式等要具有公正性和合理性特征。正义是法律的起源之一，更是法律的追求与归宿，正义不仅要求社会各方面要符合事实、规律、道理或某种公认标准，而且要求个人能获得应有的权利和履行应有的义务。正义在形式上是主观的，衡量正义的客观标准是这种观点、行为、思想能否促使社会变得更文明、进步，是否符合社会中绝大多数人最大利益的需要。

一、公正（fairness）

公正或公平是正义类美德中一项最重要的积极品质，也是人类生活的基本要求和基本追求。尽管这个世界的大多数人都明白公平只是相对的，而不公平才是绝对的，但当涉及具体交易时，人们对于公平的渴望甚至超过了交易本身的需要。2012年一项发表在《科学报告》（*Scientific Reports*）上的研究很有意思[①]，研究者找来了一些中等口渴程度和极度口渴程度的研究被试，然后让这些被试两个人之间共享

① Nicholas D. Wright, Karen Hodgson, Stephen M. Fleming, Mkael Symmonds, Marc Guitart-Masip, Raymond J. Dolan(2012). Human responses to unfairness with primary rewards and their biological limits. Scientific Reports. https://doi.org/10.1038/srep00593.

一瓶水。研究中研究人员通过故意安排让每个被试都觉得自己分到的水要比对方获得的水更少（让每个被试都产生自己获得了不公平待遇的感觉），然后看每个人对分配方案的接受程度（规则规定如果双方中有一方不接受分配方案，那两个人就都没有水喝）。实验结果表明，大部分被试（甚至是那些极度口渴的人）宁愿自己忍受口渴也不接受不公平的分配方案，也就是说追求公平价值战胜了他们当时口渴的生理需要。

　　既然这个世界上大多数人都在追求公平，那为什么这个世界却没有绝对的公平呢？一方面主要是因为人与人之间本身就存在差异，如性别的差异、年龄的差异、能力的差异、体力的差异等，另一方面主要是人们因为某些因素的影响已经意识不到不公平。当你意识不到不公平，你自然也不会去刻意追求公平。2020年3月5日，曾担任哈佛法学院教授的伊丽莎白·沃伦（Elizabeth Warren）向其竞选团队表示将退出民主党总统初选，承认自己在当年的"超级星期二"民主党内部总统候选人角逐中落败，沃伦没能赢下任何一个州，投票结果令人失望。沃伦的女性身份让她备受关注，当记者问她在投票选举中是不是存在性别歧视这个问题时，沃伦的回答有点意味深长，她说："如果说存在吧，有人就会说你是在向他人卖惨博取同情；但如果说不存在吧，成千上万的女性都会反问你是不是生活在外星球了。"沃伦竞选失败并不能说是因为男女不平等导致的，但事实上男女确实存在深层次的不平等，只是这种深层次的不平等被越来越多像沃伦这样的女性能进入社会（或企业）高层的现象给掩盖住了，这称为"光照效应"。

　　伦敦商学院两位学者奥丽安·乔治亚克（Oriane Georgeac）与安妮塔·拉唐（Aneeta Rattan）在她们的研究中发现[①]：当人们发现最高领导层中女性的代表性比例更高时，就会高估女性获得平等机会的程度，这导致人们就不再关注女性薪酬等其他领域的男女不平等现象。研究者在

① Georgeac, Oriane, Rattan, Aneeta (2019). Progress in women's representation in top leadership weakens people's disturbance with gender inequality in other domains. Journal of Experimental Psychology: General. https://doi.org/10.1037/xge0000561.

研究中还将贫富差距这类与性别无关的不平等现象纳入比较范畴，发现女性领导者的出现并不会影响人们对贫富差距的关注，也即这种"光照效应"只在同一领域有影响（只与男女不平等有关），更有意思的是，这种光照效应在男性和女性被试中的反应是一致的，即看到有了几个女领导后，女性也就不会关注自己的工资比男性少了。

另外一个对公平或公正较有影响的因素叫刻板效应（stereotype，也叫刻板印象效应），主要指人们对某个对象或事物形成一种固定看法，并把这种看法推广到这一类事物的所有个体身上，其本质在于忽视了个体差异。刻板效应这一概念最初是针对不同种族提出的，如今已被扩展到了性别、年龄、成就、地域等多个方面。如我国有些高校在招聘老师时会要求应聘者的第一学历（本科学历）是211高校或985高校（更奇怪的是有些高校本身并不是211或985高校，但它招聘教师居然也有这样的要求），如果你不是，那即使教学水平再高也没有应聘的机会，这就是刻板效应导致的不公正。通常情况下，当人们受到刻板印象威胁（stereotype threat）时，他们的任务测试表现常常会低于他们的实际能力。如有研究者研究了老年人的刻板效应[①]，他们对48名年轻人和48名老年人在诱发程度不同的刻板印象威胁下进行记忆力任务测试。实验结果显示，受刻板印象威胁的老年人在记忆力测试表现上比年轻人和未受到刻板印象威胁的老年人更差，并且越看重记忆力的老人，其记忆力表现越差。这证明了刻板印象威胁使老年人的测试表现低于实际水平，也即不公正待遇影响了老年人的真实能力。

事实上，老年人常常遭受刻板印象的威胁，比如在做身体和心理检查时，老年人特别担心医生会因为他们的年龄而对他们的身体和心理进行负面评价，这种担心会导致老年人在随后的真实测试时表现不佳，从而加剧了他们对医生的不信任，也加剧了他们对自己的消极评价。当

---

① Sarah J. Barber.(2020). The applied implications of age-based stereotype threat for older adults. Journal of Applied Research in Memory and Cognition. https://doi.org/10.1016/j.jarmac.2020.05.002.

老年人偶尔遗忘了什么事情后，就会怀疑自己是否因衰老而产生了痴呆或认知衰退的情形，这种评价导致老年人在生活中常常患得患失。事实上，许多老人可能只是低估了自己的真实认知水平，如果他们不那么担心，可能在认知上会表现得更好。生活中刻板印象常常会让弱势群体、社会底层群体、学习困难群体和残障人士等受到不公平待遇。

人本质上都想要公平、公正，但在实际行为中并不一定能做到，这主要是因为人在做什么或如何做时是基于价值而自动化地做出抉择，当只考虑自己的价值利益最大化时，不公正行为就会出现。伦敦大学学院（University College London）有一群科学家为了弄清楚大脑是如何感知并确定选项的价值，以及在面对不同价值与回报时是如何进行抉择的，决定对一群猕猴进行实验研究[①]。研究者设计了一个系列实验，首先让猕猴学习不同的图片对应不同的食物（让猕猴形成条件反射），猕猴经过一段时间训练之后就知道了不同图片意味着得到的食物奖励是多还是少，对于猕猴来说食物的不同或多少就意味着经济价值不同。然后让猕猴对电脑屏幕上出现对应不同的食物奖励的两张图片进行自由选择，猕猴会移动操作杆来表明选哪一张图片。研究者在这一过程中观察和分析猕猴是基于哪些因素做出抉择的，同时记录猕猴在抉择时的大脑神经活动。研究发现，猕猴对一个选项的注视时间越长，越有可能选择这个选项。

随后研究者在电脑屏幕上显示了训练过程中不常见的图片，猕猴的视线会迅速地被新奇刺激吸引过去，但令研究者意外的是，尽管猕猴们偏爱盯着新奇刺激看，但这并不意味着它们最终会选择那个新奇图片，相反，猕猴依然会快速地在两个选项中表现出对经济价值的偏好，而且研究者发现猕猴对不同选项的经济价值高低越熟悉，它们的注视方向就越偏向于价值高的选项。只要猕猴能看到，其大脑就会强烈地受到价值

---

① Sean E. Cavanagh, W. M. Nishantha Malalasekera, Bruno Miranda, Laurence T. Hunt, Steven W. Kennerley.(2019). Visual fixation patterns during economic choice reflect covert valuation processes that emerge with learning. PNAS. https://doi.org/10.1073/pnas.1906662116.

大小的影响。因此，研究者猜测在灵长类动物的大脑中，可能眼睛余光看到的信息已经引起了快速的评估，从而让注意力偏向那些更有价值的选项，可见价值在人们的决策中是优先考虑因素。

若失去公正心，就容易过分追逐利益而变得自私，自私的人通常对他人不友好，总想自己多占一点好处。有的位高权重的人贪污、腐败，于是人们就会觉得一个自私的人更有可能获得权力和地位，这是真的吗？

2020年一篇发表在《美国国家科学院院刊》上的研究报告专门研究了这一问题[①]，研究人员对美国三所大学（美国西海岸一所公立大学、中西部一所私立大学及东北部一所私立大学）毕业的本科生或工商管理硕士（MBA）学生进行了两项前瞻性纵向研究（前瞻性纵向研究是指预先确定好研究被试、研究内容、研究范式和方法，然后对被试进行一段时间的追踪研究，最后在原来预定的时间内对结果进行独立评估）。研究者首先对这些被试在校时的人格特征进行了详细的测量，然后在其职业生涯开始后大约14年内多次评估他们在自己工作单位中所取得的权力与地位等，最后对所获得的数据进行比较和评估。

被试的自私又是如何定义的呢？所有被试在进入研究之前均要接受大五人格量表测验：对经验的开放性、责任心、外向性、神经质和宜人性。之后，研究者对被试这五个特征的具体内容进行了详细评分，还对一些被试进行了第二次人格评估，以确保测量结果的客观性。宜人性是大五人格中相对稳定的一项特征，宜人性得分低代表了不友好和自私，这样的人容易与人发生争吵且冷漠、无情，他们对别人怀有敌意，不尊重他人，甚至为了自己的利益欺骗和操纵他人。

第一项研究共涉及457名被试，经过对测试数据的比较，研究人员发现权力获得和自私之间并没有任何直接相关关系，而且这种相关性不

积极教育：提升孩子乐商，成就优势品格

① Cameron Anderson, Daron L. Sharps, Christopher J. Soto, Oliver P. John.(2020). People with disagreeable personalities (selfish, combative, and manipulative) do not have an advantage in pursuing power at work. PNAS. https://doi.org/10.1073/pnas.2005088117.

受性别、种族或民族、行业或企业文化规范等因素的影响。第二项研究更加深入，它在14年间特别关注了被试获得权力的几种主要方式：通过支配性攻击行为，如恐惧和恐吓等；通过政治行为，如加入一个政治组织；与有影响力的人建立联盟，如加入一个名人或有权力的人的团队；自身努力，如通过工作努力或显示能力绩效等。研究者还要求这些被试的同事对这些被试在单位等级体系中的地位以及工作场所的行为进行评分，有趣的是，同事的评分与被试自我的评分居然基本一致。

来自美国加州大学伯克利分校的几个科学家用14年跟踪调查的数据最后表明，自私的人在追求权力过程中并没有优势，无论是单位的其他个体还是工作环境，都没有为这些不友好且自私的人获得权力竞争优势而创造条件，即使在拥有更残酷的"内卷"（内部成员间相互倾轧）组织文化的单位也是如此。

论文的第一作者卡梅伦·安德森（Cameron Anderson）教授更是对研究做了进一步说明，他说研究发现那些自私、不被信任和好斗的人并不比那些具有公正、慷慨、可靠和友善等品质的人更容易获得权力，但这也并不是说那些自私的人就不会拥有权力，只是他们确实没有比其他人能更快地取得进步。因此，做一个自私的人对自己获取权力完全没有帮助。不好的消息是自私的人和友善的人在单位组织中的提升并不存在显著差异，即坏人和好人获得权力的机会和速度差不多，这是一个让人头疼的问题，按道理来说，自私的人应该受到一定的惩罚，从而失去获得权力的机会，或至少慢一点获得权力，才是人们想要的结果。相比之下，研究发现具有外向性格的人最有可能在他们的组织中获得较快的提升和进步。

公平和公正还体现在人们日常生活的礼尚往来上，中国是礼仪之邦，崇尚送礼（本文中的"送礼"不包括拍马屁或走后门，也不是那些所谓的求人办事送礼，而是朋友间情谊表达类的送礼），但要礼尚往来，来而不往非礼也，同样往而不来亦非礼也。中国文化中的这种"礼念"就体现了公平的含义，你给我送了礼，我也要送礼给你，这样才公

平。2020年的一项研究发现，这种公平"礼念"具有一种特殊的"礼物效应"——有可能会让你变得更聪明[①]。该研究是一项比较客观的神经科学研究，实验一共召集了15对关系稳定的朋友，要求他们在交换礼物前后完成相应的测试，并在此过程中通过超扫描的方式对他们的大脑进行功能性近红外光学成像（fNIRS），以记录他们交换礼物行为和神经活动之间的关联性。实验结果发现，相互送礼能对朋友之间的人际关系起到促进作用，并且所有被试在礼物交换后的感知合作和认知表现能力均有显著提升。所以，好朋友相互间应该多送送礼。

二、领导力（leadership）

领导力其实就是做领导的能力，主要指在自己职权范围内能充分利用人力资源和其他客观条件以最优成本完成既定目标的能力。领导力的内涵主要包括领导者的道德素养、思维方式、认知能力、实践经验以及领导技能等。不是谁都能做领导的，领导方面如果出了问题，即使拥有最好的制度也不一定能避免损失，那什么样的人能做领导呢？

研究发现[②]，智力高于平均水平的人容易被其他人视为更优秀的领导者，因而更容易成为领导。最适合做一个群体领导的人智商（IQ）在118分左右（指离差智商，即 $IQ=100+15Z=100+15（X-M）/S$，其中X为某人实测分数，M为某人所在年龄组的平均得分，S为该年龄组得分的标准差，Z是标准分），这一智商水平比理论平均数100分的平均水平高出18个百分点，这也意味着这个人比80%左右的人更聪明。这一结论来自对7家跨国公司379名中层管理人员的研究，这些人分别被同事、主管和下

① Michela Balconi, Giulia Fronda (2020). The "gift effect" on functional brain connectivity. Inter-brain synchronization when prosocial behavior is in action. Scientific Reports. https://doi.org/10.1038/s41598-020-62421-0.

② Antonakis, J., House, R. J., & Simonton, D. K.(2017). Can super smart leaders suffer from too much of a good thing? The curvilinear effect of intelligence on perceived leadership behavior. Journal of Applied Psychology, 102(7), https://doi.org/1003-1021.10.1037/apl0000221.

属进行评估，同时接受了相应的智商和性格测试，然后对获得的数据进行相应的统计分析。智商高为什么更容易成为领导呢？这是因为智商高的人更愿意与人合作。有研究发现[①]，合作是高智商的一个重要标志。人们通常认为善良、认真和慷慨的人会更愿意与人合作，但相关的研究发现智商才是影响合作的最重要因素。聪明的人往往不会不信任他人，而是先谨慎地信任他人，然后用自己的经验来判断对方是否值得信任。智商高的人更喜欢合作这一结论是通过一个系列研究获得的，研究者让被试玩一系列测试合作的游戏，每一个游戏都涉及权衡风险损失和回报。最后的结果表明，更随和、更认真的人也更乐于合作，然而这些个性特征对合作的影响与智商对合作的影响相比相形见绌。相反，那些智商较低的人往往不会使用合作策略，并且容易忽视自己行为的后果。这项研究的作者解释说，更高的智力导致更高水平的合作和收入，智商较低的人未能正确估计当前行动可能导致的后果，这是造成最终结果差异的原因。个性虽然也会影响合作行为，但影响程度较小，且持续性较低。合作品质是领导者必备的一项重要品质，具有合作品质的人往往更乐于助人，更相信团队，喜欢相互支持。此外，那些合作的人往往更善于看大局，从经验中学习。

做领导的人也不能太聪明，太聪明反而会导致其领导能力下降，这可能是因为太高智商的领导者很难理解那些天赋不足的员工所面临的挑战，从而缺乏移情能力，并且过高智商的人在简化工作和使用简单语言方面的能力也可能更差。换句话说，一个太聪明的领导者可能很难理解手下人而导致做不好领导。相应的调查也发现，在一般智力测验得分排名前1%的领导人在世界财富500强的领导人中所占比例并不匹配，即财富500强领导人中并没有5个人的智商能达到智商分布的前1%水平。不过这一研究结论也有一些局限，即这个研究的样本群体只是由跨国公

① Eugenio Proto, Aldo Rustichini, Andis Sofianos,(2017). Intelligence, Personality and Gains from Cooperation in Repeated Interactions. Journal of Political Economy, CESifo Working Paper Series No. 6121.Available at SSRN: https://ssrn.com/abstract=2871144.

司的中层领导组成，这些人并不是公司的高层领导，这一部分人可能表现出更高的任务导向能力，即完成高层领导制定的目标或任务而不需要自己做出战略规划。所以，类似的研究最好要对跨国公司的高层领导进行相应研究，从而获得更好的证据支持。不仅如此，除了跨国公司的领导，还应对政党或组织领导、政府领导等进行研究，从而使结果更有说服力。

这一研究同时揭示了另外一些有趣的现象：第一，领导者的智慧到底要多大还取决于他们所领导的人，更聪明的群体需要更聪明的领导者，而一群智力水平较低的人只需要一个智力水平稍高的人做领导；第二，在同等条件下，女性通常会被视为更好的领导者，而稍年长的人也会具有竞争优势。

不过，女性具有一定优势也并非绝对，《心理科学》的一项研究就探讨了候选人的年龄和性别对人们投票意向的影响[①]。研究者从美国14个州政府网站挑选了365张议员2014年的照片，这365位议员被15位有经验的人根据长相划分为5个年龄组，分别是30～39岁、40～49岁、50～59岁、60～69岁和70岁以上（之所以不用候选人的真实年龄分类，主要在于人们的长相和年龄有时不一致），把其中93位议员的照片（这些照片上的人的长相和年龄在预研究中没有争议，有争议的照片不能用作实验材料）挑选出来作为实验刺激呈现给被试。其中前4个年龄组各包含10位男性和10位女性，而70岁以上年龄组包含11位男性和2位女性（因为没有那么多女性人员）。研究过程大致分三步。第一步，研究者把这些挑选出来的照片一一给被试看，被试的任务非常简单，就是在逐张观看议员照片后，对每一位议员的年龄进行估计（精确到两位小数）。第二步，被试被告知照片中的人物都是接下来要参选美国参议院或众议院的候选人，每个被试报告自己为该候选人投票的意愿是多少。第三步，研究者

---

① Yiqin Alicia Shen, Yuichi Shoda(2021). How Candidates' Age and Gender Predict Voter Preference in a Hypothetical Election. Psychological Science. https://doi.org/10.1177/0956797620977518.

紧接着让被试对候选人的能力、热情程度和吸引力的等几个方面进行评分。

研究结果表明，人们选领导人具有三个特点。第一，对于较为年轻的候选人（45岁以下）来说，被试更愿意投票给女性而非男性候选人。第二，随着候选人年龄的增长，被试对女性候选人的投票意愿下降速度非常快，而对男性候选人的投票意愿在45岁之前则会随年龄的增长而持续上涨，到45岁之后增长速度才开始出现小幅下降。第三，年龄对不同性别的候选人的影响可能与候选人的吸引力、热情程度和能力等因素有关。对于女性候选人来说，被试会觉得女性年龄的增长与其吸引力、热情程度、能力等方面呈反向关系，即年龄增长而其吸引力、热情程度、能力等会下降，进而会降低投票意愿。这告诉人们，女性参加竞选前最好化一下妆，尽量让自己看起来青春靓丽，男性不妨让自己看起来成熟一些，这样会显著增加自己的选票数量。

领导力除了体现在能力、性格等方面，还体现在行为上，多数时候最好的宣讲都不如领导本身的一个行为更有影响力，领导的榜样示范作用胜过最好的说教。比如全世界许多地方都面临缺水，废水经过净化循环后作为饮用水再利用可能会成为将来的一条必要途径，但这一过程让人很难接受，人们很难克服一想到要喝循环水就恶心的心理。加州大学河滨分校（University of California, Riverside）的心理学家丹尼尔·哈蒙（Daniel Harmon）和同事玛丽·高文（Mary Gauvain）等做了一项研究[1]，研究人员在实验一中让一些被试观看一段节水宣传短片，并强调循环水很干净，然后询问被试喝循环水的意愿。在实验二中，研究者在实验一的内容中添加了一段视频，视频内容解释了为什么即使所有的污染物都被清除干净，循环水还是会让人觉得恶心的原因。结果发现这两种方法并没有对人们饮用循环水的意愿产生太大影响，也没有人愿意

---

[1]　Daniel Harmon, Mary Gauvain (2019). Influence of Internet-Based Messages and Personal Motivations on Water-Use Decisions. Basic and Applied Social Psychology. https://doi.org/10.1080/01973533.2019.1654866.

签名支持饮用循环水。研究者在实验三中则是在实验一的内容的基础上再让当地主管当场喝一口循环水，结果发现被试的态度出现了显著性的变化。这说明人们的心理厌恶感是如此强大，再怎样的理论说教也没有用，只有领导现场的榜样作用才能抵得过这种恶心心理，所以一个好的领导应该先当着众人喝下第一口循环水，然后再说话。

什么人才能成为最好的榜样？美国当代著名心理学家、新行为主义理论主要代表人物阿尔伯特·班杜拉（Albert Bandura，1925—2021年，班杜拉曾获得美国国家科学奖，于2021年7月28日去世，享年96岁）早就对这一问题进行过研究，他发现领导人物、公众人物（包括各种明星）、老师、家长、社会的上流阶层人物等所起的榜样作用最大，所以一个社会一定要让这些人起到模范带头作用。许多家长对孩子严格要求，时时教育孩子要认真学习，但家长如果从不学习而总是玩，会知道自己的教育为什么会不起作用了。

做领导需要有威望，有些领导喜欢通过保持神秘感来增加自己的威望，害怕"仆人眼里无英雄"效应，因此尽量减少与手下人直接接触的时间或机会，但这种做法在今天这个科技得到迅速发展的时代已经行不通了，这是因为人们可获得信息的渠道和手段太多了，再加上今天的社会变得越来越民主和富裕，许多时候人们参加工作不仅只是看上那一份工资，更看重自己的心情。因此，今天的好领导不仅需要高的工作能力，还要有一个亲切的形象，让员工有好感。一项发表在《商业与心理学杂志》（*Journal of Business and Psychology*）上的研究发现[1]，喜爱体育锻炼的领导更可能让自己收获一个"亲切上司"的称号。该研究招募了98名工商管理硕士（MBA，工商管理硕士一般是在职人士获得学历的一种途径）学生作为研究被试，这些被试既是学生也是全职员工。研究人员要求这些被试评价一下他们的上司（高层领导）对待他们的态度。

───────────
① James P. Burton, Jenny M. Hoobler, Melinda L. Scheuer.(2012). Supervisor Workplace Stress and Abusive Supervision: The Buffering Effect of Exercise. Journal of Business and Psychology. https://doi.org/10.1007/s10869-011-9255-0.

与此同时，研究人员也让这些被试的上司们填了一些调查问卷，报告他们自己的压力水平和每周锻炼频率等数据。结果发现，压力感受越大的上司会给员工造成越大的压迫感，而喜欢参与健身（包括瑜伽、有氧运动等）的上司（哪怕一周只有一两次）居然会让员工感觉更好相处，员工觉得这样的上司更亲切。

三、忠诚（loyalty）

忠诚在世界各国、在任何历史阶段都是一种积极品质，它通常指人们对一个组织（如祖国、单位等）或个体（朋友、亲人等）尽心尽力并真心诚意，愿意为忠诚的对象付出一切，其核心是忠实、诚信和服从；但忠诚也是一个经常被滥用的概念，比如第二次世界大战之前，大科学家爱因斯坦（Albert Einstein）因纳粹上台而滞留美国并最终宣布加入美国国籍，当时德国国内的绝大多数人（包括希特勒）都骂他是"卖国贼"，说他对祖国不忠诚，但最后的事实证明爱因斯坦的做法是正确的。凭他犹太人的身份，他如果要留在德国，不要说做科研，就是生命都不一定保得住。所以，忠诚的前提是要坚持正义而不是邪恶，缺少了正义的忠诚有可能会沦为邪恶的帮凶。其实爱因斯坦在那个时候的选择恰恰表明了他的智慧，因为他并不是无缘无故地移居美国，而是根据纳粹上台执政之前的一系列行为表现而做出的选择。有一部在全世界都很有声望的电影叫《辛德勒名单》（Schindler's List），这是根据真实故事改编的一部电影，主要讲述了一名身在波兰的德国纳粹党员奥斯卡·辛德勒与其夫人在第二次世界大战期间用自己的工厂倾家荡产保护了1 200余名犹太人免遭纳粹法西斯杀害的真实历史事件。辛德勒本身是个纳粹党中坚分子，但他有良心，有正义感，反对纳粹残酷迫害犹太人。从行为上来说，辛德勒好像没有忠诚于纳粹党的旨意，但他忠诚于正义和良心。纳粹只是窃取了德国国家的名义来让人们服从，并偷换概念，认为不忠于纳粹就是不忠于德国国家，这是错误的。

忠诚主要涉及一个体系之内的人或有紧密关系的人，因而它经常是组织对其成员的一种要求，反过来组织也要关心和爱护成员的发展和成长，确保这种忠诚关系沿着良性的道路不断继续。加拿大一项研究对数百名年轻女性进行了长达9个月的跟踪调查[①]，她们被问及自己的体重、对体重的感觉以及家人的想法等。结果显示，试图减肥的人如果没有得到亲人的支持，减肥的效果就会大打折扣。那些减肥过程中常常被家人批评的女性最终会减肥失败，相比之下，那些得到家人无条件接受和支持的人的减肥效果就非常明显。

当然，忠诚并不是不能发表不同声音，只是发出不同声音的出发点或方式要有利于他人或组织的发展和进步。其实一个组织允许有一些不同意见或不同看法，更能促进其发展。这在一定程度上有点类似人体组织，比如在人体的大部分器官里，只有部分基因会得到表达，比例是60%左右，在睾丸组织里，基因表达比例非常高，在人类精子细胞里可以达到90%的表达，为什么会出现这种现象？2020年1月发表的一篇论文解释了这个现象[②]。科学家们研究后认为，精子如此活跃地进行基因转录，是为了彻底做一遍DNA的修复，保护遗传信息的完整性，即确保把所有的东西都遗传下去。那为什么还有10%的基因没有表达呢？难道就不怕这些基因发生突变吗？科学家们分析了那些没有在精子里得到表达的基因，发现其中许多和免疫系统有关。研究人员指出，为了确保身体的健康发展，人体的一些基因必须不断进化，以识别和攻击同样在进化中的细菌和病毒，因此，这些不表达的基因如果出现突变，反而对人体的健康更有利。简单来说，人体中只有睾丸组织里的基因表达比例非常高，这主要是因为要保护遗传信息的完整性，但仍然还让一部分基因不

① Christine Logel, Danu Anthony Stinson, Gregory R. Gunn, Joanne V. Wood, John G. Holmes, Jessica J. Cameron(2014). A little acceptance is good for your health: Interpersonal messages and weight change over time, Personal Relationships, 21(4):583-598.https://doi.org/10.1111/pere.12050.

② Bo Xia, Yun Yan, Maayan Baron, et al.(2020). Widespread Transcriptional Scanning in the Testis Modulates Gene Evolution Rates. Cell. https://doi.org/10.1016/j.cell.2019.12.015.

会表达，这是因为这一部分不会表达的基因能保证基因组存在一定的变异而不断进化，这可以说是大自然给人类留下的一套神奇的发展机制。

现在是一个自媒体大发展的阶段，"网红"文化、"粉丝"文化大行其道，在这一文化发展过程中要防止一些别有用心的人利用忠诚这一品质来进行过度的商业操作或思想控制。孩子年龄小，认知能力相对不足，特别容易受"网红"明星的影响，这是当代教育面临的一个新问题。

第四章　积极教育与积极品质（下）

第一节　培养有节制的人

节制（temperance）是积极心理学提出的第五大类美德，节制就是指人们在生活或工作中要适度而不过分，和中国传统文化强调的中庸之道有异曲同工之妙，其主要是一种行为品质方面的积极力量。适度不仅是做人之道，还是保持身体健康的首选。有研究表明[①]，无限制饮食的小鼠在记忆力、学习能力及整体大脑健康方面都会存在一些问题，而如果对它们进行适度的饮食限制，即给它们低蛋白、高碳水化合物的饮食，这些问题就有可能得到一定的改善，主要是因为这种适度饮食可以促进这些小鼠大脑中的海马体健康生长。

一、谦虚（modesty）

谦虚是指能恰当地评估自己的能力、名望、财富、权力、长处、地位、成就和人脉等，是一种正确对待自己优势的积极品质。谦虚的人既不能高估也不能低估自己的长处，高估容易使人骄傲，而低估则容易使人妄自菲薄。特别需要说明的是，谦虚一定不是自我贬低，更不是自我忽视，它在一定程度上有点类似于自我忘记，即要求个体在行为或言语表达上能忘记自己已有的优秀和长处，让自己认识到自己只是一个普通人。真正的谦虚具有以下六大特征。

① Devin Wahl, Samantha M. Solon-Biet, Qiao-PingWang(2018). Comparing the Effects of Low-Protein and High-Carbohydrate Diets and Caloric Restriction on Brain Aging in Mice. Cell Reports, 25(8): 2234-2243. https://doi.org/10.1016/j.celrep.2018.10.070.

第一，知道自己的真实水平或能力等有多好。谦虚者本身要能对自己的真实状况做出准确的评价或描述，这是谦虚的前提。个体如果对自己的真实水平都不清楚，那就谈不上谦虚。比如一个女孩长得很漂亮，但她却认为自己不够漂亮，在生活中常常会在和其他人相处时说自己长得不美，她的这一说法就不是谦虚。一个人的真实水平和这个人对自己真实水平的评价或认知并不一定完全匹配，就多数人来说，人都会高估自己的能力（这也是一个人心理健康的一个重要标志，而抑郁的人相对会低估自己的真实水平）。

第二，知道自己的知识水平或能力等还存在欠缺或不足。一个人不仅要了解自己的真实状况，还要清楚自己的真实水平或能力有哪些欠缺。如果一个人真的发现自己的思想、技能、名望、知识水平等已经是世界上最好的了，那他就根本不用谦虚。要是这样的人真的存在，那他的谦虚就是假装的。所以，从本质上来说，谦虚就是一个人能真实地看清自己，既能看到自己的优点，也能看到自己的不足。

第三，愿意接受外在的批评、意见和信息。觉得自己有所欠缺的同时要愿意接受外在的批评和意见等，这也是非常重要的。有些人知道自己错了，却仗着自己的名望、地位或能力等不愿意去努力改正，而是一意孤行。真正的谦虚是持开放性的，充分尊重他人的意见和建议，并把这作为自己发展的一种重要途径。

第四，愿意不断努力创造新的高度或取得新的成就。谦虚，能让他人感受到温度，让世界变得平和有序，更能让自己不断取得进步而做出新的成就。谦虚的人不仅有谦虚的态度和行为，还有进步的动机和行动。如果一个人表现出非常谦虚的样子，但多年来一直没有进步，这就意味着这个人骨子里可能并没有真正的谦虚，因为真正的谦虚一定能使人进步。

第五，充分认识到自己的真实价值，也即认识到自己再厉害也只不过是普通人，而不是世界的主宰。我们都有一定的长处或优点，要认识到即使自己再强大，也不是世界的主宰，我们的价值也就是作为这个世

积极教育：提升孩子乐商，成就优势品格

界的一分子。与其他人相比，你可能会相对强一点，但从整个世界来看，你依然是微不足道的，即所谓的世界少了谁，都依然会转。

第六，欣赏他人的价值，即能真心欣赏世界上其他人的不同的生活方式、认知特点、价值理念等，要认识到这些人同样构成了这个世界的精彩。

谦虚本质上就是适度地对待自己，并在此基础上表现出相应的行为或态度等，因此它不仅是一种积极品质，在一定意义上它还是人们生活或工作中行事的基本要求和准则，人们在生活中的方方面面都要做到适可而止。

正如上面所说的，稍微高估自己的长处是现代人的一种习惯，也是人心理健康的一个重要标志（你可以做一个简单的测试，让你单位中所有的人回答一个问题："你觉得你的能力在单位里属于什么水平？"选项分别是"最差、中等偏下、中等、中等偏上、最优秀"，最后你会发现约90%的人会说自己是"中等"或"中等偏上"，事实上这样的分布结果是不可能出现的，因为在一个大样本的封闭群体里，人的能力基本上呈正态分布），但这种高估只是稍微高估一点，还要在适度的范围，而不能被无限放大。过分高估就是所谓的"吹牛"，会有害于人的心理健康。

2018年的一项研究发现，在社交媒体上发布过多与自我有关的照片可能表明你是一个自恋者[①]。这项研究对74名18～34岁的人进行了为期4个月的跟踪调查，调查内容主要包括这些被试社交媒体的使用情况以及自恋的个性特征。在调查中发现，所有被试平均每天大概使用社交媒体3小时，但有些人每天会使用8小时（24小时的1/3的时间在玩手机），过度使用社交媒体的人大概占总数的20%。在这些被试中，那些通过社交媒体发布大量与自我有关的图片的人相对更加自恋，自恋水平比其他人高了25%。研究中的被试使用的视觉社交媒体主要是脸书，这表明在视

① Phil Reed, Nazli I. Bircek, & Lisa A. Osborne. et al.(2018). Visual Social Media Use Moderates the Relationship between Initial Problematic Internet Use and Later Narcissism. The Open Psychology Journal, 11, 163-170. http://dx.doi.org/10.2174/1874350101811010163.

觉社交媒体上发布大量与自我有关的照片与人格问题具有关联。为什么在视觉社交媒体上发布大量自我照片会与个体出现自恋倾向相关呢？可能因为这些被试本来就有把自己当作焦点的人格特征，喜欢以一种夸张的方式呈现自己，在视觉媒体使用过程中一般缺乏即时的、直接的社会谴责或批评，甚至还可能会被点赞，从而使他们产生了自己似乎无所不能的幻想。也就是说，在视觉媒体上发布大量自我照片可能为这些人提供了施展自恋个性的机会，而不一定是这种行为改变了这些人的人格。当然，这一研究也表明自恋人格越得到表现，其张贴的自我照片也就越多，而张贴自我照片越多的人又越自恋，即这两种情况相互促进，表明过度张贴自我照片的人在一定程度上确实会更加自恋。

自媒体时代人们不仅可以在媒体上发布照片，还会对自我照片进行一定的修饰，让自己变得更好看或更可人，有近四成男性和七成女性会在拍照后对照片进行美化和修饰，尤其是自拍照。

自拍后为什么在上传之前要对自拍照进行修饰呢？其目的主要有三个：自我欣赏，向其他人展现最佳的自我形象，获得更多的点赞和关注。然而，发表在期刊《身体形象》（*Body Image*）上的一项新研究给出了一个非常明确的答案：自拍之后的过度修图，反而会给你带来不好的心情[①]。这项研究是由澳大利亚弗林德斯大学的教授马里卡·蒂格曼（Marika Tiggemann）等人进行的，研究者邀请了130位18～30岁的青年女性作为被试。首先，研究者要求这些被试在英国重要社交软件"照片墙"（Instagram）上观看一些身材纤细或匀称的女性照片（启动被试追求漂亮身材的动机）；其次，研究者要求被试用苹果平板电脑（iPad）自拍并用10分钟的时间对自拍照进行修饰和美化；最后，被试修图完毕后，研究者测量并统计了这些被试的情绪及对自己的身体和面部的不满程度。结果发现，自拍和美化自拍的照片会导致被试的负面情绪和面部消极情绪的增加。这一过程还有一个明显的特点：被试对自拍的编辑程度

[①] Marika Tiggemann, Isabella Anderberg, Zoe Brown (2020). Uploading your best self: Selfie editing and body dissatisfaction. Body Image. https://doi.org/10.1016/j.bodyim.2020.03.002.

越高，对自己的形象就越不满意，但这两者之间并不存在反向作用，即对自身形象的不满意并不会反过来促进自拍编辑行为。这表明自拍修图并不是由个体的不满情绪引发的，而可能是由被试本身的习惯导致的。

研究者用两个理论来解释这样的结果。第一，社会比较理论。人们在社会中需要通过比较来确定或定义自己的价值。比较分为上行比较（和比自己优秀的人进行比较）和下行比较（和比自己差的人进行比较），容貌是女性的第一追求，在一些主客观因素的驱动下，女性会将自己与那些优秀对象进行比较，这种上行比较就会导致这些女性被试对自己身体和外表的不满。第二，客体化理论。这一理论认为社交媒体会让女性更容易被旁观者的评价所影响，并将容貌客体化（容貌脱离了人而成为一种能代表女性个体本身的东西），即容貌代表了女性的一切（长得不好，其他再怎么好也没有用），这种自我客体化会令身体形象满意度大打折扣。不要小看修图对情绪和面部满意度产生的不利影响，随着时间的推移，这种短暂的消极情绪变化可能会累积起来，使喜欢自拍修图的人对自己的容貌越来越不满意，最终可能会导致整容或抑郁等行为。因此，那些长期在自拍修图中投入过多时间、精力甚至金钱的人可能最终反而会收获对自己身材和容貌的不满，从而增加问题的出现。

如果人们构建一个不能美图、不允许美颜的社交平台，就可以鼓励人们展示不经任何修饰的自然效果的自拍，让所有人都能在这个平台展示真实的自我，这或许能将女性从修图之中解放出来。

研究还表明，人们不仅不能在社交媒体上过度发表与自我有关的图片和对自拍照进行过多的美化，就是社交媒体也不能过度使用，沉溺于社交媒体反而会使人们更加沮丧和消沉。特别有意思的是，如果把使用社交媒体的时间减少到30分钟，人们的孤独感反而明显降低[①]。在这项研究中，研究者对143名大学生进行了为期3周的跟踪调查，所有被试被随

① Melissa G. Hunt, Rachel Marx, Courtney Lipson, and Jordyn Young (2018). No More FOMO: Limiting Social Media Decreases Loneliness and Depression. Journal of Social and Clinical Psychology: Vol. 37, No. 10, pp. 751-768. https://doi.org/10.1521/jscp.2018.37.10.751.

机分成两组，其中一半被试被告知按照之前的习惯正常使用社交媒体，而另一半被试则被告知每天只能使用30分钟。两组被试均会使用一个时间控制软件进行使用时间的统计。所有被试每天都需要报告他们使用脸书、色拉布（snapchat）和照片墙等的情况，并同时报告自己的焦虑、抑郁、孤独和害怕错过等感觉。最后的数据统计结果表明，那些使用社交媒体时间比平时习惯更少的被试的抑郁和孤独情绪显著降低，这尤其对于那些进入研究之前情绪沮丧程度就较高的被试更有作用。这一研究得到了一个和常识不太一致的结果：社交媒体使用得越少，人们越不感觉那么孤独。针对这一研究结果，研究者认为可能是社会比较在其中起了作用。一个人使用社交媒体越多，就越可能产生更多的社会比较，当人们观察到别人在社交媒体上展现的丰富生活时，很容易觉得其他人的生活比自己的生活更酷或更美好，从而让自己感到孤独。

2021年在南通的一次交流会上，一位女士谈到了她的生活，她说她生活中首要的是孩子，为了孩子她几乎什么都可以抛弃，但结果是非但孩子没有教育好，自己的家庭生活也一团糟。这种情况在现阶段的中国经常发生，这主要是因为目前的中国还处在经济快速发展阶段，强调竞争，整个社会财富的分配和学习成绩联系紧密，孩子的学习自然就非常重要，因而家长投入的精力就特别多，从而影响了夫妻关系和家庭生活。有研究发现，如果家长把多数时间花在养育子女上，再加上还要集中精力工作，因此，花在经营婚姻关系上的时间自然就更少了，这大大降低了婚姻的质量[①]。就当代婚姻来说，婚姻不再只是一种性和繁衍，多数人希望婚姻能帮助他们找到真正的自我，获得事业发展并促进核心自我的展现，要达成这样的目标就需要在婚姻中投入大量的时间和心理资源，所以，过分关注孩子就容易导致婚姻关系不融洽。其实就一个幸福家庭来说，妻子应该把丈夫放在第一位，丈夫应该把妻子放在第一位，

积极教育：提升孩子乐商，成就优势品格

---

① Finkel, E. J., Cheung, E. O., Emery, L. F., Carswell, K. L., & Larson, G. M. (2015). The Suffocation Model: Why Marriage in America Is Becoming an All-or-Nothing Institution. Current Directions in Psychological Science, 24(3), 238–244. https://doi.org/10.1177/0963721415569274.

孩子在谁眼里都只应该放在第二位，这才是正确的家庭资源分配法则。事实上，如果妻子和丈夫都把孩子放在第一位，这很容易把抚养孩子变成一场没有止境的竞争，这个时候夫妻双方对孩子的爱和关心就会演变成一种"我对孩子的爱一定超过你对孩子的爱"的竞争，反而有可能加剧夫妻双方的对立情绪和行为。如果你觉得自己的婚姻不太幸福，好好反思一下，你是不是把太多时间放在关心孩子的学习上了？若是，现在是时候做出适当的调整了。

有意思的是，睡眠也应该有节制。人的一生有三分之一的时间用来睡眠，睡眠对人类的好处肯定数不胜数，但睡眠时长也要适度节制，既不能过短，也不能过长。多数人都知道睡眠时间不足对人的影响，但睡眠时间过长对人也没有好处。华中科技大学同济医学院的研究人员对31 750名退休人员的睡眠时间与中风风险进行了分析研究[①]。这些退休人员的平均年龄为61.7岁，所有人均没有冠心病、癌症或中风病历史。研究人员统计了这些人的夜间睡眠时长、午睡时长以及睡眠质量等数据（主要基于被试的自我报告），其中23.9%的人夜间睡眠时长超过了9小时，7.6%的人午睡时长超过了90分钟。在后期对这些被试的随访研究期间，共有1 557位被试出现了缺血性中风病例。研究人员对搜集到的数据和这些中风病例进行了相关分析后发现，午睡或夜间睡眠时间过长与中风呈显著性正相关，即睡眠时长越长，中风的风险越大。具体来说，夜间睡眠时长≥9小时的人比夜间睡7～8小时的人的中风风险高23%，午睡时长超过90分钟的人比午睡时长1～30分钟的人的中风风险高25%，另外，睡眠质量差的人比睡眠质量好的人的中风、缺血性中风和出血性中风（脑出血）的风险分别高29%、28%和56%。夜间睡眠时长、午睡时长、睡眠质量低与中风的关联效应还会叠加：夜间睡眠时长≥9小时且午睡时长超过90分钟的人，比夜间睡7～8小时且午睡1～30分钟的人的中风风险高85%；夜间睡眠时长≥9小时且睡眠质量差的人比夜间睡7～8小时且睡眠

[①] Lue Zhou, et al.(2019). Sleep duration, midday napping, and sleep quality and incident stroke. Neurology. https://doi.org/10.1212/WNL.0000000000008739.

质量好的人的中风风险高82%。此外，在研究进行期间，有部分被试的夜间睡眠时长从7～8小时转为≥9小时，午睡时长从1～30分钟转为超过90分钟，这些被试随后的中风风险也随之增加。

为什么睡眠时间过长会导致中风风险增加呢？这一项目的研究者认为这可能是因为过长时间的睡眠会对胆固醇水平产生不利影响，并在一定程度上会增加腰围，而这两者都是中风的危险因素。尽管这一研究主要是横断研究，但研究结果还是意味着睡眠时间过长是一种不好的生活方式，要想保持健康，就应该保持适度时长的午睡和夜间睡眠。根据美国睡眠基金会的建议，成年人最佳的睡眠时长是7～9小时，老年人的睡眠时长通常会较短一些，为7～8小时，未成年人的睡眠时长则要长一些，6～13岁的儿童每日睡9～11小时，14～17岁的青少年每日睡8～10小时。如果有午睡的习惯，那午睡时长最好不要超过半个小时，午睡时间过长会影响晚间的睡眠质量。

即使睡眠时长合适，但如果睡得太晚也不利于身体健康。在一项研究中[①]，研究人员共对88 026名被试（其中包括51 214名女性和36 812名男性）的睡眠情况和健康状况进行了分析，这些被试的年龄范围在43～79岁。所有被试在一周内都会佩戴一个可穿戴设备，用于收集其各种睡眠方面的相关数据。对收集到的睡眠数据以及随后随访获得的身体健康方面的数据进行分析比对后发现，有3 172名被试的睡眠时长合适但患有心血管疾病，其中有1 371名被试习惯于午夜12点后入睡，有1 196名被试习惯在23:00～23:59入睡，有473名被试习惯在22:00～22:59入睡，仅有132名被试习惯在晚上10点前入睡。从以上这些数据就能够发现，即使有了足够的睡眠时长，但入睡时间在午夜12点之后的人更容易患上心血管疾病，而入睡时间在22:00～22:59的人患上心血管疾病的风险最低。

---

① Shahram Nikbakhtian, Angus B. Reed, Bernard Dillon Obika, et al.(2021). Accelerometer-derived sleep onset timing and cardiovascular disease incidence: a UK Biobank cohort study. European Heart Journal – Digital Health. https://doi.org/10.1093/ehjdh/ztab088.

二、审慎（prudence）

审慎指做事情周密而慎重，比较有条理，具有三思而后行的倾向，它一般对应于大五人格理论中的尽责性特质。审慎是对秩序的偏爱，而偏爱秩序通常是长寿的最有利的预测因素，因为这些人较少有冒险行为，如不太可能吸烟或喝酒，因而所承受的生活压力也相对较小。审慎的人做事更细心，更有条理，因而也更有效率，更容易达成目标，如获得稳定的工作或良好的婚姻等。总的来说，审慎和人格特质有关，但它也是一种可以培养的积极品质。

随着社会的发展，人们所承受的压力越来越大，自杀率不断提高，这是一个令人担忧的趋势。那谁更容易自杀？如果这个问题有了答案，人们就可以通过有目的的预防来挽救生命。美国一项覆盖了超过22 000名美国人的相关研究发现[①]，自杀率与职业有关。在美国女性中，自杀率最高的是从事艺术、设计、娱乐、体育和媒体工作的人，主要包括演员、设计师、音乐家、歌手和作家等。在美国男性中，自杀率最高的是从事建筑业和采矿业的人，主要包括从事木匠、水管工、矿工和屋顶工等工作的人，男性自杀率第二高的是与女性相同的艺术和设计类别。不管是男性还是女性，自杀率最低的都是从事教育、培训和图书馆工作的人。人们对这一结果进行分析后认为，从事艺术、设计、娱乐、体育和媒体等工作的人通常不拘小节，行事要有独特的风格。如果你的思想或行为和其他人都一样，那你设计出来的东西或表演的作品就不会有人爱看，人们需要看那些出乎意料的（因为意料之外才会带来惊喜），甚至有一点非理性的东西。这种工作性质导致从事这一类工作的人容易放荡不羁，胆大，容易出格。从事教育、培训和图书馆等工作的人最大的共同点就是工作要有条理，仔细、小心、谨慎。可能正是这种工作性质导

---

① Peterson C, Stone D M, Marsh S. M, et al.(2018). Suicide Rates by Major Occupational Group — 17 States, 2012 and 2015. Morbidity and Mortality Weekly Report, 67(45):1253–1260. https://doi.org/10.15585/mmwr.mm6745a1.

致了这些人获得了更现实的生活风格，生活中比较谨慎而周密，不太容易出错。

审慎能让人体验到更少的压力，尤其是精神压力，这对人的健康大有好处。精神压力和其他常规压力（如运动、要完成的任务等带来的压力）都有可能会通过增加心肌需氧量而诱发心肌缺血，但这一过程中的生理机制又不完全一样。与精神压力相关的更主要是非血流动力学因素，精神压力可能导致肾上腺素激增，在心脏需氧量很低的情况下就有可能发生缺血，越来越多的证据表明，精神压力可能与冠心病风险有关。

需要注意的是，审慎并不是冷漠和冷酷无情，审慎更主要的是行为层面的特征，而不是情感方面的特征。冷酷无情意味着残忍地漠视他人的困难或痛苦，对他人缺乏同情心，这是精神病人常有的一种特征。精神病患者看到别人的痛苦时往往没有感觉，这是因为这些人的内心体验非常痛苦并伴有高度焦虑和抑郁，从而失去了移情能力。有人对青少年拘留中心的150名青少年进行了研究[①]，发现这些青少年最大的特点就是在情绪体验上冷酷无情，而这种情绪体验导致他们在行为上出现了危害性、反社会、好斗等特点，如果这种冷酷无情、不动感情的特点不经纠正或治疗，可能会导致这些青少年成为罪犯。

审慎这一积极品质具有几个明显的特征：第一，做任何事情都会精心准备，并有详细而具体的工作计划，在工作中会是一个好伙伴或好领导；第二，若事情没有成功，一定会有相应的备案和预先准备的应对措施；第三，在不明情况下一定不愿意冒险，不喜欢赌博，更相信数据，而不是自己的眼睛或耳朵；第四，喜欢对一个问题寻求多种答案，也是一个遵守规则的模范。

① Gill, A.D. & Stickle, T.R. J. (2016). Affective Differences Between Psychopathy Variants and Genders in Adjudicated Youth. Journal of Abnormal Child Psychology, 44(2): 295-307. https://doi.org/10.1007/s10802-015-9990-1.

三、自我调节（self-regulation）

　　自我调节在这里主要指的是自我控制，指人们在生活或工作中能根据要求或情形控制自己的需要、脾气等而采取合适的行动，其核心在于抵制诱惑和抑制冲动性行为。自我调节是人适应性行为的基础，也是确保人和谐生活和发展的重要条件。心理学在这一领域有很多研究，其中最著名的就是棉花糖实验。棉花糖实验开始于20世纪60年代，是由斯坦福大学的心理学家沃特尔·米歇尔（Walter Mischel）主持的一项心理学研究，研究者对斯坦福大学必应幼儿园的学龄前儿童进行了一项简单的测试。研究者让这些学前儿童单独待在一个房间，并呈现一个他们很喜欢吃的棉花糖，让他们选择：他们或者立即吃掉一个棉花糖，或者独自等待最多20分钟之后教师进来时再吃，这样就能获得两个棉花糖，两个选项中只能选一个。结果发现有1/3的孩子能控制住自己，等待老师进来才吃眼前的那个棉花糖，这样每人就可以拿到两个棉花糖；另外一些孩子则控制不住自己，很快就把眼前的那一个棉花糖吃掉了。

　　研究者不仅观察了这些孩子当时的行为结果及在等待期间都做了些什么事等，而且对一些被试进行了50多年的持续追踪。结果发现，4～5岁的孩子等待的时间越长，他们在青春期的认知能力也越强，他们后来的美国高考成绩（SAT）也越高。那些在棉花糖实验中等待时间更长的孩子，在27～32岁有较低的体重指数和更好的自我价值感，能够更有效地追求自己的目标，有更强的适应能力并且能更有效地应对沮丧和压力。当这些孩子到了中年，研究者对其中的一些人进行了脑部核磁扫描，那些不能等待（"低延迟"）的人和那些能够一直等待（"高延迟"）的人在与成瘾和肥胖有关联的脑部区域存在明显的结构差异。这项心理学研究持续半个多世纪，既说明了研究者的慎之又慎，又说明了这项研究所具有的价值意义。控制感其实很早就进入了心理学的研究范畴，但真正让人觉得控制感对人的发展有重要影响的还是米歇尔的这项追踪研究。

关于自我调节这一课题，心理学最新的研究有了一些有趣的新发现。

第一个新发现是选择是自我调节的一种重要形式，选择是大脑做出的决定，但眼睛却在其中担任了中介，即你的目光会调节你做出的抉择。比如当你注视一个物品的时间越长，你就越有可能选择该物品。婴儿有个有趣的现象：注视时间越长就意味着越喜欢，如果婴儿的目光不看你，就意味着他不喜欢你。那成年人的目光是不是也具有这样的特征呢？当你在两个选项之间犹豫不决时，你的注视点（visual fixation）也会在两个选项之间游走，结果有多个研究发现人们的决策深受目光注视点及随之而来的注意力分配的影响。为什么会产生这种现象呢？一篇发表在《E-生活》（eLife）上的文章[①]对此进行了研究。研究者通过建立决策模型发现，人们做出决策不是一蹴而就的，而是需要利用不同的途径收集信息来估测对象的价值，而信息的积累是一个充满不确定性的过程。当人们的目光在两个选项之间反复移动时，那个未被注视的选项的信息会更加嘈杂，自然也就不会被分配更多的注意力。注意力的多少则决定了不同信息来源的可靠性（reliability），这影响了人们的自我调节——注视时间越长，就会分配越多的注意力，因而该选项被选择的概率也就越高。所以你带女朋友去逛街时，要避免让她盯着昂贵的物品看，不然你的钱包会瘪下去一大块。

第二个新发现是仪式动作居然可以提高人们的自我控制并调节人们的行为。2018年发表于世界知名心理学期刊《人格与社会心理学》（Journal of Personality and Social Psychology）杂志上的一篇题为"仪式动作提高自我控制"的文章表明，人们通过做一定的仪式化行为就可以即刻提高自己的自我控制能力，从而克服有害的选择而做出有益的选择，该研究结论主要是通过6项实验和1项元分析得到的[②]。此外，该

① Anthony Injoon Jang, Ravi Sharma, Jan Drugowitsch(2021). Optimal policy for attention-modulated decisions explains human fixation behavior. eLife. https://doi.org/10.7554/eLife.63436.

② Tian, A. D., Schroeder, J., Häubl, G., Risen, J. L., Norton, M. I., & Gino, F.(2018). Enacting rituals to improve self-control. Journal of Personality & Social Psychology, 114(6), 851-876.

研究还确定了影响仪式行为增加自我控制的边界条件：只有在自我控制出现冲突时仪式行为才会起作用，即在无自我控制冲突的情境中，仪式行为对自我控制不再有影响。仪式行为也叫作仪式化行为，主要指刻板的、模式化的、有序列的重复性行为和言语集合，具有三个明确的特征。（1）重复性（repetition）、形式化（formality）、以刻板（rigidity）为特征的预定义序列。重复性指某些行为动作反复地出现，如某宗教祈祷仪式中要求跪拜三次等；刻板则强调动作的不变性，仪式总是以固定不变的动作程序进行；形式化主要指行为动作以冗余动作形式出现，出现超出目标功能要求的多余行为动作。（2）这些序列包含着一个更大的象征意义。象征性意义是仪式的核心部分，可从两个方面来解释。一方面，仪式行为中的每个仪式动作都可能成为一种象征性表达，其意义在每次执行动作时会得到强化，如基督徒的祷告仪式中出现的反复跪拜和鞠躬表明对上帝的承诺，这样的行为动作会给行为者带来慰藉。另一方面，仪式整体一定有某种象征意义，若仪式的象征意义被消除，一些重要仪式将显得微不足道或滑稽可笑，如军事葬礼期间的向天礼枪或礼炮，若不是象征了给倒下的同志赋予最高荣誉，呈现的画面就只是一群士兵向空中随意开枪放炮。（3）这些行为序列缺乏直接的工具性目的（instrumental purpose），即人们不能用物理因果机制来解释仪式中的这些行为动作是如何导致预期结果的，即仪式具有因果不透明的特性。

第三个新发现是过高的自我控制会使个体失去自我调节能力。自我控制是自我调节的基础，但过高的自我控制不利于自我调节。一项有关商品消费的研究发现，如果完全让消费者自己来决定商品的价格，反而会打消他们购买该商品的念头。该研究发表在《美国国家科学院院刊》（*PNAS*）上[①]，研究人员在一艘游船上给游客提供拍照服务，分别给出三种价格模式：模式一是拍一张照片的价格是15美元，模式二是拍一张

① Ayelet Gneezy, Uri Gneezy, Gerhard Riener, Leif D. Nelson (2012). Pay-what-you-want, identity, and self-signaling in markets. PNAS. https://doi.org/10.1073/pnas.1120893109.

照片的价格是5美元，模式三是拍一张照片的价格完全由游客自己决定给多少钱。当然，研究者在每一趟游船上只使用其中的一种价格模式。实验结果发现，选择15美元定价的照相服务的游客人数最少，但是选择5美元定价的照相服务的游客反而要比选择让游客自由定价的照相服务的人数多，也即游客有了更多的控制权，反而减少了购买的欲望。研究人员的解释是，明确给出低价让消费者有捡便宜的感觉，而自己定价则会产生怎么定都不太合适的糟糕心态（定高了自己要吃亏，定低了自己会内疚），最后干脆放弃消费念头。例如，如果你让孩子完全自主地决定他自己的一切行为时，他反而有可能会失去培养自我调节这一积极品质的机会。

四、宽恕（forgiveness）

宽恕是一种积极品质，更是一种积极的人生态度，它是指用宽大的气量去包容他人，不计较，不追究他人的过错，从而化解矛盾。宽恕不是饶恕，人们容易把两者相混淆，宽恕是指改变自己的认知，真正站在对方的角度而进行移情；饶恕并没有改变自己的认知，只是把这种认知暂时搁置而不进行追究，但在今后的另一个时间依然有可能进行追究。比如，有的夫妻之间发生了矛盾而进行争吵，吵着吵着，一方就说出一些陈年旧事来数落另一方，另一方也把一些往事提出来进行回怼，这就是饶恕，而不是宽恕。如果是宽恕，那双方就会把这些陈年旧事真正忘记，再也不会提起，即使提起也会从一个积极的角度进行解释或归因，而不会把这些旧事当作数落对方的材料。心理学界曾提出宽恕的"REACH"步骤，即你要通过五个步骤才能真正实现宽恕：第一，R（recall）指再回忆，即在事情发生之后你要冷静地在脑海中再回忆一遍所发生的事情，不要让情绪左右你的思维；第二，E（empathize）指共情，即从加害者角度对事情进行思考，特别是思考加害者本身的难处；第三，A（altruistic）指利他，即对事件进行利他性定性，这样才能真心宽恕，也可以想想自己曾有过伤害别人而对方原谅了自己的事；第四，C（commit）指承诺，即公开承诺自己的宽恕，可以通过写信、写日记等方式清楚地写下自己的宽恕承诺；第五，H（hold）指保持，即一旦做出宽恕承诺，就要永远保持宽恕，宽恕并不是消除记忆，而是换掉记忆里的那个仇恨标签。

曼德拉曾被南非当局关押了27年，在监狱受尽了各种侮辱和嘲笑，但1994年在他就任南非总统的就职典礼上他恭敬地向曾经的监狱看守员拥抱致敬。他说，他非常清楚他没有敌人，在走出囚室迈过通向自由的监狱大门的那一刻，他如果不能把悲痛和怨恨留在身后，那他就仍然还在监狱之中。

2000年4月1日深夜，来自江苏北部沭阳县的4个失业青年潜入南京一栋别墅行窃，在被屋主发现后，他们竟然持刀杀害了屋主——德国人普方（时任中德合资扬州亚星—奔驰公司外方副总经理）及其妻子、儿子和女儿。案发后4名18～21岁的凶手很快被逮捕，后被法院依法判处死刑。这一悲惨事件发生后，普方先生的母亲从德国赶到南京处理相关后事。了解了整个案情后，老人做出了一个让很多人都觉得很诧异的决定——她居然写信给江苏法院，为4个杀害自己儿子一家的凶手求情，她表示不希望判处这4个年轻人死刑，她认为这4个年轻人是因为贫穷而做出了这样的蠢事，要怪只能怪贫穷。在普方亲人的影响下，案发后的2000年11月，普方家人、在南京居住的一些德国人及其他外国侨民共同捐款设立了纪念普方一家的基金会，这个基金会主要致力于改变江苏北部贫困地区儿童的生活状况。每年4月，这个基金会都会安排一场纪念普方一家的晚宴，地点一般设在南京国际学校（普方孩子在中国期间曾经就读的学校）的礼堂，菜肴和德国啤酒都由普方生前的朋友免费提供，所有来宾都会买一张200元的门票，得到一朵粉色的小花。晚宴的舞台上摆放着一大块展板，展板上贴满了被资助贫困学生的黑白照片。每当有人愿意资助其中的某个孩子时，主持人就会揭去这个孩子的照片。等所有的黑白照片全部被揭去的时候，一幅完整的、孩子笑得很灿烂的彩色照片便显现出来。这项慈善活动坚持了很多年，后来随着认识普方家人的外国友人逐渐离开中国，这项活动变成了一个纯粹的慈善活动，普方家人的所作所为就是对宽恕的最好解释。

其实多数时候，宽恕他人也是升华自己的一种重要方式。如果没有宽恕，夫妻之间就有可能总是会为一些小事而闹得家里鸡飞狗跳。事实上，相关的研究已经发现，夫妻吵架如果达到15分钟或更长时间，其危害不仅体现在损害相互关系方面，而且体现在损害双方的心理健康方面。人非圣贤，孰能无过？有研究表明，宽恕是提升和改善夫妻关系的最好方式[①]。夫妻在漫长的生活过程中一定会出现一些问题，甚至会出现冲突，解决这些问题和冲突的前提是相互宽恕。当双方关系出现问题后，要么放弃这段伴侣关系，要么随着时间的推移而宽恕对方。

日常生活中总有一些人会因为一点蝇头小利而与小摊贩发生口角，或因为一些闲言碎语而与同事闹得关系紧张，抑或因别人占了自己的一点便宜而总是闷闷不乐，这些都是因为宽恕品质不高的缘故。1945年诞生的《联合国宪章》在其序言中重点强调的就是宽恕，强调国与国之间要"力行容恕，彼此以善邻之道，和睦相处"。试想如果世界各国没有宽恕，永远只记住仇恨，那这个世界就一定不会有安宁的日子。联合国教科文组织从1995年开始把每年的11月16日定为"国际宽恕日"。总的来说，心理学过去的研究已经取得了一些明确结论：（1）年长者比年轻人的宽恕品质更高，人们的年龄增长会导致宽恕品质的增加；（2）就同年龄的人来说，宽恕水平越高的人越少焦虑，越少抑郁，越少有敌意和越少自恋；（3）主动道歉可以显著性增加对方的宽恕；（4）双方的熟悉或联系程度是影响宽恕的一个重要变量，越熟悉或交往越多，越容易宽恕。

宽恕一般伴随着善行，反过来，经常做善事的人也更容易宽恕，两者之间相互促进。就目前已有的实践和研究来看，经常做善事是提升人

---

① Brian G. Ogolsky, J. Kale Monk, TeKisha M. Rice, Jaclyn C. Theisen, Christopher R. Maniotes (2017). Relationship Maintenance: A Review of Research on Romantic Relationships, Journal of Family Theory & Review, 9(3): 275-306. https://doi.org/doi.org/10.1111/jftr.12205.

们宽恕这一积极品质的最好方式，并在此基础上提升善行者的幸福感和心理健康水平。帮助他人往往要消耗自我的资源（如金钱、精力或时间等），但为什么可以提升助人者的健康与幸福感呢？把自己的资源消耗在自己身上才符合进化的原理。这一相互矛盾的现象为何会发生？2019年12月30日《美国国家科学院院刊》在线刊发了北京大学心理与认知科学学院谢晓非教授课题组的相关论文[①]。该研究把疼痛作为消极感受而提出了两个假设：假设一是善行（如利他行为）会增强人们的疼痛体验，这是因为利他等善行意味着时间、精力、金钱等资源的单向付出，这种有形的损失会令人痛苦和厌恶，从而导致疼痛感增强；假设二是善行可以给被试的心理带来无形的收益，从而缓冲了助人者的生理疼痛感受。研究从三个方面证实了假设二。首先，研究者通过行为实验和雅安地震现场的观察研究中发现利他行为缓解了人们的疼痛。其次，磁共振成像研究同样发现，相比于控制性选择，当被试做利他选择时，被试腹内侧前额叶的神经活动显著增强，而与疼痛加工相关的脑区活动（如前扣带皮层和双侧脑岛）则显著减弱，这从神经活动层面证实善行确实降低了疼痛感觉。腹内侧前额叶与意义感理解密切相关，这表明被试从利他行为中所获得的意义感起到了缓解疼痛的作用，即腹内侧前额叶激活程度在利他行为与疼痛脑区激活程度间起到了中介作用。最后，研究者在河北某医院选取了肺癌四期以上的病人进行为期一周的干预：利他组的癌症病人每天为病友打扫公共区域，参加了一次膳食营养分享会，并在会上为病友精心准备食谱；控制组病人则每天为自己打扫卫生，并参加了一次膳食营养的主题讲座。尽管利他组和控制组病人初始的疼痛水平没有差异，但随着个人和团体活动的进行，利他组病人的疼痛感下降的程度显著性大于控制组病人。这意味着利他等善行确实可以降低人们的消极感受。

不过，人们做善行也有一个奇怪的现象：做好事的时候，人们似乎

---

① Yilu Wang, Jianqiao Ge, Hanqi Zhang, Haixia Wang, Xiaofei Xie (2019). Altruistic behaviors relieve physical pain. PNAS. https://doi.org/10.1073/pnas.1911861117.

并不太关心效率。比如人们向慈善机构捐款，却很少计较这些钱究竟起了多大的作用以及如何起作用，也不太纠结有没有其他更好的方式能使这笔钱起到更大的作用。为什么人们在做善行时愿意捐钱，但又不太关心所捐的钱的使用效率呢？哈佛大学的一组科学家对此问题进行了研究，并得出了一个结论①：人们做善事的重要动机是为自己和亲人取得社会奖励（social reward，既包括物质上的，也包括精神上的），但社会奖励对好人好事的"效率"并不敏感，从而导致人们不太在意自己的利他行为的最终效率。也就是说，人们有动机去做利他行为，做完利他行为后并不太关心这些行为真正能起到多大的作用，因而多数时候只会低效地进行利他。

研究者通过实验发现人们愿意做的善行要满足三个条件：（1）社会要有明确的定义，即善举必须满足能获得社会奖励的行为条件要求；（2）容易被社会成员观察到，必须要能被大多数社会成员认同和观察到这确实是一件好事；（3）判别标准统一，即容易取得直接的观察证据，不会引起争议。比如一个有1 000万元存款的人捐了1万元，而另一个只有2万元存款的人也捐了1万元，哪个人更好？社会总是去模糊这样的问题，对于善行更主要看结果而忽视动机，对所有的善行都一视同仁，捐了钱就是好的，捐多捐少和为什么捐等问题都不那么重要。

积极教育：提升孩子乐商，成就优势品格

① Bethany Burum, Martin A. Nowak, Moshe Hoffman.(2020). An evolutionary explanation for ineffective altruism. Nature Human Behaviour. https://doi.org/10.1038/s41562-020-00950-4.

第二节 培养超越的人

超越（transcendence）是积极心理学提出的第六大类美德。超越是指人们要跳出自己的个人利益圈子或关联世界，把自己和全人类等相联系，强调要做一个脱俗的人而不是斤斤计较的人。人们主要是生活在自己的圈子里，主要维护自己所在圈子的利益，而对其他人的利益不太关心。比如，当你看到某地由于战争而出现了许多儿童和妇女死亡的视频，你一定很不舒服，但这并不会影响你后续的正常生活，但如果你的亲人或朋友恰好在同一天生病了，你很可能会放下后续的正常工作而去看望对方。其实，人类已经成了一个共同体，甚至地球上的所有生物都已经形成了一个共同体，一件事或一个人似乎与自己没有关系，但实际上通过环境、经济、文化、政治等多个因素影响着我们的生活。人类只有超越自我，实现共同进步，才能走向真正的成功。

一、欣赏优秀和美丽（appreciation of beauty and excellence）

人们在社会化过程中要学会对坏的东西、丑恶的现象进行谴责（不好的东西或现象并不一定是坏，也可能是中性的），也要学会对好的现象、优秀的东西进行欣赏和有所敬畏。欣赏不仅意味着获得积极体验，还代表了赞同和支持。从进化的角度来看，优秀和美丽是社会进步的标志，也是社会进步的推动力，才能被保留并流传下去。2021年5月《自然·植物》（*Nature Plants*，植物研究领域的世界顶级学术期刊）杂志上发表的一篇研究论文发现[1]，那些长得漂亮、引人注目并且分布较广泛的花朵有更多的机会成为科研人员选择的研究对象。也就是说，颜值美不美不但影响其繁殖的可能性，还影响其能否成为被科学研究的对象，可见人类的爱美之心有多重要。

要想欣赏优秀和美丽，首先一定要以准确把握优秀和美丽为前提，要懂得和理解什么是优秀和美丽，更要把握优秀和美丽的基本原理。现在有一种不好的现象，一些自媒体以低俗为美，拍一些新异却格调庸俗的视频来博人眼球，这严重扰乱了社会应有的正确审美观。

其次，人们还要对优秀和美丽抱有敬畏之心。只有敬畏之，人们才能在生活中小心翼翼地遵循之和实践之。敬畏的前提是真实，不夸大，更不能编造故事。有的人为了所谓的良好动机和目的而随意编故事，甚至不惜造谣。2020年7月，网上广泛传播一条湖南芷江一名小孩当街被他人抢走的视频，视频还以监控视频的形式出现，让有的人觉得可信度较高，一度引发了人们的恐慌。当地公安、网信等部门展开调查后发现，根本没有出现过小孩被抢的事件，这其实是当地某自媒体为了吸引流量而自编自导的虚假视频。涉案人员居然辩解说是为了警醒世人要有防范坏人之心。还有一个自媒体短视频，播放了两名刚离婚的夫妻走出民政局，妻子突然晕倒在地而丈夫扬长而去的镜头，这位"冷酷"前夫遭到了很多人的指责。然而，当地有关部门发布的调查结果表明，这是自媒体从业人员为了宣扬所谓的"爱心"而进行的摆拍。

欣赏之所以成为一种重要的积极品质，还在于欣赏本身会给人们带来一系列积极结果。心理学家研究发现，如果夫妻一方能主动欣赏对方的努力、耐心和爱心等品质，会显著改善双方的关系，从而使双方变得更幸福、更默契。相反，如果夫妻一方总是看到对方的不足或问题，并认为对方无法改变时，双方的关系就会变得糟糕，即使对方正在努力做

---

① Adamo, M., Chialva, M., Calevo, J., Bertoni, F., Dixon, K., & Mammola, S.(2021). Plant scientists' research attention is skewed towards colourful, conspicuous and broadly distributed flowers. Nature Plants, 7(5), 574 – 578. https://doi.org/10.1038/s41477-021-00912-2.

得更好也没有用，这个结论来自一项持续3个月的追踪研究[①]。该研究还发现，如果没有欣赏，即使一方真诚地想尽各种办法来努力改善关系，也不会取得好的结果。所以，改善双方关系的关键是说服自己相信对方一定会发生改变，并在生活中欣赏对方在正确方向上的任何改变或努力。

还有研究发现，欣赏美和优秀这一品质还与人的智力相关，研究者对381名19～89岁的成年人进行了调查，测量了他们的智力水平（主要测量了他们的晶体智力，智力一般可以分为晶体智力和流体智力两个部分）以及这些人的行为特征和性格特征等。最后的结果表明[②]，有些老年人的晶体智力水平居然和年轻人一样好（多数时候人们进行智力测量时是进行同龄人比较，因为智力会随年龄的增长而呈现下降的趋势）。研究者在对这些智力水平特别高的老年人的行为特征进行比对后发现，这些智力水平高的老人通常都特别会欣赏美（对美的敏感度特别高），对知识的好奇心强，有较好的想象力。

另一项2012年所做的研究也有一个有意思的发现[③]，欣赏器乐与智商水平高呈正相关，而欣赏说唱音乐则与智商水平高呈负相关。器乐的最大特点是没有歌词，如环境音乐、古典音乐、流畅的爵士乐、大型乐队演奏的交响乐等。这一结论来自对数千名被试的数据调查，这些被试都被问及自己的音乐欣赏偏好，并同时接受了智商测试。研究者认为，之所以出现这样的结果，主要是因为器乐的美可能具有进化性新意（evolutionary novelty），会让人有创造性。

不会欣赏则有可能会出现消极结果。研究表明，不太愿意或不太会

① Chin Ming Hui, Michael Harris Bond, Daniel C. Molden(2011). Why Do(n't) Your Partner's Efforts at Self-Improvement Make You HAppy? An Implicit Theories Perspective. Personality and Social Psychology Bulletin, 38(1), page(s): 101-113. https://doi.org/10.1177/0146167211420734.

② Thomas J.Baker，Jacqueline Bichsel (2006).Personality predictors of intelligence: Differences between young and cognitively healthy older adults, Personality and Individual Differences, 41(5), 861-871. https://doi.org/10.1016/j.paid.2006.02.017

③ Kanazawa, S. and Perina, K.(2012),Why More Intelligent Individuals Like Classical Music. Journal of Behavior Decision. Making, 25: 264-275. https://doi.org/10.1002/bdm.730.

欣赏积极的人相对更内向一点[1]，在生活中更容易回忆负性生活事件。在这项研究中，研究者让71位被试接受了人格测试，并要求他们回忆一些个人生活中曾发生的重要事件。结果表明，比较内向的男性和女性倾向于回忆负面记忆，不太会欣赏生活中的美好。心理学有时把这种情况称为反刍，这种消极反刍会令人沮丧，对生活感到悲伤，并有可能让被试回忆更多的负面记忆，从而形成一种恶性循环。

如何做才能让对方更欣赏自己呢？许多心理学家都致力于找到这个问题的答案，目前的研究已经有了一些结果：强调你的成就及成就所涉及的辛勤工作是让别人欣赏你的一个关键。大多数人和他人交谈时喜欢谈论自己的长处和才能，但这并不一定能让别人欣赏你，真正让人印象深刻的是你的成就及为此所付出的努力。这主要是因为努力和刻苦可以自动地与他人头脑中的温暖和亲切感联系在一起（"原来他和我一样，也这样辛苦"），从而获得他人的欣赏。因此，为了让别人更欣赏你，无论是约会还是面试都别忘了说一些你为达到这么优秀而付出的努力和辛劳。这一结论来自三个不同的系列研究[2]，在这些研究中，研究者让一部分被试在约会和面试中表现成就和才能，而另一部分被试则在表现成就和才能的同时补充表现相应的努力和辛苦，结果后者更容易获得对方的欣赏。另外，研究者还对人们在实际生活中的真实约会和面试的谈话内容进行了分析，发现大多数人只把注意力集中在展现他们的才能和成就上，却很少涉及为这些才能所付出的艰苦努力和辛勤劳动，这可能是许多人不能获得他人的良好印象的原因之一。这项研究告诉人们，如果你在约会时和对方谈起你最近参加的马拉松比赛，你一定也要和对方谈谈你在比赛之前的刻苦训练和辛勤付出。同样，如果你在面试中告诉你

积极教育：提升孩子乐商，成就优势品格

---

[1]　Denkova, Ekaterina；Dolcos, Sanda；Dolcos, Florin(2012). Reliving emotional personal memories: Affective biases linked to personality and sex-related differences. Emotion, 12(3),515-528.

[2]　Janina Steinmetz (2018). Impression (Mis) Management When Communicating Success, Basic and Applied Social Psychology, 40:5, 320-328. https://doi.org/10.1080/01973533.2018.1500289.

的面试官你曾经完成的项目，也要顺便谈一下你战胜挑战、艰苦付出的细节。有关优秀的故事如果没有背后的辛苦和努力来配，就像一桌好菜没有酒，这样的优秀故事注定不完整，也不会特别吸引人。

那人们如何识别对方是不是真的很欣赏自己呢？当一群人因某件事而开怀大笑时，那个在笑的过程中总是看着你的人一定很欣赏你，反之那个总是在情绪消极（如仇恨）时注视着你的人一定不会欣赏你。除此之外，2018年的一项研究发现[①]：欣赏你的人在和你交谈时的声音会相对低一点，也就是说，如果一个人和你说话时的声音能无意识地降低一点，那么这个人可能很欣赏你。研究者让30名速配约会者（类似于一个快速相亲节目）在一家咖啡馆相识，其中一半是男性，另一半是女性。研究者监测了所有人交流时的音调，并询问每个人"你有多欣赏和你交流的那个人""你觉得自己被对方吸引吗"等问题。最终的数据分析的结果显示：当男人与其非常欣赏的女人交流时，他们会无意识地降低音调；当女人被男人的魅力吸引时，女人也会无意识地降低她们的声音。所有那些表示双方互相偏好的男性和女性（速配成功者），都降低了相互交流的声音（和其他没有速配成功者相比）。这一点尤其体现在女性身上，女性似乎只为自己欣赏的人降低说话的音量。这一研究似乎也适用于其他领域，如工作中领导和你交流时的声音相对小一点，那领导一定很欣赏你。

二、感恩（gratitude）

感恩，有时也称为感激，感恩和感激也许有一点区别，但在本书中表达了同样的含义，感恩的英文"gratitude"来自拉丁语"gratia"，意指有风度地做事，主要指对他人或社会给自己的好处进行友好回馈和感

---

① Katarzyna Pisanski, Anna Oleszkiewicz, Justyna Plachetka, Marzena Gmiterek and David Reby(2018). Voice pitch modulation in human mate choice. Proceedings of the Royal Society B: Biological Sciences. 285(1893). https://doi.org/10.1098/rspb.2018.1634.

谢。感恩是一种普遍受到欢迎的情感类积极品质，联合国大会曾把2000年命名为"国际感恩年"（international year of thanksgiving），并督促各国要从多个层次开展多种形式的感恩活动。意大利著名哲学家、历史上最伟大的神学家托马斯·阿奎纳（Thomas Aquinas）认为感恩是仅次于公正品质的人类第二大重要品质。生活中，部分人喜欢对坏事夸大程度，逢人必说，但对发生在自己身上的好事则永不满足，不知道感恩。不感恩被视作一种恶习，从临床上来看，不会感恩的人可能容易伴随着过分自恋（narcissism）的心理疾病，而且有"越不感恩，越会加重这种心理疾病"的趋势。

感恩能迅速传递美好，并能促使其他积极品质得到弘扬。2020年7月，一辆大货车在维修时突然起火，司机（同时是车主）孙刚觉得火势已经难以控制，为了不连累其他人，他毅然回到火炉一样的货车驾驶室，冒着生命危险将货车开出了居民生活区，直到确定四周无人之后，他才弃车逃走。就在孙刚下车后的几分钟，汽车油箱就发生了剧烈爆炸，这次事故没有造成更大的伤害和损失。要知道这辆车是孙刚卖了自己的房子又借了一些钱买的，是他一家全部的生活依靠。事情传出后，一个汽车品牌的厂商欣赏孙刚的勇敢和善良，送给孙刚一辆新的货车，生计得到解决的孙刚又将开着新车挣来的第一笔钱捐给了当地的一所敬老院。这家敬老院的主人也是一对善良的夫妻，多年来近乎免费地照顾着30多位孤寡老人。因为有了感恩之心，所有的善意就这样兜兜转转地回到了善良的人身上。一位流浪老人拿着一个桃子送给了一位店主的孩子，只因为店主曾在流浪老人困难的时候救济了他一顿饭，现在流浪老人要拿出自己最好的东西回报对方，店主怎么推辞都不行，于是就把老人感恩行为的这一幕监控视频发到了网上。不久之后，老人的亲人寻着视频找了过来，原来老人是因为年老记忆衰退而从家里走失了两个多月。一位大爷开着拖拉机误认为五金店是超市，他想要买两瓶水喝，结果没有买到，旁边的小伙子看到后就从自己车里拿了两瓶水给他。半小时后大爷去而复返，用拖拉机上的水箱拉了一些水，然后用水枪把小伙子的汽车洗得干干净净。感恩就这样串联起了一个个的善意和美好，这就是"爱出者爱返，福往者福来"。

感恩既要针对发生在自己身上的结果，也要针对过程。2016年上海广播电视台和上海市卫生和计划生育委员会合作拍摄了一部医疗纪录片《人间世》，里面有一部分内容拍摄的是上海瑞金医院心脏外科和急诊室里发生的故事。在纪录片的第一集，24岁的邹磊因为庆生食用过多海鲜而出现海鲜中毒，上消化道出血，虽然医生尽了最大的努力（血袋从血库拿来时是由主治医生用胸口来温暖的），最终还是因抢救无效而死亡。几个月后的中秋节，病人家属给主治医生发来了一条短信："临床上会发生各种意外，现实总是很残酷，现在患者已经入土为安了，相信一切会好起来，感谢你们当时的救治，祝愿ICU的所有医护人员身体健康，中秋快乐。"这一条感恩短信，既体现了病人家属的善良之情，也道出了医生的辛勤之苦。

目前感恩越来越受到学术界的重视，一些心理学家分别从情感维度、人格品质维度等对这一概念进行了探讨。2015年的一项研究发现，常常表达感恩之情的夫妇会有很高的婚姻质量，也就是说，夫妻经常相互说"谢谢"是提高婚姻质量的一个好方法[1]。在这项研究中，468对夫妇对自己的婚姻质量进行了自我评估，研究者对夫妻间如何表达感恩之情进行了数据搜集。研究发现，当一方总倾向于对另一方提要求、唠叨或批评时，另一方通常会用回避、冷漠或对抗等进行回应，从而导致双方的交流逐渐减少。所有的夫妻都会有分歧和争论，尤其当夫妻双方面临很大的压力时，争论更会经常出现。这项研究的数据表明，婚姻关系到底是良好还是破裂并不在于夫妻双方争论的频率，而在于他们争论的方式及他们在日常生活中如何对待对方。如果双方在日常生活中经常互相表达感激，会显著降低离婚的可能性，而且如果在争论时进行感激表

---

[1]　Allen W. Barton, Ted G. Futris, Robert B. Nielsen (2015). Linking financial distress to marital quality: The intermediary roles of demand/withdraw and spousal gratitude expressions, Personal Relationships, 22(3):536-549. https://doi.org/10.1111/pere.12094.

达，会对克服重复性争论有正向作用。感激意味着一方感受到了对方所做的好事，也承认了对方的价值意义，这会直接影响双方对婚姻的感觉和承诺，继而影响双方对婚姻要持续下去的信念。

感恩能显著性提升人的幸福感，因而较高的感恩品质对人们生活幸福意义重大。如何提升人的感恩品质呢？目前积极心理学发现，至少有两种方法可以有效提升感恩品质。第一种是所谓的四步法：（1）个体首先回忆自己过去在哪些方面获得了他人的恩惠而没有感恩，并提醒自己要做一个有修养的人；（2）为这些还没有感恩的事情规划出一个详细的感恩计划，并仔细设想感恩之后所带来的好处；（3）为具体的感恩行动计划做好准备，并用详细计划去代替之前不想感恩的想法（如不好意思或怕麻烦等）；（4）把自己的感恩想法外显而采取实际行动。一旦完成了一个感恩行为，可以反思自己之前的感恩行为有哪些方面需要改进，然后继续寻找合适的机会进行感恩表达，从而使感恩行为成为一种习惯。第二种方法是经常把自己应该感恩的事件或人等记录下来。如每天睡前花5分钟回忆一下一天中发生的和自己有关的事情，特别是思考一下今天有哪些事情值得感恩，可以小声地表达自己的感恩，也可以写感恩日记，如果能长期坚持，会提升人们的感恩品质。

经常进行感恩练习是提升感恩品质的最好方法，这是因为人的心理会像人的身体一样产生练习效应。人体最奇妙的事情之一就是它有适应压力的弹性能力，人的骨骼、肌肉、肌腱、心脏和肺部会逐渐适应施加于身体的压力，也就是指如果你进行有挑战性的运动，你的身体将逐渐适应这种压力，从而确保将来进行相同运动时会感到轻松一些。反之，如果你曾经因大病卧床不起，或者因天气等原因而天天宅在家里，那么你可能会出现体能显著下降的情况，即你可能承受不了之前的运动量。如果人们一直保持相同的锻炼量，就一直能保持相同的健康收益，但不会增加新的健康收益，并最终达到一个稳定状态，这就是练习效应[1]。

────

① Mathias Ried-Larsen, Hugo M. Aarts, Michael J. Joyner(2017). Effects of strict prolonged bed rest on cardiorespiratory fitness: systematic review and meta-analysis. Journal of Applied Physiology. https://doi.org/10.1152/jApplphysiol.00415.2017.

积极教育：提升孩子乐商，成就优势品格

而且相关研究表明，只有对身体施加足够的刺激（运动压力）并允许它充分恢复时，才会出现训练效应。身体肌肉就是一个很好的例子，当你举起比平时重的重量时，肌肉中会出现微小的撕裂，训练结束后，身体会立即开始工作，以修复"损伤"并重建肌肉，从而使肌肉变得更加强壮，可以在将来更轻松地应对同样的压力。人的心理其实也是如此，需要以增加强度、延长练习时间或提升练习频率等来保持或提升相应的心理功能效果。

感恩练习可以提升一个人的幸福感，但对本身就很焦虑的人来说，感恩练习或感恩表达可能是一项困难的任务，如果焦虑的人被迫做感恩表达，可能起到相反的作用——进一步加剧焦虑症状。所以，对于那些本身有社交恐惧或焦虑等问题的人来说，相对容易进行的中性活动（如听古典音乐）会对他们更有好处，不过最好能在中性活动中激发他们期望自己在活动中更快乐的信心和愿望。一般来说，幸福是一种主观体验，个体参与活动的期望对幸福感的增加有很重要的影响，对轻松的事要有强烈的期望，而对劳心烦神的事则要有淡然的期望。

从目前心理学的研究来看，感恩更可能是一种学习而来的积极品质，需要人们通过一定的实践和经历来发展，也即人们从小就应该接受良好的感恩教育和感恩训练。从社会发展和进步的角度来看，感恩不仅是个体的一种私有品质，也是一种重要的社会品质。一个社会如果没有感恩，则是不可持续发展的。

三、希望和乐观（hope optimism）

希望和乐观都是针对未来的积极品质，在积极心理学领域中，希望和乐观的含义比较接近，功能也类似，本书中把它们作为同一个概念。一个对未来充满希望的人一定是一个乐观的人，同样一个乐观的人也一定会对未来充满希望。乐观指人们相信（期待）未来会有好的事情发生在自己身上，并觉得自己能掌控未来。乐观可以是一种情绪体验，但它更是一种人格特质，并且是一种重要的积极人格特质。乐观主要包括两种组成成分：第一种是人们追求的目标的价值。人们心目中通常都有很多未来目标（生活上的或工作上的），不同的目标具有不同的价值意义，越重要的目标，价值意义就越大。第二种是人们对未来能否达成目标的知觉。如果觉得自己能在未来达成一个重要的目标，就会表现出很强的乐观，而如果觉得只能达成一个不太重要的目标，则会产生小小的乐观；反之，如果觉得自己不可能达成目标，那就会表现出悲观。

乐观能显著提升各种人群应对问题和困难的能力，如中学生、大学生、职员、癌症病人、灾难幸存者、阿尔茨海默病患者等，相关内容可以参阅《积极心理学手册》（*Handbook of Positive Psychology*）第十七章"乐观主义"一文，从《积极心理学手册》中涉及的内容来看，乐观可能是人们应对生活压力的最有力的武器之一，有研究甚至还发现，乐观可能与智商较高有关联[①]。共440名被试完成了人格特质和幸福感水平等一系列测试，研究人员通过数据分析发现，当被试被要求完成一项有一定难度的任务时，具有较高智力水平的人在完成任务前和完成任务后都相对乐观，而且压力都较小并更加投入。到底是智商高的人更乐观还是乐观的人智商更高，这之间的关系还有待进一步研究。

2019年《美国医学会杂志》（*JAMA*）上的一项对近30万人的已有研究报告进行的元分析研究显示[②]，从乐观角度看待生活的人要比从悲观角度看待生活的人更有可能避免死于各种类型的心血管疾病，该研究的统计数据表明，与悲观者相比，乐观主义者的心脏并发症（如心脏死亡、中风或心脏病发）风险会降低35%。同年在《美国国家科学院院刊》上

积极教育：提升孩子乐商，成就优势品格

---

① Marcin Zajenkowski, Gerald Matthews(2019). Intellect and openness differentially predict affect: Perceived and objective cognitive ability contexts. Personality and Individual Differences, 137, 1-8. https://doi.org/10.1016/j.paid.2018.08.001.

② R Alan, B Chirag, LD Kubzansky, C Randy(2019). Association of Optimism With Cardiovascular Events and All-Cause Mortality: A Systematic Review and Meta-analysis. JAMA. https://doi.org/10.1001/jamanetworkopen.2019.12200.

也发表了一项类似的研究①，来自美国波士顿大学医学院和哈佛大学公共卫生学院的研究成员发现，乐观的人更有可能活得持久，并大大增加了实现超长寿命（85岁或以上）的机会。这项研究的结果基于69 744名女性和1 429名男性的追踪调查数据，其中女性被追踪调查了10年，而男性则被追踪调查了30年。两组被试在研究期间均多次完成相关的调查问卷，调查主要评估这些被试的乐观程度及他们的整体健康水平和健康习惯等（具体包括如饮食、吸烟和饮酒等习惯）。研究者根据研究最初的乐观水平对被试进行比较研究时发现，最乐观的男性和女性平均寿命延长了11%～15%（与平均值比）。如果以达到85岁为目标来看，这些被试达到的可能性比最不乐观人群提高了50%～70%。在这一研究过程中，研究人员控制了年龄、教育程度、慢性病、抑郁症等人口统计学方面的因素，同时控制了饮酒、运动、饮食和基本保健就诊水平等健康行为因素。

2020年10月22日，美国西北大学哈斯（Claudia Haase）副教授领导的研究团队在《心理科学》上发表了一篇研究论文②。研究发现，随着年龄的增长，积极乐观的人的记忆力下降的可能性更小。也就是说，保持积极乐观的生活态度或许可以帮助人们减少记忆衰退，从而避免患上老年痴呆症。通常来说，具有乐观品质的人一般会有更多的积极情绪体验，而具有悲观品质的人容易产生消极情绪体验。在此项研究中，研究团队对全美国各地991名中年人和老年人进行了长达9年的纵向追踪研究，在每次评估中，被试需要报告他们过去30天里经历的积极情绪体验等，并且要完成相应的记忆能力和乐观水平等测试。记忆能力测试包括在演讲后立即回忆单词（短时记忆）及15分钟后再次回忆（长时记

① LO Lee, P James, ES Zevon, ES Kim, LD Kubzansky(2019). Optimism is Associated with Exceptional Longevity in 2 Epidemiologic Cohorts of Men and Women. PNAS. https://doi.org/10.1073/pnas.1900712116.

② Emily F. Hittner, Jacquelyn E. Stephens, Nicholas A. Turiano, Denis Gerstorf, Margie E. Lachman, Claudia M. Haase(2020). Positive Affect Is Associated With Less Memory Decline: Evidence From a 9-Year Longitudinal Study. Psychological Science. https://doi.org/10.1177/0956797620953883.

忆）。研究结果表明，在控制了年龄、性别、受教育程度、抑郁、消极情绪和外向性等因素后，乐观的人有更多的积极情绪体验，而更多的积极情绪体验与更少的记忆衰退有关。这意味着一个人的性格和生活态度会深刻地影响着他的身体健康。有趣的是，2020年10月14日，美国加州大学旧金山分校的一些研究人员在《神经学》（*Neurology*）杂志上发表了一篇研究论文，表明性格冷漠的人更容易患老年痴呆症[①]，这反向印证了乐观的积极作用。研究者对2 000多人发放了调查问卷来评估其冷漠水平，同时研究者将冷漠与个体的抑郁及焦虑症等进行了有效区分。研究者先将被试分为低水平冷漠、中度冷漠和严重冷漠三组，随后利用基于痴呆症药物的使用信息和医疗记录等来确定被试是否患上痴呆症以及其记忆力和思维能力是否显著下降。研究者对被试进行了长达9年的追踪调查，最后发现有381名被试可能患上了痴呆症。数据显示，与低水平冷漠被试相比，非常冷漠的被试患痴呆症的风险明显增加。同样，在该研究开始时的相关分析也表明，冷漠的人与其记忆力和思维能力的下降直接相关。

乐观可能还是一种与高收入相关的人格特质。一项新的研究发现[②]，就平均收入来说，职场中的乐观主义者要比悲观主义者挣得更多。

悲观则会导致许多消极后果，2020年英国的一项研究发现消极悲观对人可能有很大的伤害。该研究共招募了292名经过纵向认知评估的成年人（55岁以上）[③]，其中113名被试接受淀粉样蛋白正电子发射断层扫描（简称淀粉样蛋白PET）和陶扫描（tau-PET，一种诊断阿尔茨海默病的扫描技术），另68名被试接受了淀粉样蛋白PET。所有被试均完成了消

① Meredith A. Bock, Amber Bahorik, Willa D. Brenowitz, Kristine Yaffe(2020). Apathy and risk of probable incident dementia among community-dwelling older adults, Neurology . https://doi.org/10.1212/WNL.0000000000010951.

② David de Meza, Christopher Dawson, Andrew Henley, G. Reza Arabsheibani(2019). Curb your enthusiasm: Optimistic entrepreneurs earn less, European Economic Review, 111, 53-69. https://doi.org/10.1016/j.euroecorev.2018.08.007.

③ Natalie L. Marchant, Lise R. Lovland, Rebecca Jones, et al. (2020). Repetitive negative thinking is associated with amyloid, tau, and cognitive decline. Alzheimer's & Dementia. https://doi.org/10.1002/alz.12116.

积极教育：提升孩子乐商，成就优势品格

极思想、焦虑和抑郁等测量问卷。结果显示，表现出较高水平消极思想的人在研究期间经历了更多的认知能力下降、记忆力下降，并且他们的淀粉样蛋白和陶蛋白沉积物的可能性更高（这是验证阿尔茨海默病风险的一个生理标志）。抑郁和焦虑与这些被试后期的认知能力下降相关，但与淀粉样蛋白或陶蛋白沉积无关，这表明抑郁和焦虑可能是导致阿尔茨海默病风险的主要原因。

另外，消极情绪容易让人产生不健康行为，如吸烟、酗酒等。由哈佛大学的一些跨学科专家或学者构成的研究小组启动了一项系列研究[1]，旨在探讨情绪和吸烟成瘾与复发吸烟行为之间的关系。第一项研究对一万多名被试进行了长达20年的跟踪调查，结果发现，被试自我报告的悲伤情绪与他们是否吸烟或在戒烟后重新吸烟存在相关关系，而且越悲伤的人越有可能是烟民或复吸者，而其他负性情绪与吸烟似乎并没有这样的相关关系。为了进一步区分是悲伤导致吸烟还是负性生活事件导致了吸烟，第二项和第三项研究对这一问题进行了专门的探讨，结果发现悲伤比中性情绪更容易激发被试想要吸烟的倾向，那些处在悲伤中的烟民也更难以忍受延迟吸烟，哪怕让他们选择忍受一段时间不吸而后能吸更多的烟也不行。第四项研究则选取真实的生活现象，对比不同情绪和实际吸烟行为之间的关系，结果发现，悲伤情绪的烟民比中性情绪的烟民更急于吸烟，并会吸入更多量的烟。从实际生活来看，尽管悲观的人会产生多种不同的消极情绪，但悲伤也是悲观主义者最常有的一种消极情绪。

当知道了乐观的好处和悲观的坏处之后，人们通常想知道有没有办法来使自己或他人变得更乐观，有没有办法消除已经有的悲观情绪。答案是肯定的。有关这方面的研究已经有很多，目前至少有三个问题得到了确证。

第一，消除悲观和培养乐观分别具有不同的机制。悲观消除之后，

① Charles A. Dorison, Ke Wang, Vaughan W. Rees, et al. (2020). Sadness, but not all negative emotions, heightens addictive substance use. PNAS. https://doi.org/10.1073/pnas.1909888116.

人并不会自然地就变得乐观起来。这意味着，即使是一个悲观的人，也会在努力用各种办法消除悲观品质的同时学习如何变得更乐观。

第二，乐观品质就像训练肌肉一样，通过一些简单的方法或训练就能得到提升。比如通过冥想等方式来锻炼大脑，可以让人变得更加乐观，从过去的实践来看，在几周的时间内，每天仅需30分钟的冥想练习就能在大脑中产生一些可测量的变化。一项发表在《心身医学》（*Psychosomatic Medicine*）的研究发现，冥想对健康人群减轻压力确实有很大的积极作用，这一研究以客观的皮质醇生理指标作为检测内容[①]。皮质醇是一种压力激素。通常，人们在生活中的压力越小，皮质醇就会越少；压力持续时间越长，皮质醇在人头发中积累的量就越多，所以人们头发中皮质醇的含量就能体现个体承受持续压力的程度。德国马克斯·普朗克人类认知和脑科学研究所的研究者为了测量被试在为期9个月的冥想训练期间的压力水平，分阶段测量了被试头发中皮质醇的含量。共3组80名被试参加了这一冥想研究实验，这些被试的练习时间长达9个月，每周练习6次，每次练习30分钟。最后的结果表明，与控制组被试相比，这些被试经过6个月的冥想训练，其头发中的皮质醇含量开始显著下降，平均下降了25%。由此可见，冥想训练的确能减轻人们在生活中所长期承受的压力。该研究所同时做了一个同类研究项目（使用了相同的被试样本），研究了冥想训练对于急性压力情况的影响，与测量头发中的皮质醇有所不同，这项研究测量的是被试唾液中的皮质醇变化，得出的结论也很令人振奋：冥想练习不仅可以减轻慢性压力，还可以改善急性（令人特别紧张的情境条件）压力状态。冥想有许多不同的种类，但其核心要素主要有四个方面：要有一个安静的地方（尽可能避免受到外在环境的干扰），要选择一个特别舒适的姿势（坐着、躺着、走着等任

① Puhlmann, Lara, Vrtička, Pascal, Linz, Roman, Stalder, Tobias, Kirschbaum, Clemens, Engert, Veronika, Singer, Tania(2021). Contemplative Mental Training Reduces Hair Glucocorticoid Levels in a Randomized Clinical Trial. Psychosomatic Medicine. https://doi.org/10.1097/PSY.0000000000000970.

何姿势都可以），要持续保持注意力焦点（注意一个特定的对象、一个词语或自己的呼吸等），要有一个开放的态度（对自己的想法不做任何评判，让思想自由来去）。

第三，不同于知识教育需要成熟期，乐观训练越早越好，甚至进行胎教时就可以训练。美国耶鲁大学的一项研究显示，当小鼠在鼠妈妈子宫里或出生不久后即接触到压力性激素，可能会出现终身免疫系统缺陷，对癌症的抵抗力会受到一定的损害，这一研究论文发表在2020年3月5日的《细胞》（*Cell*，世界顶级的生物学和医学学术杂志）上[①]。研究人员对在鼠妈妈子宫里的或出生不久的小鼠给予包含糖皮质激素的溶液，随后追踪它们一生的生理变化。糖皮质激素是一种自然产生的应激性激素，能缓解炎症。不管是对于婴儿还是对于成人，这种激素都是快速应对饥荒、暴力等危险环境的辅助工具。临床上，医生也会用糖皮质激素来治疗哮喘、过敏等免疫性疾病。研究人员发现，过早接触应激激素的小鼠出现了终身性的免疫系统的改变，这些小鼠成年后的抗细菌感染和抗肿瘤能力下降。从生理学角度来看，一个显著性变化是小鼠的T细胞活性降低。T细胞在免疫系统中扮演着对病原体和其他威胁做出反应的关键角色，是决定免疫能力的核心因素。

在行为层面，心理学研究还发现一种有效且简单的可以让人乐观、开心的方法，即在日常生活中经常有意识地微笑。2020年，来自澳大利亚南澳大学的研究人员发表在心理学权威期刊《实验心理学》（*Experimental Psychology*）杂志上的一项研究证明[②]：当你有意识地做出微笑动作时，你的这种面部肌肉运动可以欺骗大脑，让大脑感觉你很快乐，你也会因此而真的变得更加积极、快乐。在两项实验研究中，

① Jun Young Hong, Jaechul Lim, Fernando Carvalho, et al.(2020). Long-Term Programming of CD8 T Cell Immunity by Perinatal Exposure to Glucocorticoids. Cell. https://doi.org/10.1016/j.cell.2020.02.018.

② Fernando Marmolejo-Ramos, Aiko Murata, Kyoshiro Sasaki, et al.(2020). Your Face and Moves Seem Happier When I Smile. Experimental Psychology. https://doi.org/10.1027/1618-3169/a000470.

研究人员观察了当被试用牙齿横向咬住一支笔（空姐微笑训练时常用的一种方法，这是心理学实验中常用的一种诱导微笑行为的方式）时，用一种特殊设计的光点运动图像来判别被试的情绪及面部变形刺激。结果显示，当被试牙齿中含着笔时，与不含笔时的情况相比，前者更倾向于降低面部刺激中对快乐的感知阈值。在第二项实验中也得出了类似的结果，即与"不含笔"的情况相比，被试降低了他们对快乐的感知阈值，即一点刺激就可以让他们变得快乐。综合两项研究的结果可知，面部肌肉活动不仅会改变个体对面部表情的认知，还会改变自己身体的表达，从而产生积极的情绪体验。本项研究的通讯作者、南澳大学人类与人工智能首席研究员费南多·马莫莱霍-拉莫斯（Fernando Marmolejo-Ramos）博士说，这一发现对心理健康有重要启示，当肌肉告诉你你很快乐时，你更有可能以积极的方式看待周围的世界，当你有意识地迫使自己练习微笑时，大脑的情绪中心——杏仁核会受到刺激，从而释放神经递质，鼓励人们进入积极的情绪状态。所以，当你在日常生活中处于平静状态时，你最好微笑地看着这个世界的一切。

根据以往的研究，这个世界的大多数人都是乐观者，但如果一个人过分乐观也会带来一些问题，如盲目、忽视风险、容易一厢情愿等。研究发现，企业家最好不要太乐观，从世界范围内的调查数据来看，悲观的企业家通常比乐观者的收入要高出30%，而且创业更容易成功。创业并不是一件容易的事，不能像打工那样频繁地更换工作，创业失败后你可能会陷入很深的巨坑而很难再爬出去。因而，做一个乐观主义者对那些自己创业的人可能没有那么多好处，而有点悲观才是一种更有益于创业者的人格特质。

四、幽默（humor）

尽管幽默在古希腊时代并不被视作友好，但现代人已经把幽默看作一种积极品质。什么是幽默？幽默是一个复杂的概念，它在本质上是一种笑声，指用一种巧妙的方式让他人在笑声中理解喜怒哀乐等。幽默通常包括三个方面的内涵：第一，幽默指一种轻松、有趣乃至荒诞的刺激形式或方式，如玩笑、喜剧、脱口秀；第二，幽默指人们在心理上理解、创造或欣赏幽默的表现，如自嘲，能理解他人的幽默；第三，幽默指个人对他人的行为或言语进行幽默式反应或应对，如幽默地化解对方的责难。所以，幽默既包括认知成分，也包括情感成分。尽管多数时候幽默发生在人际交往的情境中，但它其实是个体的一种内在心理状态或特质，是人心理养生的一个重要调节器。

幽默不是嘲讽，两者在形式上看起来比较接近，但两者之间有一些最根本的区别。第一，内容上的区别。在涉及他人时，幽默常常以他人的优点或长处为主要内容，而对自己则以缺点或不足为主要内容（自嘲）。嘲讽正好相反，涉及他人时，嘲讽主要以他人的缺点或不足为主要内容，而对自己则极力赞美。第二，出发点不同。幽默必须保持善良的本意，幽默从动机、目的、手段、形式等方面都一定要尽可能体现善良。嘲讽带有恶意的动机或目的，是一种攻击他人或发泄自己的怨气等消极情绪的方式。例如，有的小品格调就不太高，以社会弱势群体、残障人士等为对象进行取笑，这就不是幽默，而是陷入了嘲讽。小品要成为一种善良艺术，在涉及不好的品质时应该以自己为对象，才真正体现了幽默的本质。

不过，幽默和嘲讽在表达方式上基本相同，主要有夸张（放大某一部分特点而出现出人意料的效果）、退化（故意模仿婴幼儿的行为，所谓的"假天真"）、比喻或借代（指用一种事物代替另一种事物）、谐音（故意用不同语义的同音字混淆）、一语双关（或正话反说等）、对比（突出差异而达到搞笑的效果）等，现在流行的脱口秀主要就是运用幽默来感染观众。

从已有的研究来看，幽默是人们应对生活压力的最有力的武器。压力是人们经常要面临的，它不仅让人身心疲惫，也让人容貌憔悴。哈佛大学的科学家首次发现压力真的可以让人头发变白[①]，这一变白的过程大概是这样发生的：压力激活了影响战斗或逃跑反应的这一部分神经（交感神经系统），从而对毛囊中的色素再生干细胞造成了永久性损害，头发的颜色随之发生改变。这项发表在《自然》杂志上的研究增进了科学家对压力如何影响人体的认知，参与这项研究的人员表示，压力的有害影响超出了人们的想象，一旦所有能再生色素的干细胞全部消失，人就无法再生成色素，这种损害是永久性的。幽默则可以化解压力，增强免疫系统的功能。研究发现[②]，被试观看幽默影片后会促进机体的分泌性免疫球蛋白A（SIgA）加速分泌，分泌性免疫球蛋白A被称为人们免疫系统的第一道防线，存在于黏膜组织，如消化道、呼吸道及泌尿生殖系统等，它是人体抵御外来病毒或细菌侵袭的中坚力量。

此外，幽默在疾病的恢复、延长人的寿命（中国有"笑一笑十年少，愁一愁白了头"的说法）、缓和人际关系紧张等多个方面均有正向作用。幽默通常主要发生在同层次的人之间的交流上，如同事之间，但如果一个人对上司也用幽默的方式进行交流会怎样呢？比如你夸张地对上司说："你今天工作还挺认真呢！""不会有人还没做完吧？！"等，你觉得会产生什么样的结果？2021年发表于《实验社会心理学杂志》（*Journal of Experimental Social Psychology*）的一项研究表明[③]，来自下属的适度讽刺与挖苦，作为一种幽默的表达方式居然能提高上司的责任感，进而减少上司以权谋私的行为，且这种方式对于道德认同感较弱的上司更有效。

研究者设置了一项相对较难的"远距离联想"测试任务，被试需要

积极教育：提升孩子乐商，成就优势品格

---

① Bing Zhang, Sai Ma, Inbal Rachmin, et al.(2020). Hyperactivation of sympathetic nerves drives depletion of melanocyte stem cells. Nature. https://doi.org/10.1038/s41586-020-1935-3.

② Dillon, K. M., Minchoff, B., & Baker, K. H.(1985). Positive emotional states and enhancement of the immune system. International Journal of Psychiatry in Medicine, 15, 13-17.

③ Gloor, J. L. P. (2021). Cheap talk? Follower sarcasm reduces leader overpay by increasing accountability. Journal of Experimental Social Psychology, 96, 104166. https://doi.org/doi.org/10.1016/j.jesp.2021.104166.

想出一个与其他三个给定单词都有关联的单词并分别组成合适的词语，如"white（白色）、scramble（爬动）和shell（壳）"这三个单词，关联词应该是egg（蛋），可以分别组成"egg white（蛋白）、scramble egg（炒蛋）和egg shell（蛋壳）"。在一分钟时间内，被试需要尽可能多地完成上述任务（最多15组）。与此同时，被试（扮演领导角色）还会看到一个虚拟的聊天室，聊天室内还有两名被试的员工。研究者设置了幽默（讽刺）组情境与控制组情境。

幽默组情境的操作：被试（领导）会在任务开始后45秒时看到员工2的消息："Hey, what does it take to be a leader around here? Apparently, it takes a lot of time."（做领导需要什么？显然需要很多时间。）用嘲笑的方式说明被试（领导）完成任务比较慢，员工1则会对此表示附和"Haha"（哈哈）。

控制组情境的操作：被试（领导）会在任务开始后45秒时看到员工2的消息："Time is running out. You almost finished, leader?"（时间快到了，领导，你差不多做完了吧？），员工1则会回答"15s"（还有15秒）。

被试在一分钟的任务时间后会被告知，由于时间限制，不会再进行第二轮任务了；他们接下来需要为自己以及员工1和员工2的最终报酬给出建议，默认报酬是之前任务中完成的每个正确答案可以得0.10，参与者需要以百分比给出增加或减少的幅度，如100表示增加100%，变为0.20。

从结果来看，幽默情境条件下的被试明显降低了给自己涨薪的幅度，尤其是对于道德认同感较低的被试来说，来自下属的幽默式会话让他们对自己的决定更加谨慎、更加负责。此外，尽管被试似乎遭到了下属的一点讽刺，但被试并未对手下的员工1和员工2做出惩罚（减薪）。这一个实验结果表明，幽默地与上司沟通会伴随较小的降薪风险，还能起到让人意想不到的效果，即似乎更能唤起上司心中的责任感。不过这个研究结果是以西方文化背景下的大学生为被试而得到的，在东方文化背景条件下不一定有同样的结果，因为东方文化相对强调上下有别，比较注重等级，比较忌讳以下犯上和阴阳怪气。

什么样的人幽默水平更高一点呢？如果你直接问一个人："你觉得你的幽默水平如何？" 94%的人会说自己的幽默水平处于中等或中等偏上水平，这样的结果确实有点幽默。不过，这也从另一个角度证明了幽默确实是一种积极品质，因为心理健康的人对于自己是否具有积极品质一直过于自信。通常来说，喜欢或欣赏幽默的人通常更幽默一点，而不会欣赏幽默的人，其幽默水平相对较低。研究发现，自尊心较强的人都喜欢与自己的坏心情做斗争，喜欢利用幽默喜剧、音乐或者运动等方式解脱自己；相反，自卑的人没有克服坏心情的动机，倾向于接受已经产生的悲伤。也就是说，自尊心较强的人，幽默能力相对更高一点。这项研究①涉及了近900名来自五项不同研究的被试，这些研究的核心结果表明，自尊心弱的人在心情不好的时候不倾向于让自己振作起来，只有47%的自尊心弱的人在心情不好的时候愿意选择看幽默喜剧视频，而自尊心强的人看幽默喜剧视频的比例为75%。所以如果你的自尊心不太强，那就要有意识地在心情不好时多逼自己去看一些幽默喜剧视频，好心情不会自动来，需要人们有意识地努力。

孩子在生活中或学习中表现出古精怪灵的幽默行为到底好不好呢？一项来自土耳其的研究探索了儿童的幽默感与智力之间的关系②。研究人员招募了217名平均年龄10岁的孩子，让这些孩子分别为10幅漫画各创作一个标题。7位专家对孩子们所命名的标题的趣味性和主题相关性进行评分，所有的被试在命名任务结束之后按要求完成了土耳其版的智力测试量表（ASIS）。研究结果显示，儿童在命名时的幽默感水平与其智力水平之间呈现高度的正相关，儿童的总体智商水平越高，其幽默水平

积极教育：提升孩子乐商，成就优势品格

---

① Heimpel, Sara A., Wood, Joanne V., Marshall, Margaret A., Brown, Jonathon D.(2002). Do people with low self-esteem really want to feel better? Self-esteem differences in motivation to repair negative moods. Journal of Personality and Social Psychology, 82(1), 128-147.

② Deniz Arslan, Ugur Sak, Nazmiye Nazli Atesgoz(2021). Are more humorous children more intelligent? A case from Turkish culture. HUMOR. https://doi.org/10.1515/humor-2021-0054.

越高，相关的数据统计分析显示，儿童的智力水平解释了儿童幽默能力差异的68%。具体对智商的各要素进行分析后发现，儿童智商水平所包含的语言能力、视觉空间能力和记忆能力等与幽默能力具有很高的相关性。也就是说，越幽默的孩子，其总的智商水平会越高，而且幽默的孩子更可能拥有较高的语言能力、视觉空间能力和记忆能力，同时伴有良好的类比和推理能力。

因此，家长或教育者如何对待孩子的幽默，特别是如何包容孩子带有幽默特征的一些古怪行为或想法，这些都需要好好探讨。

五、精神追求（spirituality）

精神追求（有时简称精神性）是指寻求生活意义。人们在生活中离不开各种物质条件，通常，物质越好或越多，人们就会越开心，但光有物质并不能让人真正幸福，真正的幸福还需要超越物质之上的意义感。许多人能坚守贫困，不为利益所动，这就是精神性的作用，精神性的本质就在于帮助人们获得意义感。所以精神性主要指超越自我、超越物质甚至超越本能的一种信仰力量，这种力量使人们的生活变得更有意义。精神性主要有两个核心内容。第一个是寻求，因而精神性一定是一个过程，是一个需要克服困难去寻求意义的过程，因而路径（或途径）在精神性中就很重要。第二个是追求的东西要有价值意义。什么是价值意义？许多人认为这个问题很空泛，其实你只要问一下你自己，你最想得到的是什么？金钱、权力抑或某种信仰？你正在为之努力的一般就是你的价值意义所在。

概括来说，精神追求一般具有三个明显特征。

第一，超越物质。精神追求不能依赖于物质，一定要超越物质本身。建立在物质基础上的精神追求一定不是真正的精神追求。比如，在使用功能、质量等完全相同的情况下，一些人喜欢购买更贵的产品，甚至会购买奢侈品，因为这些人期望购买奢侈品以提升自己的地位，使自己显得与众不同，从而增加自己的价值意义。比如，当身边站着一名身材壮硕（男性气质强）的男性时，男性消费者就会购买更贵的商品，并且这一效应在矮个子男性身上更为明显。对女性来说，只要有其他人在场，女性消费者对奢侈品的注意力就会显著增加，因为他人在场引发的激活状态增强了奢侈品的地位标志价值和情绪价值。

研究发现，来自收入不平等、收入差异较大地区的路易威登（louisvuitton，LV）和劳力士（rolex）的购买和使用频率更高[①]。在美国，在收入差距较大的州，排位靠前的40个在线查询中超过70%都是与地位有关的商品（如奢侈品、珠宝等），而在收入差距较小的州，排位靠前的40个在线查询中却没有一个与地位有关的商品。随着时代的变迁，奢侈品早已不限于珠宝服装，养娃、教育、健康等也成为奢侈品行列的一员。中国的某些地区目前也是如此，并不是经济越富裕的地区，贵族学校越多，而是收入差异越大的地区，贵族学校越盛行。实际上，奢侈品消费并不能真正提高人们的精神追求，奢侈品作为一种权贵地位的象征，有点不切实际，尤其在日常使用中会让人感到不真实（天啊，这样的东西居然要花这么多钱），而感觉不真实会让人感到更不自信、更不安心，并产生自我怀疑、羞愧和内疚等情绪体验。所以，购买和使用奢侈品的过程就不是一个精神追求的过程。

第二，要超越自我的利益。如果一个人（或一个机构）只是为了获得自己的利益（包括名声、地位、荣誉和物质等），无论他做出的行为多么善良，也不具有精神性。例如"摆拍"（做个样子给大家看看）利用人们的同情心大秀悲情主义，而实际上只是机构的一种利益营销方式。2019年，一则"七旬老人悬崖采药救罹患血癌的孙子，辛苦半月只够买一粒药"的新闻感动了许多人。这则新闻配上老人在陡峭悬崖采药的照片，报道了家住四川宜宾的73岁老人何元春，为了赚钱给罹患血癌的孙子买药，要经常上陡峭悬崖采一种特殊草药去卖，但半个月的采药钱只够给孙子换一粒药，人们看到这则新闻之后纷纷慷慨解囊，但后来人们发现这则新闻

① David Dubois, SungJin Jung, Nailya Ordabayeva(2020). The psychology of luxury consumption. Current Opinion in Psychology. https://doi.org/10.1016/j.copsyc.2020.07.011.

有很多不实之处，老人采药的照片是"摆拍"。制造这一新闻的幕后推手是一家名叫"上善关爱中心"的公益机构，这家公益机构策划了此次"悲情营销"，并收取了这次活动募集善款的10%作为管理费。

尽管这次摆拍是由公益机构策划的一次公益活动，但公益机构本质上还是为了获得一定的物质利益（10%的管理费），因而其正当性就受到了人们的质疑，更何况这次活动缺少了"真实"这一最可贵的元素。真实才有价值意义，真实才是精神追求的基础。故意夸大甚至编造故事也许能获得一点物质利益，但这种旨在追求自我利益的营销操作消耗和透支了精神追求的基础。

第三，精神追求具有一定的文化属性和环境属性。价值观既是私人的，也受社会文化的影响。精神追求在西方和宗教结合得比较紧密，有研究者认为这可以追溯至西方教会的影响[①]。研究者利用欧洲不同国家及不同文化背景的研究被试，综合分析了24种心理分析数据的结果及这些被试接触教会和亲族关系的记录等，发现西方教会通过促进小的核心家庭、弱化家庭关系及提高居住流动性等方式，培养出了更强大的个人主义、较少顺从及较多冷淡的亲社会行为。相关的研究论文发表在2019年的《科学》杂志上。精神追求在东方则主要扎根于集体主义传统文化，因而东方人的精神追求会更多地体现在集体方面（如为集体做了多少贡献或做出了多少牺牲等）。

在性别文化上，人们都会觉得男人应该不苟言笑、少有哀怨，女孩子总是期待自己的男朋友具有成熟、阳刚、坚强等特征，也即社会对男性的所有印象与期待都与"伤心"等词汇无关。这导致男性一旦出现了抑郁等情绪问题时就更不愿意去寻求健康专业人士的帮助，反而更可能以愤怒和自我损害的行为（如滥用药物）来应对自己情绪上的伤痛，因为人们会认为寻求专业的健康帮助行为比较女性化。当一名男性表现出心理问题或情

---

① Jonathan F. Schulz, Duman Bahrami-Rad, Jonathan P. Beauchamp, Joseph Henrich(2019). The Church, intensive kinship, and global psychological variation. Science. https://doi.org/10.1126/science.aau5141.

第四章 积极教育与积极品质（下）

绪问题时，即使他不去寻求任何帮助而且对自身的问题轻描淡写，人们对他的印象依然不怎么样，社会似乎觉得男性就不该有这种"情绪病"[①]。

除了文化外，地理环境也会对人产生一定的影响，所谓"一方水土养一方人"，即生长和居住的地理环境往往会在人的性格特质上留下某种特别的印记。美国的一项研究探索性地分析地形中的"多山性"（mountainousness）与大五人格特质（Big Five personality traits）之间的联系[②]。相关数据显示，相比非山地地区（包括平原地区和丘陵地区）的人们，山地人普遍有较低的随和性（agreeableness）、尽责性（conscientiousness）、外向性（extraversion）和神经质（neuroticism），但有着较高的经验开放性（openness to experience）。

怎样才能过上有意义的生活？之前人们都认为如果一个人的感觉（体验）好了，他的生活自然就会有意义，因而人们都将研究重点放在了情绪效价上，即希望通过研究人们的生活经历是积极的还是消极的来判断其生活意义。在收集了大量数据之后，人们发现积极情绪体验确实可以让生活有意义，但有些人在压力条件下（如起死回生）做出的一些改变或适应等也同样提升了生活意义，如有些人在经历了失恋后变得更懂事、更成熟了。这意味着有些时候人们的生活意义与积极事件、消极事件发生的频率或时间都呈正相关，同时与应对斗争与挑战的时间长度呈正相关。那么，意义是如何与积极体验和消极体验同时产生正向关联呢？

一项研究认为[③]，与生活意义关系更紧密的可能是那种令人难忘的深刻体验（类似于人本主义心理学创始人之一的马斯洛教授提出的高峰体

积极教育：提升孩子乐商，成就优势品格

---

① Li, T., & Gal, D(2021). The Marlboro men don't cry: Understanding the gendered perceptions of people seeking mental health care. Journal of Experimental Psychology: Applied. https://doi.org/10.1037/xap0000360.

② Friedrich M. Götz, Stefan Stieger, Samuel D. Gosling, Jeff Potter, Peter J. Rentfrow(2020). Physical topography is associated with human personality. Nature Human Behaviour. https://doi.org/10.1038/s41562-020-0930-x.

③ Roy Baumeister, Kathleen Vohs, Jennifer Aaker, Emily N. Garbinsky(2012). Some Key Differences between a Happy Life and a Meaningful Life. SSRN. https://doi.org/10.2139/ssrn.2168436.

验），这种体验既可以是积极体验，也可以是消极体验。也就是说，相对于一般的事件，那些让人极度快乐（新奇、舒适、温馨、敬仰等）或极度痛苦（难受、伤心、恐惧、厌恶等）的事件都有可能使人们的生活变得更有意义。他们随后开始检验这一假说。在研究中，他们收集了一些被试一生中情感波动最重大的生活事件，并且评估了这些人的人生意义与这些事件的关系。最后的结果和他们的预测一致，即最有人生意义的事件都是那些极度快乐或极度痛苦的经历。随后，他们还研究了这些事件为何会提升人生意义。结果发现，极端事件之所以更有意义，很大程度上是因为它不仅会造成强烈的情感体验，还会引发人们对自己生活的思考，而这种思考提升了人生意义。这些发现对人们理解生活有许多重要启示，特别是很好地解释了一些从表面上看十分令人费解的现象。例如，很多人主动放弃安逸的物质条件，以反享乐主义的方式行事，主动体验清贫、艰难和那些不愉快的事。这也能解释生活中的另外一些事，如有的人特别爱看恐怖电影，玩危险游戏，吃辛辣食物，体验惊险游乐设施和累到筋疲力尽等，其实这些极致体验也是人们寻找生活意义的重要途径。

尽管在医学上已经证明白酒是一级致癌物，但有些人还是爱喝白酒。很多人以为空虚的人才喝酒，其实喝酒可能是人们对抗空虚的、无意义的生活的一种手段（除了酒精成瘾外），人们喝酒时并不是享受酒的辣味，而是享受辣味所带来的极致体验（高峰体验），因为这种极致的辣味体验可以使人们从平淡无奇的生活中获得一些额外的刺激意义。这种观点有一定道理，一个人的人生故事和对自我的定义主要是由这些有极致体验的生活片段组成的，那些情绪波动最激烈的事件往往也最值得记录在人们的人生履历中。这些紧张经历带来的大量的深刻思考自然就增加了人们用这些经历定义自己的可能性。

能导致人生意义的事情通常具有三大公认的特征：目标性、事件的重要性和一致性。只有能成为生活目标的事件才会让人们的生活有意义，如想得到某个职位，不是生活目标的事件即使实现了也没有什么意义；很重要的事件才会让人们的生活有意义，那些对生活影响不大的事件很少能产生人生意义；一致性是指事件要和自己的特征具有同一性，并能清楚地区别于对方，如和自己的价值观相同，具有同一文化属性等。按照这个标准，敌意在一定程度上也能提供人生意义，如西班牙巴塞罗那足球队的球迷和皇家马德里足球队的球迷之间就有敌意，这种敌意提升了双方球迷的生活意义。巴塞罗那的球迷的目标就是在比赛中战胜对手，特别是要让对方折服（皇家马德里的球迷又何尝不是这样想的），并且认为在足球比赛中战胜对方很重要、很有价值。最后这种敌意可能令球迷产生一种简化的世界观——我们和他们，把具有同种价值观或认同感的人凝聚在一起。

人本主义心理学创始人马斯洛提出了一个概念——"高峰体验"，他将其描述为一种人们在自我实现时产生的极致体验，过去人们总是关注这种体验所带来的愉悦特性，其实高峰体验更可能是人们克服严峻挑战或挫折后的一种体验，如一个妈妈克服分娩时的痛苦生下孩子后而获得的高峰体验。所以从这个角度来说，人生意义应该由苦难（或悲伤等）和快乐（或喜悦等）共同书写。所以总是沉溺于追求享乐、舒服、快乐和开心反而有可能更为不幸，因为这样的生活经历会让人变得空虚而没有意义，人生的意义不能少了那些来自苦难的快乐，苦难才能印证人的生命力强大。人们都有一种追求平静安宁的生活的愿望，如喜欢正念、冥想等，当然，正念、冥想等对培养平和的内心、减少焦虑、改善抑郁和应对痛苦的确有一定的作用，但必要的苦难后的高峰体验或许更能定义我们是谁或者我们为什么活着。当年纪渐大，生命即将结束之际，回望自己的一生，人们究竟是会回忆起生活中那些平静安宁的时光还是那些最深刻的、体现了自己生命力激情的情感瞬间呢？

另外一些研究也从反面印证了人们需要通过一定的劳作或辛苦来提升自己人生的意义感。许多人辛辛苦苦工作了几十年之后，都或多或少畅想过惬意的退休生活，可以自由地享受午后的时光，也可以轻松漫步在夕阳下的沙滩上。不过，太过悠闲的退休生活也会带来潜在的健康风险：可能会使你的认知能力加速下降，增加患老年痴呆症的风险，尤其是对于女性来说[1]。这一结果是在分析了"中国健康与养老追踪调查"（CHARLS）这一项目搜集到的数据后得到的。这一调查涉及17 000多名年龄在45岁以上的被试，研究者对他们进行了长期追踪，分别多次测试了这些被试的认知能力、情境记忆能力和总的心理健康水平等，经过数据分析发现，在新农保（一般指新型农村社会养老保险）已经实施的地区，60岁及60岁以上被试的认知能力得分远远低于那些没有实施新农保地区的人，其即时记忆、延迟记忆和全面记忆能力的得分均显著落后于后者，认知能力也出现显著性下降。其中，延迟记忆能力下降通常被认为是老年痴呆症的重要预测指标，并且这一现象在女性中表现得更为明显，风险系数大约是男性的两倍。这一结果与2019年关于退休对美国、英国和欧盟地区老年人影响的一项研究结果基本相似[2]，都支持了脑力活动减少会加速人们认知能力下降的假设。

退休后过于悠闲，社会交往和社会互动明显减少，因而由各种交往压力、工作压力等所导致的深刻消极体验也几乎消失，人们也不需要进行脑力活动，不需要去认知新的事物，这反而可能会导致人们认知能力下降，并增加患痴呆症的风险。所以，社会应鼓励退休人员进行更多的社会互动，并鼓励他们像在职时那样用脑去进行思维活动，追寻生活意义是一种最好的用脑活动。思维活动和认知能力的关联也在其他大型研究中得到过印证。瑞典哥德堡大学2019年的一项长达44年的纵向研究表明[3]，中老年时期的思维活动和多种体育活动与痴呆症风险降低都单独相关，并建议老年人应从事五大类思维活动：智力游戏活动、艺术活动、手工活动、社团活动和宗教活动，这一研究同样发现，经常进行更多思维活动的女性患痴呆症和阿尔茨海默病的风险分别降低了34%和46%。

① Plamen Nikolov, Alan Adelman(2019). Do Pension Benefits Accelerate Cognitive Decline? Evidence from Rural China. IZA Discussion Papers. IZADPNo.12524.

② https://www.medscape.com/viewarticle/921239.

③ Najar, et al. (2019) Cognitive and physical activity and dementia: A 44-year longitudinal population study of women. Neurology. https://doi.org/10.1212/WNL.0000000000007021.

精神性和人们的认知有很大的关系，意义不会无缘无故地进入人们的大脑，认知才是产生意义的前提。孤独症是一种重要的心理问题，孤独的人对社会威胁更敏感，对社会威胁的思考更深刻，生活中人们一般会优先关注负面的社会信息，更多地记住社会事件的消极方面，持有更多消极的社会期望并更有可能以证实其消极期望的方式行事。研究发现，克服孤独最有效的方法是改变人们对社交场合的看法，这比提高社交技能、与更多的人相处甚至拥有更多的社会支持等更有效[①]。原因是孤独的人在认知上出了问题，这导致他们在社交时会感觉不好，从而建构了错误的生活意义。他们相信自己在社交时会让他人沮丧和失望，这种信念会影响与其交往的其他人，从而使自己容易陷入交往尴尬或不舒服，而这种消极体验又促使其变得更加谨慎，这样孤独就会一直延续下去。这一研究结果来自对数十年来有关孤独感的50项单独研究的元分析，这些研究中的被试涉及世界各地成千上万的人。

对于一件事，人们认为它是一个秘密，或者认为它就是一件普通的事时，其意义完全不同。科学家发现[②]，当人们知道了一个秘密但又不能说时，心理上会感受到无形的物理压力，人的知觉能力会相应地发生变化，如会觉得同一座山更陡峭，会觉得目标物离得更远，这就是意义感在其中起着作用。

在另一项有关认知影响意义感的研究中，研究者发现如果人们能每天记食物日记，其减去的体重是那些不记食物日记的人的两倍。也就是说，随机分成的两组愿意参加健康食物的被试，吃完全一样的食物，其中一组被试记下自己吃了什么（或在吃什么），竟然比那些不记食物日记的被试减去了两倍的体重。这是因为记食物日记有助于提高人们对食

积极教育：提升孩子乐商，成就优势品格

① Masi, C. M., Chen, H.-Y., Hawkley, L. C., & Cacioppo, J. T. (2011). A Meta-Analysis of Interventions to Reduce Loneliness. Personality and Social Psychology Review, 15(3), 219–266. https://doi.org/10.1177/1088868310377394.

② Slepian, Michael L., Masicampo, E. J., Toosi, Negin R., Ambady, Nalini(2012). The physical burdens of secrecy. Journal of Experimental Psychology: General. https://doi.org/10.1037/a0027598.

物摄入的自我意识。这一研究还发现一个有趣的规律：记的食物日记越多，越详细，体重就越有可能变得更轻。这项研究共涉及1 685名遵循富含水果和蔬菜的心脏健康饮食的被试[1]。

精神追求是一种信仰，要体现在意义上，而不是体现在某种形式上，也就是说信仰的是意义而不是信仰那些帮助你达到意义的手段（或方式），如果过于追求信仰手段就有可能违背精神性的本质。比如，手机就是一种工具，当人们对手机产生依赖（手机依赖本质上就是过于信仰手机这个工具）后，这种行为就变成了一种成瘾行为（也是一种迷狂行为）。手机成瘾已经成为一种重要的精神问题，人一旦形成手机依赖，如果远离了智能手机，就会出现恐慌、焦虑、压力和强迫感。研究人员对495名年龄在18～24岁的被试（其中女性259名，占52.3%；男性236名，占47.7%）进行了分析，并对这些被试远离手机时可能出现的心理症状进行了评估。经统计发现，所有被试均在使用手机，平均拥有手机6.4年；每天使用手机小于1小时的人只有4%，25.8%的被试每天使用手机的时间为1～4小时，35.8%的被试每天使用手机4～7小时，34.4%的被试每天使用手机7小时以上；被试使用手机的主要用途为社交网络（47.1%）、玩游戏（13.5%）、听音乐（14.1%）、了解新闻（10.8%）、刷博客（10.1%）和收发电子邮件（4.4%）。当远离手机时，这些人会因失去联系、无法交流、无法访问信息而感到恐慌、紧张、焦虑、气愤。该研究最后还提到，过度依赖手机还会对生理造成危害，每天将大量时间花在手机上的人，由于长时间保持相同的姿势，尤其是倾斜头部以看清屏幕内容，会给身体带来不适，可能会导致手臂、肩部疼痛和头痛，还会出现背部、颈部、手指、手腕和手臂肌肉骨骼等的损伤[2]。

---

[1] Jack F. Hollis, Christina M. Gullion, Victor J. Stevens, et al.(2008) Weight Loss During the Intensive Intervention Phase of the Weight-Loss Maintenance Trial. American Journal of Preventive Medicine, 35(2):118-126. https://doi.org/10.1016/j.amepre.2008.04.013.

[2] Soraia Gonçalves, Paulo Dias, Ana-Paula Correia(2020). Nomophobia and lifestyle: Smartphone use and its relationship to psychopathologies. Computers in Human Behavior Reports. https://doi.org/10.1016/j.chbr.2020.100025.

教育是一个圆，教育者与被教
育者终究会在圆的另一头重逢。

第五章 应对教育和品味教育

积极教育与传统教育的最大区别在于侧重点不同，积极教育把教育的重点放在培养或培育积极品质方面，这在一定程度上影响了积极教育的教育方式，其中品味教育就是积极教育最有特点和代表性的教育方式。

随着经济的发展（2020年中国的GDP总量已经超过了100万亿元人民币），中国社会已经进入了一个深度转型的新阶段，即中国需要有效提升国家治理的现代化水平，以使其能和高速发展的经济相平衡，提升民众的幸福感则是其中的一项重要任务。幸福是什么？从主观幸福感的视角来看，幸福由三个部分组成，即积极情绪、消极情绪和生活满意度。其中，积极情绪和消极情绪包含了个体对自身情绪状态的感受，属于主观幸福感的情感维度；而生活满意度是个体对自己生活状态的整体评估，是主观幸福感的认知维度。

因此，从主观幸福感的情感维度来说，提升幸福感（本章中"幸福感"一词主要指主观幸福感）一般有两种方式：第一种是降低或消除消极事件所带来的消极情绪体验，第二种是增强或扩大积极事件所带来的积极情绪体验。这意味着从情感维度来说，幸福感的提高可以通过"有升有降"的综合方法来实现。例如，在保持消极情绪体验不变的情况下，可以通过单独提高积极情绪体验来实现提升幸福感；而在积极情绪体验不变的情况下，人们也可以通过降低消极情绪体验来提高幸福感。当然，提升幸福感的最理想的方式是"既升又降"。心理学一般将降低或消除消极事件所带来的消极情绪体验的方法称为应对（coping）[1]，而把增强或扩大积极事件所带来的积极情绪体验的方法称为品味（savoring）[2]。

---

① Lazarus, R. S.(1966). Psychological stress and the coping process. Science, 156.

② Bryant (1989). A Four-Factor Model of Perceived Control: Avoiding, Coping, Obtaining, and Savoring. Journal of Personality, 57(4), 773–797.

第一节　应对与应对教育

　　人们在日常生活中会面临许多事件（主要指个体能知觉到的事件），如果简单地从效价角度对事件进行分类，可以将其分为积极事件（如升职、意外之喜、吃到可口的饭菜、迅速找到一个停车位等）和消极事件（如失恋、挨批评、想停车却找不到停车位等）。中性事件在实际情形中并不存在，而更可能只是一个理论中心点，这是因为人们知觉到一个发生的事件之后，通常会或多或少地产生喜欢或不喜欢的体验。比如下雨是一个中性事件，有的人可能享受雨水带来的空气清新，而有的人则认为雨水淋湿了路面，影响了自己的出行，前者在一定意义上体验到了积极，而后者则多多少少地把下雨当作了一个消极事件。为了更具有可操作性，心理学研究中人们一般通过个体经历（或将要经历）某一事件后的行为倾向来对该事件的性质进行判断，即一个事件已经发生（或将要发生）在某个个体身上，个体如果因此而对该事件产生了接近行为倾向，那么这个事件就是积极事件，反之如果个体产生了避开或攻击等行为倾向，那么该事件就是消极事件，所以同一个事件到底是否积极，一般因人而异，有时也会因时而异。

一、应对是生活的一个重要组成部分

　　积极事件通常让人产生积极情绪体验，消极事件则让人产生消极情绪体验，心理学中把处理消极事件而降低（或消除）消极情绪体验的过程称为应对。人们之所以要有效处理生活中的消极事件，是因为如果人们长期处于消极情绪体验中，就有可能出现各种身体问题或心理问题[1]，这在现代生活中已经成为一种常识。

　　人体在经历长期的负性情绪时通常有三个明显阶段。第一阶段是警觉阶段。面对因经历（或将经历）消极事件或压力事件而产生了负性情绪后，人体会自然地表现出特定的应对机制，其主要的生理特点是通过唤醒人体的自主神经系统而使体内肾上腺素分泌大量增加，以致出现心率加速、体温升高和肌肉弹性降低等症状。这时候人体的免疫系统也会产生大量的含有炎性特征的细胞因子。在人类漫长的进化史上，人体在对抗压力时所释放的炎性细胞因子是有好处的，其中所含的蛋白质有利于人体为对抗身体所受的攻击做好准备，并对所受的伤害及伤口在短期内愈合有好处。如果这种炎性细胞因子被长期释放（如长期体验到社交恐惧、忧虑或者无法克服被排挤的沮丧等消极情绪都会导致机体炎性细胞因子释放），人体内不断上升的炎性细胞因子水平会使身体开始出现不适，这一过程就是警觉阶段。第二阶段是反抗阶段。为了对抗或抑制身体的这种亚健康或非健康状态，人体必须产生进一步的应激反应，也就是分泌更多的肾上腺素等，而肾上腺素等长期且大量地分泌则会造成生理性损害，使血压产生波动，心脏负荷加重等。长此以往，身体机能逐渐衰弱，体质下降，抗病能力也随之减弱。第三阶段是耗尽阶段。人体原本储存的能量因长期过度使用而基本耗竭，进而免疫功能出现失调，这大大降低了对人体突变细胞的免疫监视作用而导致疾病（如癌症等）的发生。所以，有些癌症并非完全是由基因或外在的各种致癌物引起的，人的情绪也是一个值得引起高度重视的致癌因素，过多的消极情绪体验就是一种致癌风险。

　　另外，更有研究发现消极事件还能影响人们的认知[2]，研究发现，

①　Slavich, G. M. (2016). Life Stress and Health: A Review of Conceptual Issues and Recent Findings. Teaching Of Psychology(Columbia, Mo.), 43(4), 346-355.

②　Baumeister R F, Twenge J M, Nuss C K.(2002). Effects of social exclusion on cognitive processes: anticipated aloneness reduces intelligent thought. Journal of Personality and Social Psychology, 83(4):817-27.

一个人如果长期受到社会排斥（socially rejected），其有效智商有可能大大降低。这一研究具体包括三项相关的实验，如在一项实验中，所有被试都接受了一项人格测试，然后其中的一半人（随机分组）被有意识地告知，测试表明他们最终会孤独（被社会排斥）地生活，之后这些人接受了智商测试并得到相应的分数。这一研究结果表明，当人们被告知自己很可能会孤独地生活在这个世界上之后，其认知能力就会出现显著性下降，具体来说分析推理能力下降了30%左右，而智商得分则下降了25%。心理学家对此的解释是：社会排斥是一种威胁性的、厌恶性的事件，是一种典型的消极事件，人们要努力应对自己生活中的消极事件并努力抑制所产生的痛苦情绪，就会导致自己的认知执行功能下降。换句话说，智力的发展更可能是为了支持和促进个体的发展，而不是为了弥补个体已有的缺点或不足，即如果个体出现了问题，个体的智力也会因此下降。

类似的结果在另外的研究中也得到了证实，研究者发现如果个体在生命早期如果持续受到虐待或创伤等消极事件，其智商会降低。儿童在生命早期如果在身体上受到虐待或创伤，在情感上总被忽视或总是目睹家庭暴力，他们的智商和正常儿童相比平均降低了7分，这是因为人的大脑在早期发展过程中非常敏感，人生早期反复出现的创伤和逆境会影响大脑的结构和相应的回路。这一结论来自针对美国明尼苏达州206名美国儿童及其家长的纵向研究[①]，这项研究始于1975年，从孩子出生时，研究者就对他们进行了跟踪，每年定期对孩子和其母亲进行评估和面谈，并对孩子进行智商测试。最终的结果表明，在控制了其他一些危险因素之后，幼儿期经受虐待和目睹家庭暴力会对其认知发展存在显著和持久的影响。

总的来说，儿童受虐待的现象比较常见，尤其是孩子因学业成绩不

---

① Bosquet Enlow M, Egeland B, Blood EA, et al. (2011). Interpersonal trauma exposure and cognitive development in children to age 8 years: a longitudinal study. Journal of Epidemiology Community Health, 2012;66:1005-1010. http://dx.doi.org/10.1136/jech-2011-200727.

良而遭受虐待的情况更是多发。殊不知，儿童越是受到虐待，其认知就会越差，通俗地说，儿童越被打，其成绩反而会越差。美国佛罗里达大学的研究人员调查了2015～2016学年佛罗里达州共67个学校发放成绩单的日子和儿童受虐待的相关情况（防止虐待儿童专线接到的投诉且经儿童福利当局证实的虐待案件共将近2 000起）[①]，受害儿童年龄从5岁到11岁不等。结果显示，星期五发成绩单后，次日（星期六）防止虐待儿童专线接到的儿童骨折、烧伤和其他虐待投诉会增多，平均每10万个儿童中有0.6起虐待案，相比之下其他时期的星期六只有不到0.2起虐待案，高了3倍。报道还称，在一周中的其他日子并未发现成绩单与虐待事件有显著相关的情况。研究者说，一些父母如果对孩子在学校的成绩不满意，就会体罚孩子，因为孩子星期六不必去上学，体罚就有可能升级成虐待。按照规定，美国学校的老师如果发现学生可能受到了虐待，就必须通报有关当局，家长会因此受到惩罚。所以专家建议中小学改变发放成绩单的日子，这样或许可以减少一些虐待儿童事件的发生，但这种改变发放成绩单的时间的建议在本质上无助于解决"社会普遍接受父母可以打骂孩子"这一问题。

消极事件通常会让人感受到压力，而压力对人们大脑的影响相当惊人，研究证实[②]，压力会使人的大脑发生萎缩。当人们受到消极事件（如威胁）的影响而感受到压力（如产生害怕等消极情绪）时，人们身体中的皮质醇水平就会上升，皮质醇也叫作"压力荷尔蒙"。成年人的皮质醇水平越高，其在记忆力测试中的表现就比那些皮质醇处于平均水平的人更差。这项研究涉及2 231名被试，研究者对这些被试进行了皮质醇水平测试和脑部扫描。结果发现，皮质醇水平较高的人的大脑体积较小，记忆力较差，但这一研究中并没有发现有人出现认知痴呆的现象。皮质

---

① https://baijiahao.baidu.com/s?id=1620168484586412886&wfr=spider&for=pc.

② Justin B. Echouffo-Tcheugui, Sarah C. Conner, Jayandra J. Himali, Pauline Maillard, Charles S. DeCarli, Alexa S. Beiser, Ramachandran S. Vasan, Sudha Seshadri(2018). Circulating cortisol and cognitive and structural brain measures. Neurology, 91(21):1961-1970. DOI: https://doi.org/10.1212/WNL.0000000000006549.

醇是一种在人体内随压力水平升高而升高的激素，能影响人多个方面的功能。如今，人们的生活节奏越来越快，人们所面临的压力自然就越来越大，皮质醇水平也就越来越高，因此充分研究激素水平对大脑的影响就很重要。这一研究令人们坚信了一个早已为人所熟知的观点——任何时候都要注意减轻压力，不然你会越来越笨。

因此，人们必须学会如何处理生活中的消极事件，从而降低或消除消极情绪体验，这一过程也就是所谓的应对。尽管应对这一概念在心理学中出现得比较早，但不同的心理学家对应对有着不同的理解，如拉扎鲁斯（Lazarus, R. S.）等将应对定义为个体面对内在或外在压力时所采取的认知活动和行为[1]；斯金纳（Skinner, E. A）等人则认为应对是在面对心理压力时，个体动员、指导、改变自我行为、情绪和动机倾向的过程[2]；艾森伯格（Eisenberg, N.）等人则从情绪调节角度来理解应对，认为应对需要关注自我情绪并进行认知和行为上的调节，是一种情绪调节方式[3]。尽管不同的学者对应对的理解的侧重点不一样，但人们还是可以从这些论述中找到一些共同的东西。例如，应对是个体在面对某一消极事件（压力源）带来的威胁、伤害或损失时所做出的反应，这种反应的目的是降低（或消除）消极事件所带来的消极情绪体验。

二、应对教育与应对策略

从需要概念的角度来说，消极事件是指个体的需求没有得到满足，因而消极事件就会让个体在心理上产生一种压力和紧张感，并使个体处

---

① Lazarus, R. S., Folkman, S. (1984). Stress Appraisal and Coping (pp. 171-171). New York, NY: Springer New York.

② Skinner, E. A., & Wellborn, J. G.(1994). Coping during childhood and adolescence: A motivational perspective. Life-span development and behavior, 12, 91-133.

③ Eisenberg, N., Fabes, R. A., Shepard, S. A., Murphy, B. C., Guthrie, I. K., Jones, S., Maszk, P.(1997). Contemporaneous and longitudinal prediction of children's social functioning from regulation and emotionality. Child Development, 68(4), 642-664.

于消极情绪体验之中。应对教育就是指以消除个体的压力和紧张感等问题为目标的教育，其核心在于让个体学会一些有效的处理办法或措施，从而让消极事件尽快在头脑中不再有任何印记。所以，应对教育主要以问题为中心，以学习应对策略为主要内容，一切教育措施基本上都根据问题出现的时间、地点，所涉及的内容等进行选择。应对教育是完整教育不可或缺的一个组成部分，更是孩子健康成长的一个重要保证。当一个人面对消极事件时究竟该如何处理呢？这就是应对策略，从一定意义上说，应对策略既是应对教育的技术所在，也是应对教育的重点。根据已有研究和相关的心理学原理，应对策略大致可分为以下八类。

1. 直接解决所面临的问题

人们针对消极事件本身进行分析，千方百计寻找出现问题的原因，然后根据原因去解决相应的问题，使问题不再是一个问题。如一个人考试不及格之后，在老师、家长和同学等人的帮助下分析自己为什么会出现考试不及格，分析后发现，造成考试不及格的原因是学习方法不对，然后通过改变之前的学习方法提高自己的成绩。这种策略是人们生活中最常用的，它针对问题本身，出现了问题就想办法解决问题，因而这也是最有效的策略。这就如人们患病之后找到了相应的病因，然后用相应的药物或手术消除病症。生活中并不是所有的问题都能得到解决，人们还需要更多的应对策略。

2. 寻找与问题相关的更多信息

有时候人们并不太容易解决，或者没有办法直接解决消极事件，那么人们就可以通过寻找有关这一问题的更多信息，特别是寻找一些对当事人自身有利的信息，从而弱化消极事件对当事人造成的影响。假如你高考失利了，你当然会难过，这时候你就可以寻找更多的信息来帮你渡过这一难关。例如，你会发现受更高的教育并不意味着一切都好。《美国国家科学院院报》2017年1月31日发表的一项研究表明，人类在过去的80年间，那些与追求高等教育相关的基因一直将自己剔除人类基因库，即受高等教育越多的人，越不愿意生育孩子。来自冰岛的一家遗传公司的研究者分析了129 808名当地土著居民的基因组，试图找到使人们倾向于获取更长时间教育的遗传标记。研究团队着眼于这些居民（全部出生于1910～1990年）的出生率并对每个人的基因组进行了测序。结果发现，与教育相关的基因可以在生物学水平上影响人们的后代数量，这些与教育相关基因的携带者与非携带者相比拥有的子女更少，即便这些人具有相同的教育层次也出现了这一现象，即读书越多的人越少生孩子，而这居然受基因的影响。

再如，如果你因为竞争失败而没有获得升职，你同样可以通过寻找更多的信息来帮助自己应对。美国加州大学伯克利分校的凯尔特纳教授的研究发现，权力会让被试变得更加冲动，具有更低的风险意识，而且更不会从别人的角度或观点看问题。研究者做了一项有趣的实验，要求被试在自己的额头上写一个英文字母"E"，结果发现拥有权力的人更容易写成一个左右相反的"E"，即外人看到的是一个反的"E"，而他自己心目中则是一个正确的"E"（如果以中国被试来做实验，可以让被试在自己额头上写一个"人"字，看看他写的到底是"人"字还是"人"字）。这一结果说明权力使人更容易以自己为中心而不太考虑他人的立场或角度。加拿大麦克马斯特大学的神经科学家奥博海也在磁共振成像研究中发现，权力能导致人的大脑出现损伤，领导者通常会因权力而失去一种能力——共情能力（设身处地为他人考虑的能力）。所以权力包含一些的副作用，如使人陶醉、腐败、高估自己、忽视风险、过分以自我为中心。

心理学上更有一个简单的小实验来证实权力的负作用，事先随机把一群被试分成A和B两组。A组先回忆自己说了算的场景（启动权力意识），B组回忆大家协商的情境（启动非权力意识）。然后研究者让所有被试观看一个人用手挤压一个橡皮球的视频，同时扫描这些被试的大脑。结果发现B组被试的镜像神经元工作正常，他们大脑中做挤压球动作的相关区域有强烈的活动，而A组被试的大脑区域则没有反应。这说明哪怕仅仅用回忆唤醒了人的权力感，也能妨碍人随后的共情能力，所以权力在一定程度上就像恋爱一样，有时会使人失去理性。

当然，寻找更多信息不是用虚假信息来欺骗自己，你所寻找的信息一定是科学的信息（有充分的实证），不是道听途说的消息，更不是所谓的"吃不到葡萄就说葡萄酸"。

3. 对事件进行回避

对事件进行回避即有意识地回避或远离消极事件本身或与消极事件相关的人、物、地点等，如失恋了之后把对方所有的联系方式都删掉，将有关的物品都清除掉等。当人们远离某种东西一段时间后，这一事件就会从人们的意识中逐渐淡出，从而不再对人们的生活产生影响。有意回避的一个好方法是主动参加体育运动（最好是相对剧烈的运动），运动可以把人的注意力从原来的关注点转移到所从事的运动上，还可以有效消耗人的精力，使人变得疲惫而容易入睡。任何时候，只要你能睡好觉，那么你所面临的焦虑或压力等问题基本上都不会对你产生太大的影响。从一定意义上说，良好的睡眠是应对心理压力等问题的最好良药。美国加州大学伯克利分校的一项研究首次提出深度睡眠可以重塑和改造人类的焦虑情绪，该文章发表在2019年11月4日的《自然·人类行为》上，这是迄今为止有关睡眠和焦虑之间最紧密的神经关联方面的研究之一。研究人员发现，人只要有整晚的优质睡眠就能稳定自己的焦虑情绪，而一个不眠之夜则会导致焦虑上升30%左右，最容易让焦虑的大脑平静下来并得到调整的是深度睡眠，也称为非快速眼动慢波睡眠。人在这种状态下，神经振荡变得高度同步，心率和血压都有一定程度的下降，这个时期身体内免疫物质释放最多，机体免疫力提高，身体防病、抗病、康复疾病的能力得到增强，因而深度睡眠是一种天然的焦虑抑制剂和强健身体的助推剂。

不仅如此，研究发现，午睡也有积极作用。来自上海交通大学医学院、上海市精神卫生中心和安徽省芜湖市第四人民医院等机构的研究人员对来自北京、上海、合肥、南昌、西安和杭州等地区的2 214名被试进行了随访研究①。被试的年龄为60岁及60岁以上，加入研究时身体健康，而且没有精神病史或其他可能影响认知功能的疾病。研究开始时，研究人员统计了被试的性别、年龄、教育程度、夜间睡眠时间、午睡（午餐后、不少于5分钟）的时间与频率、糖尿病和高血压病史等信息，并通过简易智力状态检查量表（MMSE）、蒙特利尔认知评估量表（MoCA）和中文版成套神经心理测验（NTB）对被试认知功能进行了评估，包括定向、记忆、注意力、计算、命名、抽象、语言功能和视觉空间等。研究发现有午睡习惯的被试在MMSE定向力（9.28 vs 9.01）、MMSE语言功能（7.27 vs 7.06）、MMSE总得分（25.30 vs 24.56）、MoCA定向（5.55 vs 5.41）、NTB数字广度（13.24 vs 12.48）及NTB语言流利度（24.35 vs 23.23）等方面的评分存在显著的差异，都要高于那些没有午睡习惯的被试，这也意味着有午睡习惯的被试在定向力和语言功能等认知功能方面较好。这一研究只是观察性的相关研究，并不意味着两者之间的因果关系，因而还不能确定午睡是否可以帮助预防痴呆症或其他类型的认知能力下降。不过，总的来说，午睡通常对人们的心理和生理健康有益，一般而言，充足的睡眠和休息对保持身体健康至关重要。研究人员同时提醒人们，午睡不要睡太久，更不能赖床，午睡的实际睡眠时长最好控制在20分钟左右，如果午睡时长超过30分钟/天，且这样的情形一周有4次或4次以上，反而有可能造成身体的免疫功能下降，这或者与身体出现健康问题有关。哈佛大学医学院领衔的一支研究团队经过研究后发现，频繁午睡与较高的舒张压、收缩压和腰围具有潜在的因果关系，尽管导致这种关系的机制仍不清楚，但研究人员认为，这可能与午睡对夜间睡眠质量的有害影响及午睡后短暂夜间血压升高相关的慢性影响有关。为什么有人午睡会睡很久呢？研究表明遗传变异可能是造成个体之间午睡偏

---

① Han Cai, Ning Su, Wei Li, Xia Li, Shifu Xiao, Lin Sun.(2021). Relationship between afternoon nApping and cognitive function in the ageing Chinese population. General Psychiatry. https://doi.org/10.1136/gpsych-2020-100361.

好差异的重要原因①。参与这项研究的哈佛医学院基因组医学中心的汉森博士说，这项研究表明白天午睡是由生理因素驱动的，而不仅仅是一种环境或行为选择。

4. 寻求支持

寻求支持意指从他人（如老师、家人、朋友或专家等）或书本上寻求物质或心理等方面的支持，这些支持既体现在认知（如出主意、提供建议和资料信息等）方面，也体现在情感（如移情和同情等）上。社会支持是生活的止痛剂，更是个体坚强的一个最重要条件，因为它为个体战胜困难或问题提供了更多的资源。

不过，有一个问题需要注意，即这种支持不应该以故意隐瞒或弱化困难或问题的方式出现或进行，特别是在学校教育或家庭教育中，孩子碰到问题后会主动向家长或老师寻求支持，而许多成年人则会用欺骗的方式来回应孩子的请求。事实上，孩子弄清楚困难之后更有可能克服困难。例如，有些小孩害怕打针，会向家长寻求支持，有些家长就会欺骗孩子，说："打针一点都不疼。"这种欺骗反而有可能导致孩子对打针产生更大的恐惧。在一项有关262名肥胖人群的减肥研究中②，研究者发现当其中一些被试被提醒减肥是多么具有挑战性、多么困难时，这些被试反而会表现出更强的自我控制。研究中一部分被试被告知说："人们的自控力一般很弱，而外在的诱惑力太强，所以减肥会很困难。"结果发现这种实事求是反而使这些被试在脑海里出现了要反对这一论断的声音，这部分被试在减肥过程中所表现出来的自控力要远远大于研究中的其他被试。

---

① Hassan S. Dashti, Iyas Daghlas, et al.(2021). Genetic determinants of daytime nApping and effects on cardiometabolic health. Nature Communications. https://doi.org/10.1038/s41467-020-20585-3.

② Michael R Lowe, Meghan L Butryn, Fengqing Zhang (2018). Evaluation of meal replacements and a home food environment intervention for long-term weight loss: a randomized controlled trial. The American Journal of Clinical Nutrition, Volume 107, Issue 1, 1 January 2018, Pages 12–19. https://doi.org/10.1093/ajcn/nqx005.

5. 远离社交

有些人在经受消极事件时会在一段时间里故意封闭自己，主动远离社交，即所谓的"我想静静"，这也是一种应对策略。这一策略和前文的寻求支持策略似乎有一点冲突，但实际上远离社交的人也有可能寻求社会支持（如可以从书上寻求支持）。总的来说，这一策略的核心在于当事人通过减少外在刺激来停止自己的胡思乱想，不让外界的风吹草动来扰乱自己的内心。当人停止胡思乱想后，安静的大脑就会给人带来宁静的体验。

在使用这一策略时，有一个问题应特别注意，有些人在远离社交的同时会用酒精等来麻痹自己，甚至故意伤害自己等，这些都是不对的。一些影视作品或小说有用酒精来帮助人们度过艰难时刻的情节，失恋了喝酒，失败了喝酒，失业了还喝酒，似乎让人觉得酒是应对消极事件的"神物"，这其实大错特错。酒对人的身体不友好，这在科学研究中早已经有了定论。更有研究发现，饮酒过量（包括酗酒）还与智商低下有关，这一结论来自对1969～1971年征兵期间对服兵役的49 321名瑞典男子的研究[1]。研究结果显示，在瑞典青少年男性中，智商越低的人，喝酒越多，也越有可能暴饮暴食。这项研究并不意味着智商与酒精摄入之间存在确切的因果联系，因为较低的智商可能与较低的社会地位和较高的情绪问题有关，而这两者都有可能导致较高的酒精摄入。针对这项研究结果也许可以给出这样一个合理的解释：较高的认知能力（高智商）增强了人们做出健康生活方式选择的可能性。

喝酒不仅伤害人的身体，还会影响人的心理，人们在喝多酒后的第二天通常会产生一种所谓的"醉酒后失落"，也称为"醉酒后疑虑"。

积极教育：提升孩子乐商，成就优势品格

---

[1] Sara Sjölund, Tomas Hemmingsson, Peter Allebeck(2014). IQ and Level of Alcohol Consumption—Findings from a National Survey of Swedish Conscripts. Alcoholism: Clinical and Experimental Research, 39(3): 548-555. https://doi.org/10.1111/acer.12656.

有研究显示①，有些人（尤其是比较容易害羞的人）在喝酒结束后的第二天清醒时会非常焦虑，这种焦虑几乎和剧烈的头痛及不舒服的胃一样总时不时地隐约出现。你的脑子总是不断地重放前一天晚上喝酒时能记住的情形，你的大脑会加速思考：自己当时说了什么尴尬的话吗？冒犯了谁吗？朋友现在恨自己吗？这一现象是由宿醉后的难受和极度焦虑造成的。对有些人来说，这些疑虑只是转瞬即逝的、不愉快的小插曲，但对另外一些人来说，这些乱七八糟的想法会让他们产生后悔、紧张、怀疑等情绪，从而影响正常生活。许多人喝酒是为了缓解社交场合的焦虑和建立友谊，但这项研究表明，"醉酒后失落"反而可能会在第二天产生相反的效果，人们会因昨晚的酒后行为产生更多的焦虑。

6. 接受并感到无助

"躺平"这个词一度比较流行，这个词虽是一个网络用语，但它其实就是对接受并感到无助策略的一种形象解释。"躺平"在心理学专业术语中一般被称为无助感，意即无论他人做出什么行为、反应或成就等，自己内心都无所谓，不会做出任何努力或反抗，总是对外在压力表示无可奈何，顺从并接受。"躺平"一词特别形象，就像一个人平躺在地上，对自己现在的状态完全接受，不再有任何雄心壮志，也不再想通过任何努力来取得任何成就或成功。"躺平"似乎是个体的妥协、放弃或不作为，但其实是个体选择了以无所作为的方式来应对外在压力。

人为什么会"躺平"（有无助感）呢？"躺平"其实有两种情形。第一种情形是被动"躺平"，指个体经历了反复多次的挫折或失败（当然也有少部分人只需要经历一次失败，人生经历本身就是一种学习）之后，逐渐形成了一种对失败的发生觉得无可奈何的心理，即自己觉得再怎么努力也没有用，失败是一定会发生的，所以就选择就地"躺平"，

---

① Beth Marsh, Molly Carlyle,& Emily Carter, et al.(2019). Shyness, alcohol use disorders and 'hangxiety': A naturalistic study of social drinkers. Personality and Individual Differences, 139(1):13-18. https://doi.org/10.1016/j.paid.2018.10.034.

不再去做徒劳的努力，心理学上把这种情形称为习得性无助，即过去的失败经历让其学习到了无可奈何的心理。第二种情形是主动"躺平"，个体自身并没有经历太多的失败和挫折，但由于他目睹了周围人的失败，特别是目睹了能力等各方面条件与他自己差不多的人总是屡屡碰壁或处处失败后，便有意识地主动"躺平"。主动"躺平"的过程实际上是观察学习和替代强化的过程。观察学习最初由出生于加拿大的美国心理学家阿尔伯特·班杜拉（Albert Bandura）提出，指人们无须亲身体验或无须亲自做出反应，只要观察他人的行为和结果便可以完成自身的学习过程。

"躺平"在本质上主要是因为个体觉得自己对生活缺乏控制感，即觉得自己的努力并不会起作用，因而就没有了行动的动力。一般来说，人的行为动力主要由两个因素决定，一个是外在的诱因（如尽管晚饭已经吃饱了，但由于蛋糕实在香甜诱人，便又忍不住吃了一些；尽管自己不想学习，但由于教课的老师教得实在太好而不知不觉学会了），另一个是内在的需求（指个体缺失并有想要得到的内驱力，如知道自己的不足而想要学习，饿了想吃饭等）。所以"躺平"既可以是因为外在的刺激实在不具有诱惑力（如枯燥、乏味和无聊的刺激）而形成的，也可以是个体有意地降低了自身的需求（我就是真心喜欢过清净淡泊而简单的生活）而形成的，或者两者兼而有之，因而在生活中要针对不同的人进行不同的分析。

"躺平"最大的原因是个体所经历（或看到）的失败（失败主要指人的需求没有得到满足，是一种主要的生活压力），但失败的经历并不必然导致人们"躺平"。人们可以从失败中学到坚强，比如恋爱分手确实是痛苦的，但从实际情况来看，大多数人（这个世界上绝大多数人都失恋过）都从这种失败中恢复过来了，许多人甚至还从中获得了力量。有关爱情心理学方面的研究发现，从恋爱分手失败中恢复过来大概需要一年的时间。研究结果显示，持续一年或一年以上的恋爱关系分手后一般会对个体的自尊造成一种伤害，但自尊的下降只是暂时的，多数人的自尊可以在一年后恢复。特别是如果个体倾向于在经历分手后主动关注或报告自己的积极变化，比如获得内在的力量和成熟，或者报告说吸取了重要的教训，这在未来对个体自尊的恢复和重新建立新的恋爱关系有益，这一结论来自对9 000多名被跟踪了3年的德国成年人的研究[1]。另一项刊登于《美国国家科学院院刊》的研究[2]分析了6 800名红迪网（Reddit）用户在他们恋爱分手前后一年（共两年时间）内的100多万条帖文，结果发现，恋爱双方分手前后，其社交言语出现了显著的规律性变化。从分手前三个月开始，他们的言语表达中出现了更多的第一人称代词（"我"和"我们"），且所发表的帖文内容明显更为复杂或深刻。这意味着从分手前三个月开始，恋爱双方就有可能意识到分手即将来临，并会表现出相应的更高强度的自我认知处理。高强度的自我认知处理通常与情绪低落有关（如情绪不好时人们通常会想得更深刻）。值得一提的是，这种言语表达的规律在分手当天达到高峰，并在分手六个月后才消退。

7. 发起对抗

对抗也是一种很重要的应对压力的方式，主要指有意和压力性事件制造者明确对立关系或发生冲突，强调不妥协，这种方式对于维护自己的自信心和自尊有一定的积极作用。最典型的就是当别人冒犯或影响了你之后你与对方吵架，这个世界上每天都有很多人吵架，例如，妻子和丈夫吵，学生和老师吵，下属和领导吵，员工和老板吵，甚至陌生人与陌生之间在网上吵，这意味着对抗应对策略是人们常用的一种策略。

多数时候，吵架并不能解决问题，但人们在面临问题或压力时还是

① Luciano, E. C., & Orth, U.(2017). Transitions in romantic relationships and development of self-esteem. Journal of Personality and Social Psychology, 112(2), 307-328. http://dx.doi.org/10.1037/pspp0000109.

② Sarah Seraj, Kate G. Blackburn, James W. Pennebaker. (2021). Language left behind on social media exposes the emotional and cognitive costs of a romantic breakup, PNAS. https://doi.org/10.1073/pnas.2017154118.

喜欢吵架，这主要是因为选择对抗是人们的一种自然反应，是自我的一种应激机制，可以及时让他人和自己感受到自身的存在价值和自尊价值。对抗策略通常是由情绪直接激发的一种应对策略，它常常针对人而不是具体的事件，再加上缺少理智或认知的参与，其应对方式经常会不加选择（如愤怒、威胁、攻击和侵略等），所以多数时候它并不能真正解决问题。比如，有些学生明明学习成绩不好，但他偏偏不听老师的劝告，总是自命不凡，认为自己高人一等，和老师搞对抗，这反而不利于提高自己的学习。

对抗策略还有一种典型的方式是沉默冷战，这在夫妻之间、孩子与父母之间比较常见。许多人认为沉默冷战不是公开对抗，不易发生冲突，因而是一种相对较好的处理矛盾的方法，但心理学家发现，沉默冷战是恋爱关系中最常见的有毒交流模式，它阻碍了双方的交流，破坏了双方之间的信任关系，导致这种应对策略与婚姻（恋爱）满意度低、消极情绪多及无法解决双方之间的问题或冲突等有高度相关性。不仅如此，这种应对策略还和抑郁有高度相关性，研究者对116对夫妇进行了跟踪研究[①]，记录了他们的婚姻冲突，并检查了这些被试的抑郁症状。结果表明，这种应对策略与愤怒、悲伤、恐惧，甚至威胁和攻击有关，和更高水平的抑郁有关，关系双方均表现出低水平的积极性和妥协性，从而不利于问题的解决。

8. 自我调节

自我调节也叫作情绪自我调节，美国著名心理学家格罗斯（J.J. Gross）在这一方面做出了卓越贡献，并因此获得了2001年的"美国心理科学青年科学家杰出贡献奖"。当人们面对消极事件所导致的消极体验时，格罗斯提出了5种具体的情绪调节策略，即情景选择、情景修正、注意分配、认知重评和表达抑制，其中最重要的也是人们经常愿意使用的

---

① Papp, L. M., Kouros, C. D., & Cummings, E. M.(2009). Demand-Withdraw Patterns in Marital Conflict in the Home. Personal Relationships, 16(2), 285–300.

是认知重评和表达抑制。认知重评属于一种先行关注策略，发生在情绪产生的早期，即以一种积极的方式对负性生活事件作出新的解释，从而缓解人们的消极情绪体验。表达抑制是一种反应关注策略，是个体主动抑制正在发生或将要发生的情绪表达行为，它能有效地减少负性情绪的行为表现并使其不至于蔓延，但这种方法不能降低个体内心的不良体验。

第二节　把教育品出味来①

　　生活中并不仅只有消极事件，当人们面对积极事件时又会怎么办？所采取的方式又应该是怎样的呢？这就是品味（savoring）。品味的英文单词的词源学单词是"savor"，来自拉丁语单词"sapere"，意思是"去品尝"或者"更聪慧"。从词义上看，它包含着主动的含义，意即人们在处理积极事件时，应该主动用心地感受积极体验，这一含义正是品味的核心价值和意义。拜恩特（F. B.Bryant）和威洛夫（J.Veroff）等在2007年出版的专著《品味：一种新的积极体验模式》（*Savoring: A new model of positive experience*）中明确了品味的定义：品味是指人们引起、欣赏和增强积极体验的能力及以这种能力为基础的加工过程。

一、生活要有品味

　　如果以品味内容发生的时间维度作为分类标准，品味通常可以分为三类：品过去（对过去积极事件的回忆，如唤醒或回忆自己生活中的快乐时光等）、品现在（对现在积极事件的感受，如专注和沉浸于当下的好的体验等）和品未来（对未来积极事件的预期和设想，如想象、憧憬未来的美好生活等）。这三种品味类型分别通过联系过去、专注现在和期待未来三种形式，延长和增强个体即时的积极体验。

---

① 本节的部分内容发表于《心理科学进展》，2013, 21(7)，作者是郭丁荣，任俊，张振新，Fred B. Bryant。https://doi.org/10.3724/SP.J.1042.2013.01262.

1. 生活为什么要有品味

品味的核心在于人们有意关注积极，许多人有一种疑问：积极事件如果已经发生了，它就是一个客观存在，品不品味都不会影响其存在。这种观点其实是错的，事实上，只有人们有意关注到了积极事件本身，积极事件才会真的实现其应有的价值。比如，有研究者曾经拿一种世界上最好的葡萄酒分别给两组被试喝，A组被试在喝酒的时候被真实告知，这是一瓶最高等级的葡萄酒，非常昂贵，葡萄产地是世界上最适宜种植葡萄的地方；B组被试喝同样的好酒，却被虚假告知，这是一瓶一般等级的葡萄酒，非常便宜，葡萄产地是不太适宜种植葡萄的地方。

与此同时，科学家也拿一种普通葡萄酒给两组被试喝，C组被试在喝酒的时候被真实告知，这是一瓶一般等级的葡萄酒，非常便宜，葡萄产地是不太适宜种植葡萄的地方。D组被试喝同样的酒，却被虚假告知，这是一瓶最高等级的葡萄酒，非常昂贵，葡萄产地是世界上最适宜种植葡萄的地方。

结果发现，不管是自我报告还是相应的磁共振脑成像结果都表明，只有当被试真实地喝着好酒且自己意识到自己正在喝的是好酒的时候，被试才由衷地感到快乐、开心，那些喝着好酒却没有意识到自己喝的是好酒的被试并没有感到特别快乐，同样，喝着不好的酒却被虚假告知是好酒的被试也不能获得真实的快乐。所以这个研究结果表明：你现在过着幸福的生活当然很重要，但你意识到你现在过着幸福的生活也许更重要。美国《华盛顿邮报》的记者也做了一项类似的行为实验。2007年1月12日周五早晨，《华盛顿邮报》的记者邀请世界最著名的小提琴手乔舒亚·贝尔（Joshua Bell，美国当代最伟大的小提琴家，他开音乐会，经常是一票难求）在华盛顿的一个地铁站用他价值350万美元的小提琴演奏了43分钟，结果只挣到了32美元，有上千人经过贝尔的身边，居然没有一个人愿意停下来认真聆听美妙的琴声，但之前人们去马里兰、费城等地的音乐厅听贝尔的音乐会时却是人山人海，一票难求，同一个世界顶级小提琴家用同样昂贵的小提琴演奏同样的乐曲，为什么会出现这么大的落差呢？人们去马里兰、费城等地的音乐厅是有意去关注音乐，当人们真的听到美妙的音乐之后，自然就会感到如痴如醉，但人们去地铁站主要是为了搭乘地铁回家或去上班，人们只是无意间听到音乐，即使贝尔拉得再好也没有用，所以好的东西只有好好品味才会真正实现其"好"的价值。

作为积极心理学中的一个概念，品味和积极体验紧密相关，但它又不同于积极体验，品味是专门用来加工积极体验的一种操作方式。当一个人细细品味时，一定会感受到愉悦，并领悟到他所经历的积极体验，但他并不一定就是通过品味来感受积极体验。从根本上说，品味不仅是对积极体验的意识，更是对积极体验的有意加工和有意注意，也即品味是对积极属性的聚焦与用心，而不仅仅是器官愉悦或各种自我需要的简单满足，它更多的是指从社会需要和自尊追求的压力中释放出来。

随着品味概念的发展，品味已不再只是作为对积极事件的一种操作方式，它进一步包含获得与增强积极体验的整个过程。与积极心理学中涉及积极体验的其他概念相比，品味强调了主体的积极主动的过程，更加关注人们对自己快乐的控制感，更加关注人们面对积极事件时与环境的互动。也就是说，人们在生活中不能只是被动接受积极事件所带来的愉悦，更要通过主动发现和用心关注来引起、延长和增强自己的积极体验。

2. 品味提升幸福感的心理机制

品味作为积极心理学的新兴概念，其与幸福感的关系已被许多研究者所关注，而且已经作为一种有效提升幸福感的方式得到广泛应用。

（1）品味和幸福感的密切联系

首先，有意识地注意周围的积极事物（也就是去品味），有助于人们获得更多的快乐，拥有更强烈的幸福感。拜恩特和威洛夫曾做了这样一项有趣的研究：实验要求大学生被试在一周中每天独自进行20分钟的散步。被试随机分为3组，"积极关注"组要求被试尽量注意身边每一个令自己感到愉悦的事物（如花朵、阳光等），并在注意到这些事物时，认真思考它们为什么会让自己感到愉悦。"消极关注"组要求被试尽量注意身边令自己感到不快的事物（如噪声、垃圾等），并在注意到这些事物时，认真思考它们为什么会让自己感到不快。"正常关注"组则仅仅要求被试散步而没有什么特别的指示。被试在实验前后都进行了幸福感水平的测量，结果发现"积极关注"组被试的幸福感水平显著高于另外两个组。

其次，生活中使用品味策略能有效增加个体的幸福感水平。比如细数幸运可以增强个体的积极情感体验，有研究者对8项品味策略的使用进行了比较并指出，不同的积极事件发生时，人们会采用相应的品味策略，而这些品味策略的使用可以增强积极情绪，但是要想使积极情绪最大化，则需要灵活运用和掌握尽可能多的品味策略[1]。同时品味提升幸福感也受积极事件发生频率的影响，研究者通过一项为期30天的日记研究发现[2]，积极事件发生频率高时，品味的运用对于幸福感有一定的提升作用，但效果并不显著，而当积极事件发生频率低时，品味的运用则可以显著提升幸福感。通过统计分析，研究者还发现品味对幸福感既起到一定的中介作用，又起到一定的调节作用[3]。这似乎意味着品味对于普通人来说更重要，因为普通人不可能经常性地出现积极事件。

（2）品味如何影响人们的幸福感

首先，品味通过增加个体的积极情绪来提高其主观幸福感。品味是对积极事件的反应，其本质就是主动地利用各种方式产生、维持或增强

---

[1] Quoidbach, J., Berry, E. V., Hansenne, M., & Mikolajczak, M. (2010). Positive emotion regulation and well-being: Comparing the impact of eight savoring and dampening strategies. Personality and Individual Differences, 49(5), 368-373.

[2] Jose, P. E., Lim. B. T. & Bryant. F. B. (2012): Does savoring increase hAppiness? A daily diary study, The Journal of Positive Psychology, 7(3), 176-187.

[3] Jose, P. E., Lim. B. T. & Bryant. F. B. (2012): Does savoring increase hAppiness? A daily diary study, The Journal of Positive Psychology, 7(3), 176-187.

积极情绪[1]。早在2003年，拜恩特就发现，在大学生被试中，经常品味的个体有更多的积极情绪及更高水平的幸福感，其他以不同群体为样本的研究也得到了类似结论[2]。拉姆齐（Ramsey）和根茨勒（Gentzler）也调查了不同年龄的成人个体，发现品味信念与个体的积极情绪和主观幸福感之间确实存在着高相关性[3]，但能说明的问题十分有限。在一项品味研究中，霍尔登（Holden）等人要求123名被试进行了45分钟的关系品味，结果发现被试的积极情绪强度显著增加[4]，这一研究说明了品味的确能增强积极情绪。另外一些研究发现，生活中如果能主动运用某些品味策略，如表达感激、感受当下等，个体的积极情绪强度会增加并且主观幸福感也会有所提高。

其次，品味能提高个体的生活满意度。研究发现，在老年群体（年龄大于或等于55周岁的人群）中，更高的品味能力能够预测更高的生活满意度[5]。有研究者对263名癌症患者品味现在的能力和生活满意度的相关研究也证明了这一观点[6]。还有一些学者的纵向研究分析了人们在生活中的日常积极事件的数量、品味现在和生活满意度三者之间的关系，结果发现三个规律：第一，日常积极事件越多，个体的生活满意度越高；

① Quoidbach, J., Berry, E. V., Hansenne, M., & Mikolajczak, M. (2010). Positive emotion regulation and well-being: Comparing the impact of eight savoring and dampening strategies. Personality and Individual Differences, 49(5), 368-373.

② Quoidbach, J., Wood, A. M., & Hansenne, M. (2009). Back to the future: the effect of daily practice of mental time travel into the future on hAppiness and anxiety. Journal of Positive Psychology, 4(5), 349-355.

③ Ramsey, M. A., & Gentzler, A. L. (2014). Age differences in subjective well-being across adulthood: the roles of savoring and future time perspective. Int J Aging Hum Dev, 78(1), 3-22.

④ Holden, N., Kelly, J., Welford, M., & Taylor, P. J. (2017). Emotional response to a therapeutic technique: The social Broad Minded Affective Coping. Psychology and Psychotherapy: Theory, Research and Practice, 90(1), 55-69.

⑤ Smith, J. L., & Hollinger-Smith, L. (2015). Savoring, resilience, and psychological well-being in older adults. Aging Ment Health, 19(3), 192-200.

⑥ Hou, W. K., Lau, K. M., Ng, S. M., Cheng, A. C., Shum, T. C., Cheng, S. T., & Cheung, H. Y. (2017). Savoring moderates the association between cancer-specific physical symptoms and depressive symptoms. Psychooncology, 26(2), 231-238.

积极教育：提升孩子乐商，成就优势品格

第二，品味现在的能力越强，个体的生活满意度越高；第三，日常积极事件的多少并不会干扰品味现在对个体生活满意度的促进作用[1]。这表明，即使生活中的积极事件不多，只要个体积极主动地进行品味，其生活满意度也能得到提高。

最后，品味在一定程度上能减少个体的消极情绪。一项品味干预研究发现，相比于控制组，接受品味当下训练指导的被试在两星期后消极情绪强度明显降低，抑郁症状也相应减轻[2]。另外，有研究发现，品味过去不仅能提高积极情绪，还能有效减少个体的消极情绪。品味对消极情绪的降低可以通过积极情绪扩建理论（the broaden-and-build theory of positive emotions）来解释。该理论认为，积极情绪会帮助个体拓展即时思维，建构心理和社会资源以应对消极事件，消除消极情绪[3]。在一项研究中，被试进行品味将来的任务（对将要观看的有趣动画进行期待）后，积极情绪显著增强，这在他们面对后续的社会威胁性评价时对消极情绪的出现起到了缓冲作用，帮助他们表现得更好[4]。

由此可见，品味对主观幸福感的提升可以通过提高积极情绪、增加生活满意度和减少消极情绪来实现，当然，最好的方式也许是主观幸福感内涵的这三个方面"两升一降"同时进行，实现全面提升。

3. 品味的神经生理机制及测量

通常来说，人的行为都有其特定的神经机制，品味自然也不例外。根据品味的概念，品味区别于积极体验的最大特点是对积极体验的有

---

[1] Hurley, D. B., & Kwon, P. (2013). Savoring helps most when you have little: interaction between savoring the moment and uplifts on positive affect and satisfaction with life. Journal of Happiness Studies, 14(4), 1261-1271.

[2] Hurley, D. B., & Kwon, P.(2012). Results of a Study to Increase Savoring the Moment: Differential Impact on Positive and Negative Outcomes. Journal of Happiness Studies, 13(4), 579-588.

[3] Isgett, S. F., & Fredrickson, B. L.(2015). Broaden-and-Build Theory of Positive Emotions. International Encyclopedia of the Social & Behavioral Sciences, 56(3), 864-869.

[4] Monfort, S. S., Stroup, H. E., & Waugh, C. E. (2014). The impact of anticipating positive events on responses to stress. Journal of Experimental Social Psychology, 58, 11-22.

意注意，那么品味在神经机制上是否也是如此呢？一些研究者[1]研究了自豪（四种主要品味体验中的一种，由享受成就带来）和快乐愉悦的神经机制，发现自豪体验更多地激活了颞中回（middle temporal gyrus）和左颞极（left temporal pole）等与社会认知相关的脑区，快乐愉悦体验则更多地激活了腹侧纹状体（ventral striatum）等与快感和食欲相关的脑区，这与品味的概念假设是一致的，即品味体验不同于简单的快乐愉悦体验。拜恩特等人根据品味的结构认为品味可能和顶叶皮层（parietal cortex）、背外侧前额皮层（dorsolateral prefrontal cortex）、眶额叶皮层（orbitofrontal cortex）、前扣带皮层（anterior cingulate cortex）、伏隔核（nucleus accumbens）、下丘脑（hypothalamus）、海马（hippocampus）和杏仁核（amygdala）等脑区有关[2]，但很长时间里一直鲜有研究对其进行确证。

研究人员对抑郁症患者保持和提升积极情绪的能力进行了研究，结果发现，相比正常个体，抑郁症患者调节积极情绪时难以保持伏隔核的激活，其自我报告的积极情绪水平也比正常个体更低[3]。伏隔核是腹侧纹状体（ventral striatum）的重要组成部分，一般被认为是大脑的快乐中枢，与获得奖赏和满意感有关[4]。在后续研究中，抑郁症患者接受药物治疗以保持腹侧纹状体的持续激活，结果发现腹侧纹状体的激活能够明显

积极教育：提升孩子乐商，成就优势品格

---

[1] Takahashi, H., Matsuura, M., Koeda, M., Yahata, N., Suhara, T., Kato, M., & Okubo, Y.(2008). Brain activations during judgments of positive self-conscious emotion and positive emotion: Pride and joy. Cerebral Cortex, 18(4), 898-903.

[2] Bryant, Chadwick, & Kluwe.(2011). Understanding the Processes that Regulate Positive Emotional Experience: Unsolved Problems and Future Directions for Theory and Research on Savoring. International Journal of Wellbeing.

[3] Heller, A. S., Johnstone, T., Shackman, A. J., Light, S. N., Peterson, M. J., Kolden, G. G., Davidson, R. J. (2009). Reduced capacity to sustain positive emotion in major depression reflects diminished maintenance of fronto-striatal brain activation. Proceedings of the National Academy of Sciences of the United States of America, 106(52), 22445-22450.

[4] Salgado, S., & Kaplitt, M. G.(2015). The Nucleus Accumbens: A Comprehensive Review. Stereotactic and Functional Neurosurgery, 93(2), 75-93.

地令这些患者进一步提升积极情绪[①]。这些研究揭示了个体保持或进一步提高积极情绪的能力（品味）可能与腹侧纹状体有关。

一些研究者的研究揭示了品味过去的神经机制与纹状体有关[②]，实验中被试被要求在功能性磁共振成像条件下进行线索回忆任务，即对积极的自传体记忆（如和家人一起去迪士尼乐园游玩）或中性的自传体记忆（如为即将到来的不特定旅行收拾行李）进行回忆。与大多数品味过去的研究结果一致，被试进行积极回忆时所产生的积极情绪比进行中性回忆时更强。功能性磁共振成像的结果表明，相对于中性回忆，个体在进行积极回忆时，纹状体网络，特别是纹状体（striatum）、腹内侧前额叶皮层（ventral medial prefrontal cortex）、眶额叶皮层和前扣带皮层处于更显著的激活状态。

该研究还发现，被试主观评价积极情绪增高与纹状体和内侧前额叶皮层的活动显著相关，这说明品味确实与纹状体的持续激活有关。一些研究指出，个体的主观幸福感评分越高，其纹状体的激活程度就越高。这也从另一个角度表明纹状体在主观感受幸福的过程中可能扮演了重要的角色，这为品味提高主观幸福感的生理机制提供了依据。就目前来说，有关品味神经生理机制的专门研究还比较少。造成这种状况的原因有两个：一是由于品味与积极体验有时难以区分；二是受研究设备限制，现阶段的主流神经科学测量技术主要是功能性磁共振成像和正电子发射计算机断层显像（PET），它们在实验过程中产生的噪声比较大，这会对品味要求的用心和专注造成干扰，另外，设备的便携性不够也给对大多数发生在日常生活中的品味的研究造成了困难。因此，在解决技术和方法学上的难题的同时，品味的独特神经生理机制到底是什么，不

---

① Heller, A. S., Johnstone, T., Light, S. N., Peterson, M. J., Kolden, G. G., Kalin, N. H., & Davidson, R. J.(2013).Relationships between changes in sustained fronto-striatal connectivity and positive affect in major depression resulting from antidepressant treatment. American Journal of Psychiatry, 170(2), 197-206.

② Speer, M. E., Bhanji, J. P., & Delgado, M. R.(2014). Savoring the past: positive memories evoke value representations in the striatum. Neuron, 84(4), 847-856.

同品味过程的神经生理机制是不是不尽相同，这些都是未来研究需要解决的重要问题。

品味测量也是品味研究中的一个重要方面，品味研究初期的测量主要以访谈法和调查法为主，在大量访谈和调查的基础上，研究者开发了相应的量表测量工具。现阶段，使用较为广泛的品味的量表测量工具主要有测量品味信念的品味积极结果感知能力量表（perceived ability to savor positive outcomes subscale, PASPO）和品味信念量表（savoring beliefs inventory, SBI）以及测量品味方式的品味方式量表（the way of savoring checklist, WOSC）。

品味信念是指人们对自己享受体验能力的评估。因此，品味信念的测量实质上就是对品味能力的主观测量。在测量工具中，品味积极结果感知能力量表是一个由5道题目组成的一维量表，由拜因特等人于1989年在早期的品味研究中开发，由于时间已经过去了很久，现已应用较少。品味信念量表是由拜恩特于2003年编制的[1]，这一量表包含24道题目，有3个分量表，分别测量个体对于自己运用"回忆""品味当下"及"期待"这三种方式来品味积极事件能力的信念。品味信念量表在施测时，被试根据自己的实际情况在7点量表上作答，典型的题目有"我很容易通过回忆过去的快乐经历而再次获得快乐""我知道如何充分享受所拥有的一段美好时光"等。在关于品味信念量表有效性的一系列研究中，拜因特发现了一些有趣的结果[2]：品味信念量表的总分数及其分量表分数与被试自我报告的幸福感强度和幸福感频率呈正相关，而与中性情绪体验和消极情绪体验呈负相关。其中，品味当下分量表与被试自我报告的主观幸福感、较低的中性情绪体验和较低的消极情绪体验等的关联程度比其他两个分量表的关联程度更强（成年人品味现在的能力相对要高于品味过去和品味将来的能力）；而在品味能力的性别差异上，研究发现，

积极教育：提升孩子乐商，成就优势品格

---

① Bryant, F. (2003). Savoring Beliefs Inventory(SBI): A scale for measuring beliefs about savoring. Journal of Mental Health, 12(2), 175-196.

② 同上。

在三个分量表水平上，女性都比男性得分高，即女性的品味能力似乎比男性更强一些。女性的品味能力虽然较高，但她们对压力也更敏感。比如，时间压力是人们在生活和工作中常有的一种"任务太多而时间太少"的感觉。2021年的一项发表在《美国国家科学院院刊》上的研究发现[1]，女性在实际工作或生活中更容易遭受时间压力，该研究报告还提出了相应的解决方案。研究人员要求103名商学院学生在一周之内完成一篇小论文，同时告知所有被试可以写邮件，以申请延长期限。结果发现，只有15%的女学生申请了延期，大约是提出申请的男学生比例的一半。经统计，因为得到更充裕的时间，延期的作业质量普遍会更高。在不同的学生和员工群体中，这种情况相当一致。研究发现，女性被试更担心延期会给团队和管理者带来额外的麻烦，同时她们担心延期会让自己看起来能力不足。实际上，由于承受了更多的时间压力，这种压力反而影响了女性被试在任务中的表现。研究人员发现，如果机构或学校能主动提出正式的延期政策，女性被试的延期概率则与男性相差无几，并且任务质量也得到明显提升。所以，单位或管理者应该预先在制度上提供一些明确可以延期的时间窗口，这样可以显著减轻女员工的心理负担，从而更好地帮助提升团队的工作质量。似乎女性天生更会处理好事而不善于处理不太好的事件（如压力性事件）。

拜因特等人还在品味信念量表的基础上设计了品味信念量表儿童版（children's savoring beliefs inventory，CSBI）来研究儿童的品味信念。他们把该量表施测于5～7年级的儿童，发现儿童在三个分量表的得分上并没有显著的差异，这与成人在"品味当下"分量表中得分较高的情况不同，也即儿童在品味过去、品味现在和品味将来这三个方面的能力不存在差异。

品味方式量表是一个评估个体使用品味策略状况的多维测量工具，

① Ashley V. Whillans, Jaewon Yoon, Aurora Turek, Grant E. Donnelly(2021). Extension request avoidance predicts greater time stress among women. PNAS. https://doi.org/10.1073/pnas.2105622118.

它包含60个项目，有10个维度，分别测量人们使用10种品味策略的具体情况。品味方式量表的开发虽然是在大量调查与总结的基础上进行的，但它并不代表品味策略的全部，只是到目前为止最广泛地概括了人们面对积极事件时的认知与行为品味策略，这也使得品味方式量表可以成为研究者研究品味策略的一个有效工具。品味方式量表的开发明显借鉴了已有的应对方式量表（the way of coping checklist，WOCC），不仅格式与其平行，操作过程也与之类似。在施测时，参与者首先要回忆起最近发生的一个积极事件，在对其进行详细描述后，根据这一事件发生时的情况，在10点量表上作答，给出与量表中所描述的想法和行为的一致程度。

除了上述这些常用的测量量表，研究者还应用一些其他的测量方法。比如，有的研究者通过测量品味的一些关键要素来测量品味水平，在实际测量中主要让被试回答一些问题，例如，"你是否愿意一直停留在这段体验中？""你是否希望这种体验再次发生？""你是否愿意同他人分享你的这段体验？"，然后根据被试的自我报告来判断其品味能力。另外，还有的研究者干脆给被试一块巧克力，把被试品尝巧克力的持续时间作为品味行为的一个客观指标，同时让被试自我报告巧克力有多好吃，再把两者结合起来判断其品味能力的高低。

二、教育也要有品味

品味教育主要是指教育不仅需要教给学生应对困难、危机和失败的技能技巧，也要教给学生处理顺境、甜蜜和成功的技能技巧。品味教育的核心在于通过特定的教育方式把品味策略教给孩子，让孩子有机会和场合实践，从而提升孩子品味的技能和技巧。

1. 真的需要品味教育吗

教育的真正目的在于发扬长处，但人们在过去相当长的一段时间里注重如何补短，以致形成了一种错误观念，认为消除孩子的缺点，孩子的优点就会自然地产生或增加。事实上，儿童的缺点和长处彼此独立，相互之间不存在因果关系，这就如人的积极情绪和消极情绪体验一样，消极情绪体验的降低并不会直接带来积极情绪体验的产生或增加[1]。不仅如此，人们如果将全部心理资源应用于处理问题或短处上，自然就没有充足的资源来让人的长处生长。所以品味教育就是要为人的长处或优秀开辟出一片生长天地，让长处得到适宜的温度、充足的养料和合适的土壤等，从而使长处获得一个最佳的发展环境。

传统的情绪管理侧重于通过抑制人的思想和行为来减少消极情绪，而过分抑制会大量消耗人的心理资源，从而有可能导致产生新的问题，即消极情绪虽然被管理住了，却又引发了新的问题，如生活不幸福或没有获得感等。积极情绪扩建理论认为，积极情绪不仅可以扩建个体的心理资源，还能帮助个体建立起持久的个人发展资源，包括身体资源、智力资源和社会性资源等，更重要的是，会使个体随后的思维和行为变得更有建设性和创造性，进而获得更加积极的情绪体验。

从人自身的发展来看，人生来就有享受积极体验的能力，一些研究者[2]的研究发现，6～8周的婴儿就会表现出对积极的适宜视、听、触觉信息的享受性微笑，也就是说，孩子天生就能沉浸并享受当下的快乐，并愿意延长这种快乐时光。有研究者调查了13～15岁的青少年和16～88岁的成年人的品味状况，结果发现，无论是青少年还是成人，品味的使用对于幸福感的提升都有显著的作用，但青少年与成人的差异主要在于青少年在增强积极情绪方面使用的策略较少，容易压抑自己的积极情绪[3]。这表明青少年随着年龄的增长，与环境互动增多，需要有意识地多学习

---

[1]　Russell J A, Carroll J M. On the bipolarity of positive and negative affect. Psychological Bulletin, 1999, 125(1): 3-30.

[2]　Sullivan, M. W., & Lewis, M.(2003). Emotional expressions of young infants and children: A practitioner's primer. Infants and Young Children, 16(2), 120-142.

[3]　Chadwick. E. D.(2012). The Structure of Adolescent and Adult Savoring and its Relationship to Feeling Good and Functioning Well. Unpublished doctoral dissertation. Victoria University of Wellington,Wellington, New Zealand.

一些品味策略。

另外，根茨勒（Gentzler, A. L.）等人[1]通过调查56名10～14岁的青少年对积极事件的反应发现，良好的品味能力可以预测个体所具有的持久积极情感，而压抑积极情绪的倾向则与青少年的行为问题密切相关，也就是说品味能力高的青少年对社会有更强的适应性，较少出现社会问题。有研究还发现[2]，18～29岁青年人的自我同一性水平和他们的品味能力及品味行为高度相关，也就是说那些品味能力较高、品味行为更多的个体，普遍表现出了较高的自我同一性水平。这些研究都表明，提升青少年的品味能力对青少年的健康发展具有正向作用。

2. 实施品味教育应注意的几个问题

品味既可以针对积极事件，也可以针对积极体验本身，直接目的主要在于扩大和提升人们的积极体验，但最终目的则在于提升幸福感。

第一，要有值得品味的积极事件或积极体验。品味是用来处理好的事件或好的行为等，只有那些真正的积极事件才值得品味，所以人要有正确的世界观、人生观和价值观，要能辨别出美与丑。有些人以丑为美，然后对着丑赞叹不已，这不是品味，也不会给自己带来幸福。

第二，对积极事件或已有的积极体验进行加工或操作。比如当你看到了一个美妙神奇的烟火时，你会由衷地赞叹其好看，或者对一个善良暖心的行为进行敬佩表达，"赞叹"和"敬佩表达"就是加工或操作。人们在生活中经常会对看到的好的东西进行赞叹，对伟大的东西产生敬畏，对好的感受沉醉或陶醉其中并细细地反复体验，对他人的恩惠进行感谢等，这些都是生活中常有的基本操作。如果没有相应的品味操作，那积极事件的功用就会大打折扣。试想：如果一个孩子拿了一张考了满分的试卷回家，结果父母看了以后没有任何表示，甚至连一句赞扬的话

① Gentzler, A.L., Morey, J.N., Palmer, C.A., & Yi, C.Y. (2013). Young Adolescents' Responses to Positive Events: Associations With Positive Affect and Adjustment. The Journal of Early Adolescence. 33(5), 663-683.

② Beaumont, Sherry L. (2011). Identity Styles and Wisdom During Emerging Adulthood: Relationships with Mindfulness and Savoring, Identity, 11(2), 155-180.

积极教育：提升孩子乐商，成就优势品格

都没有，孩子可能会失落；妻子精心化了妆而丈夫却视而不见，妻子可能不高兴。

第三，加工和处理积极事件时是否运用了一定的策略。例如，同样是对积极事件进行赞叹，如果言过其实，就不一定会有最好的效果。又如，他人只是顺手给了你一些帮助，而你却千恩万谢，这反而会使对方陷入尴尬之中。从一定意义上说，能适时地赞扬别人的优秀或长处，能适当地感谢他人的善意，能及时地沉醉于自然的芳香，就是一种策略，但这只是基本的策略。真正的高级策略则是为了放大、扩建或延长自己已经获得的积极体验。例如，丈夫看到妻子穿了精致漂亮的衣服，不仅进行赞扬，而且拿出手机拍照，甚至还发到微信朋友圈秀恩爱，就是一种高级策略。

第四，品味能力的培养除应该针对品味的全过程外，在具体实施中还应考虑文化差异和人格差异的影响。美国著名的幸福感创始人狄纳尔（Diener）[1]等曾对不同国家的主观幸福感做了一项大规模的比较研究，结果发现，不同文化的人们对于快乐的理解存在差异。比如，在北美（主要是个人主义文化），追求快乐会被认为是一项基本权利，而在佛教流行的东方文化（主要是集体主义文化）国家，快乐则被认为是人们历经苦难后的一种结果。加拿大的一个学者曾对品味的这种文化差异做了初步研究，通过对比日本人、亚裔美国人和欧裔美国人的品味状况，他发现，东方人的品味能力相对较低，并在思想观念上认为主动去增强自己的积极体验不重要。在获取快乐的方式上，东方文化背景的个体喜欢从人际互动和成就感中获取快乐，而西方文化背景的个体则更喜欢从休闲娱乐活动和体育活动中获取快乐。另外，他还发现，东方文化影响下的人具有一些独特的品味策略，比如更愿意付出努力（认为吃苦是一种快乐），更愿意与他人进行交往或加强联系（爱串门）来增加快乐[2]。

---

① Diener, E, (2000). Subjective well-being: The science of hAppiness and a proposal for a national index. American Psychologist, 55, 34–43.

② Lindberg, T.(2004). Enjoying the moment in the East and West: A cross-cultural analysis of savoring. Unpublished doctoral dissertation. University of British Columbia, Vancouver, Canada.

有一个真实的例子很好地说明了这种文化差异的影响，2021年6月25日河南新乡某中学的一名学生查到自己的高考总分为643（河南省文科一本线为558分，理科一本线为518分），其中数学满分，但学生妈妈对孩子高考得了高分表示没什么值得激动的。

关于品味策略差异的文化归因，宫本等人[①]在2011年做了一项研究，结果表明，东方文化让个体产生"祸兮福之所倚，福兮祸之所伏"的辩证思维，使得东方人更愿意让积极情绪与消极情绪保持平衡状态，而不像西方人那样愿意令积极情绪最大化、消极情绪最小化。正是这种文化差异导致的思维差异让东西方个体在面对积极事件时也出现了行为上的差异：相比于西方文化背景的被试，东方文化背景的被试会较多地采用压抑积极情绪的方法（扼杀愉悦的想法）以维持积极情感与消极情感之间的平衡。这种差异在一定意义上表明东方国家似乎更应该实施品味教育。

第五，人格特质也会对品味能力的培养产生影响。有研究发现，强自尊的个体倾向于更多地品味积极事件，弱自尊的个体则更倾向于压抑自己的积极情绪[②]。还有研究发现[③]，采用特定的品味策略后，高神经质的个体可以获得同低神经质的个体一样的愉悦水平，但与此同时，高神经质个体更容易压抑自己的积极情绪，让自己的情绪更快地向不良方向发展。另一项研究则表明，A型人格（心理学上的一种简单分类，A型人格者一般比较具有上进心，比较有侵略性，追求成就感，身心容易紧张；B型人格的人一般比较满足于现状，与世无争，对任何事皆处之泰然）的个体在面对积极事件时会较少使用品味策略[④]。

① Miyamoto, Y., & Ryff, C. (2011). Cultural differences in the dialectical and non-dialectical emotional styles and their implications for health. Cognition and Emotion, 25(1), 22–30.

② Wood, J. V., Heimpel, S. A., & Michela, J. L.(2003). Savoring versus dampening: Self-esteem differences in regulating positive affect. Journal of Personality and Social Psychology, 85(3), 566–579.

③ Weiting Ng (2012): Neuroticism and well-being? Let's work on the positive rather than negative aspects, The Journal of Positive Psychology, 7(5), 416–426.

④ Smith, J. L. & Bryant, F. B. (2013). Are we having fun yet?: Savoring, Type A behavior, and vacation enjoyment. International Journal of Wellbeing, 3(1), 1–19.

除了人格特质，一些研究还探讨金钱的影响，有研究者在2010年做了一项有趣的研究[1]，他们邀请了40名大学生被试参加了一个巧克力品尝实验，被试被随机分成两组，实验者会在品尝前给实验组被试施以金钱启动（也就是给被试灌输财富和物质主义的观念），而给控制组被试施以中性启动，之后观察者通过录像记录所有被试品尝巧克力的时间并对他们表现出的愉悦度打分。在控制了对巧克力的态度、性别等一系列因素后，结果发现实验组被试品尝的时间更短，表现出的愉悦度也更低。在同一项研究中，研究者还在大样本的调查中发现，收入较高的人表现出了相对较低的品味能力，较低品味能力的影响甚至有可能抵消高收入所带来的积极感受。这或许是有钱的人并不总是比没钱的人更快乐的一个重要原因。另外。也有研究发现，性别差异也会影响品味的效果，其中女性被试从品味中所获得的幸福感要显著高于男性被试[2]。

第六，心理疾病会影响品味的效果，有时甚至起相反的作用。里卡特（Ricarte）等人的研究发现，基于品味过去的康复训练虽然能够帮助精神分裂者回忆起较多的美好记忆，却不能改变患者的消极情绪和观念[3]。在抑郁症患者中，品味过去反而起到了增加消极情绪的作用[4]。陈（Chen）等人对此现象进行了解释：（1）相对于正常人，抑郁症患者可能需要花费更多的努力去提取美好回忆，这种过度消耗的心理资源可能会降低这些回忆所带来的奖赏效应；（2）由于心理疾病的影响，即使

① Quoidbach, J., Dunn, E.W., Petrides, KV, & Mikolajczak, M.(2010). Money Giveth, Money Taketh Away The Dual Effect of Wealth on Happiness. Psychological Science, 21(6), 759–763.

② Bryant, F. B., Smart, C. M., & King, S. P. (2005). Using the Past to Enhance the Present: Boosting Happiness Through Positive Reminiscence. Journal of Happiness Studies, 6(3), 227-260.

③ Ricarte, J. J., Hernández-Viadel, J. V., Latorre, J. M., Ros, L., & Serrano, J. P. (2014). Effects of Specific Positive Events Training on Autobiographical Memories in People with Schizophrenia. Cognitive Therapy and Research, 38(4), 407-415.

④ Chen, C., Takahashi, T., & Yang, S.(2015). Remembrance of happy things past: positive autobiographical memories are intrinsically rewarding and valuable, but not in depression. Front Psychol, 6, 222.

成功地回忆起曾经的积极事件，他们从中所感受到的积极情绪强度也远小于正常人；（3）正因为从过去获取快乐相对比较困难，因而使用品味过去这一方法时，抑郁症患者会认为他们曾经的生活是消极的，这反而增加了他们的消极情绪。所以，品味可能不适用于已经患有严重心理疾病的人，特别是已经患有抑郁症的人。事实上，个体一旦已经患有抑郁症，其品味能力可能已经受损，再使用品味方法或策略就失去了意义。

第七，季节也对品味教育有一定的影响，夏天可能是实施品味教育的最好季节。夏天不仅有各种丰富的水果可吃，如西瓜、桃、樱桃和甜瓜等，而且人们在夏天的积极体验会更多，心理健康水平也更高。一项来自宾汉姆顿大学的研究证实了这一观点[①]。研究人员收集了不同年龄（19～29岁）被试在饮食、睡眠、整体健康状况、锻炼和精神压力等方面的日常数据，并在夏秋两季对这些被试进行了为期四周的跟踪调查。结果发现与秋季相比，人们在夏季的精神压力往往较小。为什么会出现这种情形呢？这可能是因为夏季白昼的增长会一定程度上增加大脑的血清素水平。从神经变化机制来说，昼夜节律的紊乱以及白天光照时长的缩短会刺激大脑血清素向褪黑素转化，而褪黑素的增加会导致情绪低落。褪黑素的合成速率主要取决于昼夜周期的长短，它的合成会随白天到来而减少，并在夜间激增。因而夏天应该是进行品味教育最好的季节。事实上，这一神经变化机制也解释了为什么季节性情感障碍在秋季和冬季比较流行，因此，在秋冬两季应该让孩子多晒太阳来预防或缓解季节性情感障碍。

3. 品味策略

品味能力培养的核心在于提升师生有目的地使用品味策略的能力，策略主要指为了更有效地实现预定目标而采取的行动方案，是方法、手

---

① Lina Begdache, Mei-Hsiu Chen, Casey E. McKenna, Dylan F. Witt(2021). Dynamic associations between daily alternate healthy eating index, exercise, sleep, seasonal change and mental distress among young and mature men and women. Journal of Affective Disorders Reports. https://doi.org/10.1016/j.jadr.2021.100157.

段和途径等的总和。根据目前已有的研究①，拜恩特和威洛夫等人把品味能力提升最常用策略分为两个维度：认知维度和行为维度，共10条策略。

维度一：行为维度

行为维度主要指个体通过做相应或类似的行为可以直接提升积极体验并提升品味能力，这一维度主要包括三项具体策略。

①同他人分享自己的美好（sharing with others）。当人们获得了成就或意外之喜等时要找到分享对象，告诉他人自己有多珍惜这一瞬间。快乐需要分享，一个快乐通过分享可以变为多个快乐。分享快乐不仅会使被分享者因为受到他人积极事件的影响而感到快乐，也对分享者本人具有积极作用，分享会显著性地增强、延长和放大分享者已有的快乐，因为分享过程不仅是一个反复咀嚼快乐的过程，也是一个把快乐事件始终保持在注意焦点（注意的核心位置）的过程。分享的对立面是后悔、抱怨或埋怨，这些操作只会让抱怨者和他人都陷入消极情绪的旋涡，并且越陷越深，因为抱怨等也会使消极事件或情绪始终处于自己注意的焦点。

有一个问题需要注意：一定要选择合适的分享对象，通常亲人和知己是最恰当的分享人选。如果选择了不当的分享对象，有可能会引起对方的嫉妒或其他消极情绪而带来的麻烦，总的来说，和自己属于同一个层次且空间距离较近的人（非知己）通常都不是合适的分享对象，如工作同事、同学或者一般关系的舍友等，因为嫉妒和"内卷"（"内卷"是一个网络词语，指同一群体内成员通过互相倾轧、相互贬损等非理性的内部竞争而获得优势）等行为或情绪主要发生在同层次且空间距离较近的群体之中。

②专注（absorbing）于当下。这指的是面对积极事件时不做过多思考，完全放松自己而使自己完全沉浸在积极事件之中，似乎让自己停留在那一刻。专注能显著提升人们的快乐，专注的目的也是让积极事件一

① Bryant, F. B., & Veroff, J.(2007). Savoring: A new model of positive experience. Mahwah, NJ: Lawrence，Erlbaum Associates.

直保持在注意焦点，使自己充分体验快乐的情绪。你可以尝试一下让自己的注意力一直保持在一只蚂蚁上，你只需要注视它10分钟，之后你就会感受到快乐和放松。与专注相反的是分心，分心是专门用来应对消极事件的，而当你碰到了一个积极事件时，你需要做的就是全神贯注。这一策略在实际生活中也很有用。例如：在路边的快餐店，如果店家觉得自己的饭菜质量并不是很高，那就应该在店里放一些好听的音乐并且把音量相对调高一些，或者在店里张贴一些醒目的海报等来吸引顾客的注意力，这样一来，顾客抱怨的概率就会低一些；但在五星级酒店，店家如果觉得自己的饭菜质量非常高，那就要把音乐的音量调得尽可能小，环境布置也要素雅一点，以免使顾客分心。

③自然的积极行为表达（behavioral expression）。面对积极事件自然地流露自己的积极体验，不做任何掩饰，比如欢呼雀跃、捧腹大笑等。中国文化比较强调含蓄，不注重行为表达，强调笑不露齿或干脆不露声色，这种含蓄体现了中国文化强调的低调、中庸，但同时降低了积极事件应有的积极功用。人的行为是情绪所导致的结果，如我们因开心快乐而产生笑的行为，行为也可以导致并激发相应的情绪体验，如一个人在平静状态下先笑起来，而后会因笑的行为而真的变得开心快乐。所以，人们做出一些和快乐相符合的行为之后，这些行为就会反过来不断增强人们的快乐体验。

如果个体并没有获得积极事件，是不是也可以假装做出积极的行为表达呢？这分两种情况：一是如果个体处于平静状态下假装做出积极行为是可以的，个体会因为自己已经或正在做的积极行为而真的变得更开心快乐；二是如果个体正处于消极事件刺激影响而假装做出积极行为，则会过分消耗自己的心理资源，这种行为并没有太多的好处，反而有可能使自己的生活出错。

维度二：认知维度

认知维度主要指个体通过一定的方法（包括做出一定的行为）来改变自己的认知，从而获得积极体验，这也是提升品味的一种重要技术。

行为维度策略通常指所做出的行为本身就会直接让人更快乐，而认知维度的行为不会直接导致人们更快乐，但它可以通过改变人们的认知而间接提升人们的积极体验。认知维度主要包括七项具体策略。

①比较（comparing）。比较是改变人们已有认知的一种常用方法，人们可以把现在的自己和过去的自己进行对比，也可以和其他人进行对比，通过比较建立自己新的认知参照点，从而达到改变自己原有认知的目的。人的生活受认知参考点的影响非常大，这就如一条航行的船，总是围绕着锚的周围漂泊，认知参考点就是人生活的一个锚。那生活中到底和谁比才更好呢？如果就品味角度来说主要是向下比，和别人或自己更坏的状况进行比较，有研究者提出了差异适应效应（differential-adaption effect）概念，很好地解释了其中的机制。试想有两种情境。

情境一：大家辛苦了很长一段时间，顺利完成了一个项目，根据情况对大家的薪资进行了调整，所有参与者集体涨薪。

情境二：大家辛苦了很长一段时间，顺利完成了一个项目，根据情况对大家的薪资进行了调整，过段时间你发现一部分同事降薪（涨薪）了，一部分同事则薪资不变。

你恰巧是情境二中那个薪资不变（涨薪）的人，但同事降（或你涨）的幅度和情境一中的幅度相同。哪种情境会让你更开心？或者说哪一种情境令你的开心持续得更久一点（品味的目标）？许多人都认为大家集体涨薪可能更好，毕竟"大家好才是真的好"，这也符合"有福同享，有难同当"的处世哲学。事实上，研究结果揭示，比别人好一点才是真的好，才会给人带来更多、更大的快乐，这可能与人们内心的比较标准或参照点有关①。

②提升感知敏锐性（sensory-perceptual sharpening）。感知敏锐主要指提升自己相关方面的知识，通过增加相应的知识来改变已有的观念。比如通过一定的方式来使自己的感知觉器官变得更灵敏、更有效，从而

① Xilin Li, Christopher K. Hsee, Li Wang(2020). People adapt more slowly to social income changes than to temporal income changes. Journal of Experimental Psychology: Applied, 2020/09/10. https://doi.org/10.1037/xap0000328.

增加相应知识的储备，有时甚至可以借助一定的仪器设备来增强感知能力或隔离无关刺激等，目的在于通过增强感知能力来增加自己相应的认知，从而延长所拥有的快乐时光。例如，一个人通过电视观看一场精彩的足球比赛一定不如亲临现场所获得的快乐更多，因为多感官参与的体验一定要比单一感官参与更好，但如果一个人根本就没有足球方面的知识，或者对正在比赛的两支队伍一点都不了解，那这个人即使到了比赛现场，也感受不到快乐。许多体育运动都在刻意培养球迷，比如有意识地让球迷更多地了解自己球队的具体情况，渲染球星的一些独特行为等，这都是为了提升球迷的快乐水平。

当然，也并不是了解得越详细、越丰富就越好，这正如人的感官，并不一定是越强的刺激就一定越好，过强的刺激反而会使人的感觉变得麻木。在适宜的刺激条件下，相对轻柔的刺激会增强感官的敏感性。

③记忆建构（memory building）。人们记忆一段经历，通常不能把所发生的一切都完整地记下来，人的大脑没有足够的资源来记住生活中发生的一切，因而人们总是记住几个片段，然后把这几个片段按照一定的线索串联起来而形成一个完整的记忆。这些记忆片段就是人们主动储存的"心理图像"，因而，心理图像具有什么性质，很可能就导致未来的回想或与他人的分享就是什么性质。品味能力高的人总是把生活中的积极片段作为记忆的心理图像，而品味能力低的人总是把消极片段作为记忆的心理图像。比如甲、乙两个人一起跟随旅游团出去旅游，甲总是特别挑剔，一遇到不如意的事（如吃得差、住宿条件不好等）就不依不饶或者情绪发作。从理论上说，人们对某一事件或对象不依不饶或情绪发作等，就是一种投入了更多资源的刻意加工，这会被大脑认为是重要的东西而保留下来，因而这些消极片段就构建了人们对这一事件记忆的心理图像。后期一提到这次旅游，甲就会想起特别差的食物、住宿条件等；而同样参加这次旅游的乙在碰到不太如意的事时总是安慰自己，外出旅游又不是在家里，没什么好讲究的，而在碰到美妙的景色时则大呼小叫，又是拍照，又是发微信朋友圈（投入更多资源进行刻意加工），

因而这些积极片段就构建起乙记忆的心理图像，此后一提到这次旅游，乙就会想起特别美的风景、不一样的风土人情等。

④自得其乐（self-congratulation）。这指的是自己对自己面临的积极事件、长处或优点等进行肯定和赞扬，从而让自己处于良好的心理状态。这实际上是一种自我积极暗示，从而达到改变自己原来消极认知的目的，这一点尤其在面临重要活动或事件时很重要，几乎所有的运动员在参加比赛时都会用一些特定的方法来积极暗示自己，目的就是建立自信，让自己认为自己能行或可以达到目标。

人有时候要自得一点，自得并不一定就是安于现状而不思进取，自得的人也会有更高的追求目标。自得主要指人们要善于从生活中看到自己的所得、看到自己的长处，并对这些所得和长处进行肯定。自得在一定程度上是自信的基础，自信的人更容易给他人留下深刻印象。多数人的日常生活主要是做一些重复的、无聊的事，觉得自己没有什么地方或事情值得自得。对于这种情况，要想做到自得，有两点需要注意：第一，可以把你手边正在做的事赋予意义感，如把你正在做的无聊的家务活和你的孩子结合起来，你可以想象孩子在打扫得干干净净的环境里快乐玩耍的情境；第二，把无聊的活动加入节奏感而使其具有一定的艺术感特征。网上曾经有一个做拉面的小哥很红火，拉面大家都见过，但这位拉面小哥把做拉面当作一种表演，变成了"拉面秀"，不仅自得其乐，也让其他人得到了快乐。

⑤要培养时光一去不复返的意识（temporal awareness）。这指的是通过一些方法使个体具有珍惜当下的生活态度，觉得当下的时光就是生活的核心。很多人总是悔恨昨天，又担心明天，总想为未来做好充分预期，其实生活的核心在于现在，在于当下。如果你有机会去太空看一下地球，或者亲自感受一下大自然的巨大力量，你就会明白人类的渺小和无能为力。当人们感受到某一事件或事物带来的积极体验时，要主动"聚焦"于现在，即对这一事件进行深度加工，让积极体验的时间得以延长，强度得以增加。在日常生活中，人们可以借助一些外在设备（如日记本、相机等）

来帮助自己聚焦于当下，比如用照片留下美好的瞬间。

人们在日常生活中应该时常提醒自己，美好的时光稍纵即逝，要及时享受和体验当下的生活。从过去的一些研究来看，精彩的生命有一个共同特征：把每一天都当作生命的最后一天来过。为此，人们要努力打破一成不变的"日常"，去主动寻找或创造积极事件，比如可以在工作了一段时间之后主动去度假，不要把辛苦劳作当作生活的全部。有研究指出，在度过一个三周左右的假期之后，被试主观报告的身体健康及幸福感水平均有显著提升[①]。

许多人经常抱怨自己太忙，根本没有太多的可自由支配的时间，其实不然，自己可自由支配的时间并不在于多少，而在于如何去用，并不是可自由支配的时间越多，幸福感就越强。美国沃顿商学院市场营销学助理教授玛丽萨·沙里夫（Marissa Sharif）博士等研究者2021年在《人格与社会心理学杂志》上发表了一篇论文，发现人们可自由支配的（空闲）时间太少了确实不好，但太多了也并不会（让你觉得）更好[②]。

研究人员分析了2012~2013年参与"美国人时间使用调查"（American time use survey）的21 736名被试的数据，被试提供了他们此前24小时内所做事情的详细描述，即"每项活动的时刻和持续时间"，并报告了他们的幸福感。研究人员通过数据比对发现，随着空闲时间（可自由支配的时间）的增加，人们的幸福感会随之增加，但在大约两个小时的时候幸福感就开始趋于平稳，并在五个小时后开始出现显著性下降。研究人员又分析了参与1992~2008年"全国劳动力变化研究"（national study of the changing workforce）的13 639名美国劳动者的数据，在这一调查的许多问题中，参与者被问及可自由支配的时间有多少，同时被要求以生活满意

积极教育：提升孩子乐商，成就优势品格

① Bloom, J. D., Geurts, S. A. E., & Kompier, M. A. J.(2013). Vacation(after-)effects on employee health and well-being, and the role of vacation activities, experiences and sleep. Journal of Happiness Studies, 14(2), 613-633.

② Marissa A. Sharif, Cassie Mogilner, Hal E. Hershfield(2021). Having too little or too much time is linked to lower subjective well-being. Journal of Personality and Social Psychology. https://doi.org/10.1037/pspp0000391.

度为衡量标准给自己的主观幸福感打分（总体而言，你觉得这些天你的生活怎么样？ 1=非常满意，2=略微满意，3=有些不满意，4=非常不满）。研究人员在这一调查数据中再次发现：更多的空闲时间与更高水平的幸福感显著相关，但只是在一定程度上，如果空闲时间超过一定时长之后，更多的空闲时间与更多的幸福感便不再相关了。

为了进一步研究这一现象，研究人员进行了两组6 000人参与的线上实验。在第一组实验中，被试被要求想象在随后的六个月里，每天都有不同数量的可自由支配的时间，被试被随机分配到较少自由时间组（每天15分钟）、适量自由时间组（每天3.5小时）和较多自由时间组（每天7小时），所有被试随后预估自己会产生多大程度上的愉悦感、幸福感和满意度。

这一实验结果同样显示，无论是较少自由时间组还是较多自由时间组，被试报告的幸福感都低于适量自由时间组。自由时间少的人比自由时间适量的人感受到的压力更大，从而导致他们幸福感较低。那些拥有大量空闲时间的人觉得自己的生产力变低了，从而导致幸福感也较低。

第二组实验中，研究人员研究了积极价值在自由时间中的潜在作用。被试被要求想象每天有适量（3.5小时）或大量（7小时）的空闲时间，同时需要想象自己把这些空闲时间用于积极类活动（如健身、兴趣爱好、跑步锻炼）或非积极类活动（如看电视、玩电脑）。结果发现，如果是从事非积极类活动，有较多空闲时间的人的幸福感反而会较低。然而在从事积极类活动时，有较多空闲时间的人的幸福感与那些有适量空闲时间的人类似（似乎并没有更幸福）。综合研究结果表明，一个人拥有一整天的可自由支配的时间并不一定就很快乐，人们应该将可自由支配的时间用于关注或满足自己的积极追求，这样才会变得更幸福快乐。

⑥细数幸运（counting blessing）。这指的是人们经常要对自己所拥有的幸运进行自我提醒，这样才会觉得自己应该珍惜所拥有的，从而让自己形成一种信念：自己是一个生活幸福的人。许多人都有一种习惯，经常会数数自己有多少钱，有时候即使明明已经知道自己有多少钱，也

会忍不住再去数一下。浙江大学的周欣悦教授在所做的研究中发现，数钱可以缓解人们的疼痛感，从而提高快乐水平。所以说数钱不仅仅只是一个认知过程（了解自己有多少钱），更是一个快乐提升过程（缓解自己的心理痛等）。多数人几乎从来不数数自己拥有的幸运，如果你能经常数数你的幸运，你可能会获得比数钱更多的快乐，因为数的过程其实是一个提醒自己注意的过程，数钱就是把钱调入自己的注意焦点，数幸运同样是把幸运调入自己的注意焦点。当然，对于大多数普通人来说，幸运就是日常生活中的一个"小确幸"，如很顺利地找到一个停车位，今天去食堂打菜时碰到了一个不抖菜勺子的阿姨，刚刚回到家就开始下雨，本来想给花草浇水结果就下起了雨等。

人们要认识到生活中的美好是多样的，甚至可以是微小的，如一首美妙的歌曲、一道可口的菜肴、一阵凉爽的微风等，而不是局限于一些产生强烈积极情绪体验的事件。有研究者纵向测量了186名被试的主观幸福感体验，结果表明个体的主观幸福感与积极事件发生的数量呈正相关，而与积极事件的强度无关[1]。这提示人们要对生活事件持开放态度，不要忽视生活中"小确幸"（指小的幸福事件，即产生轻微积极情绪体验的事件）的力量。

⑦避免扼杀愉悦的想法（avoiding kill-joy thinking）。这指的是在积极事件发生时，人们要避免产生不相关的或者这一积极事件本可以更好等扼杀自己当下愉悦感的思想。一般来说，人们越认为幸福很重要，就会越努力去获得幸福，其品味动机也会相对更强。研究表明，品味动机越强，个体的品味（无论是自然产生的还是他人引导的）信念就越强，品味的效果也就越好[2]。中国人喜欢接受古训，所谓的"乐极生悲""福兮，祸之所伏"等古训早已深入人心，于是在面对积极事件时也诚惶诚

① Otake, K.(2015). Subjective hAppiness and autobiographical memory: differences in the ratio of positive events and transmission as emotional expression. Personality & Individual Differences, 72, 171-176.

② Gentzler, A., Palmer, C., & Ramsey, M.(2016). Savoring with Intent: Investigating Types of and Motives for Responses to Positive Events. Journal of Happiness Studies, 17(3), 937-958.

恐，不敢尽情去享受当下。人们确实需要对过去进行反思，也需要对未来进行规划，但这并不意味着人们需要时时刻刻都这样做。

虽然每种品味策略都可以增加积极体验，但其调节着不同的积极情绪，比如对他人表达感恩调节着感激之情，享受成就或成绩调节着自豪之情，赞叹优秀或长处调节着敬畏之情，沉静于当下调节着感官愉悦之情等。为了有效提升品味能力，人们应有意识地在日常生活中多多练习这些品味策略。

总的来说，在追求幸福的过程中，社会的主要矛盾已经从人民日益增长的物质文化需求与落后的社会生产之间的矛盾转化为人民日益增长的美好生活需要和不平衡不充分的发展之间的矛盾，表明了当下人们渴望获得美好生活的愿景。因此，在这种情况下，把人们的注视点引导到自己的积极方面不仅具有个人意义，而且具有更广泛的社会意义。作为一种提高幸福感的有效方式，品味教育引导人们把目光从消极事件和消极情绪体验转向积极事件和积极情绪体验，因此，品味教育应该成为教育本身的一个重要选择，这是由其内涵所决定的。

教育如果关心得有限，那它也
只能发展得有限。

第六章 积极教育背景下的几个重要问题

2019年年底到2020年上半年，全国大中小学校因受新冠肺炎疫情影响一律延迟开学，学生在家无法上课，于是各级教育部门急学生之所急，让各级各类学校的老师在网上平台给学生上课，这本是一件为学生着想的好事，但结果特别有趣。钉钉很幸运地被教育部门选中，成了给学生网上授课的平台，钉钉本以为自己很厉害，可以借助得到官方认可的机会而大肆扩张，想想都禁不住要沾沾自喜一番。结果没有想到学生们都去网上给上课平台钉钉App打低分出气，大量地给钉钉打一星评价，以期通过打低分让钉钉下架就可以不上课了。学生们还戏称"这个App太棒了，五星分期付款"（意指每次给钉钉打一星评价，连续打五天）。钉钉怎么也没有想到，自己功能这么强大竟然获得了这么多的一星评价，被逼无奈之下，钉钉只能在网上喊："少侠们，行行好，五星分期赔不起，找个工作混口饭吃扛不住一星……少侠们，请你们饶命吧，大家都是我爸爸，我还是个五岁的孩子，却加班到秃发；少侠们，是在下输了，被选中也没办法，不要再打一星，不然我只能去自刷了。"

　　这一事件有点搞笑，但也从一个侧面反映了学生不是很喜欢现在的教育。如果只是个别学生或少数学生迁怒于学习平台而给钉钉App打低分，那可能是个别教师教育水平不高的问题，而现在是绝大多数学生都给钉钉App打低分，这说明教育已经出现了系统性问题。成年人总觉得自己可以为孩子们设计出最好的教育模式，但孩子们似乎并不领情。中国人确实重视教育，从"学区房"概念到"奥数班"，再到各级各类的升学考试，既体现了国人对教育的重视，也体现了国人的教育智慧，但其中也隐含着孩子们最大的无奈和不快，似乎成年人为孩子们精心设计的教育却让孩子们一点都不觉得快乐有趣。教育让孩子们不快乐的最主要原因其实很简单：学习负担太重，各门功课的知识学习几乎占去了学生的全部生活，孩子没有可支配的时间。上课学习（一天至少6节课），课后补习，回家还要做各种书面作业。其实努力学习并不等于练习时间的简单累积，孩子最后的学习成效也和学习时间的总量没有太大关系。

1993年，瑞典心理学家K. 安德斯·埃里克森（K. Anders Ericsson）及其同事提出了"刻苦练习"或"专注练习"（deliberate practice）这一概念。他们在实验基础上提出：一个人只有至少刻苦练习一万小时以后才有可能成为相应领域的专家，简称"一万小时定律"。埃里克森等人主要研究了不同水平等级的小提琴演奏者的练习时间和其演奏水平之间的关联，发现演奏者之间个体水平的差异与其刻苦练习的时间呈正相关，即使是那些有着优秀天赋的演奏者也不例外。这一强调反复练习才能出成效的研究论文在学术界产生了重大影响，被引用了近一万次，还催生了很多畅销书籍，并成为许多老师和家长教育孩子要刻苦学习的经典证据。美国凯斯西储大学的心理学家布鲁克·N.马克纳马拉（Brooke N. Macnamara）及其合作者梅加·梅特拉（Megha Maitra）重复了埃里克森当年的实验研究，最后发现"一万小时定律"并不像人们想象的那样有效，那些最成功的人并不是那些最努力的人。相关的研究论文于2019年8月发表在《英国皇家学会开放科学》（*Royal Society Open Science*）杂志上。

马克纳马拉等人严格控制了无关变量，重新进行了双盲实验研究设计（埃里克森之前的研究并不是双盲实验，因而实验中存在实验者效应等），结果发现：第一，练习时间与小提琴手演奏水平之间并不存在严格的对应关系，尽管精英级小提琴手和专业级小提琴手的专心练习时间都显著多于良好级小提琴手，但是精英级小提琴手的练习时间却显著少于专业级小提琴手；第二，刻苦练习时间只能解释不同水平演奏者26%的差异变化，而在埃里克森等人的研究中这一数据为48%。来自体育运动研究方面的数据甚至更加惨烈，对于那些精英级运动员来说，刻苦练习只能解释差异的1%。如果不相信，你可以试着天天努力训练跑步，然后看看能不能达到下届奥运会的参赛标准。在日常生活中很多人会忽略

积极教育：提升孩子乐商，成就优势品格

一点，那就是努力或用功学习并不意味着练习时间的简单累积，必要的休息和体育锻炼本身就是学习的一个重要组成部分，科学早已经证明：磨刀不误砍柴工。2021年7月24日，中共中央办公厅、国务院办公厅印发《关于进一步减轻义务教育阶段学生作业负担和校外培训负担的意见》，也就是通常所说的"双减"。"双减"政策的核心就是全面压减作业总量和时长，减轻学生过重的作业负担，让学生有时间、有精力参加其他各种活动（音体美等）而获得全面发展。

一项对涉及近5万人的33项已有研究的分析发现[①]，快乐、工作满意度都与一般心理能力（general mental ability，GMA）或智商（IQ）呈正相关。也就是说，只有快乐才能使人的聪明才智得到充分发挥，也才能使人们愿意去做更复杂、更艰难的工作，事实上，长期处于不满意状态，不仅会影响个体暂时的工作状态，甚至会影响人们长期的认知能力。

---

① Erik Gonzalez-Mulé, Kameron M. Carter, & Michael K. Mount.(2017). Are smarter people happier? Meta-analyses of the relationships between general mental ability and job and life satisfaction, Journal of Vocational Behavior, 99, 146-164. https://doi.org/10.1016/j.jvb.2017.01.003.

第一节　让运动锻炼成为孩子生活的一个重要组成部分

孩子的运动水平到底怎样？以浙江省的高中毕业生为例，根据国家学生体质健康监测制度相关要求，2020年浙江省教育厅对2019学年秋季入学的高校新生（浙江籍高中毕业生）的体质健康状况数据做了研究分析，并按生源地和生源高中学校进行全省排序（位）。2019学年浙江省105所高校（含独立学院）共上报了322 996名高校新生（浙江籍高中毕业生）（以下简称高校新生）的体质健康测试数据，除去部分信息不全的省内生源和外省生源数据，实际采集浙江籍新生的有效数据共238 074份。按生源所在高中学校统计，样本量在30人及以上的高中学校761所（普通高中学校542所，中等职业学校219所），测试成绩如表6-1所示①。

表 6-1　2019 学年浙江省高校新生体质健康测试数据

项目	总成绩	BMI指数	肺活量	50米跑	坐位体前屈	立定跳远	引体向上/仰卧起坐	1 000/800 米跑
平均分	72.74	93.88	76.73	74.12	70.97	65.47	45.81	70.19
合格率	91.91%	—	78.61%	92.89%	85.96%	82.60%	54.87%	87.15%

注：根据《国家学生体质健康标准（2014 年修订）》，BMI 指数不评定合格等级。

总的来看，2019学年浙江省高校新生体质健康测试平均成绩为72.74分（满分为100分），合格率为91.91%，良好率为19.47%，优秀率为

① https://www.thehour.cn/news/421207.html.

1.45%；而2017年浙江省高校新生体质健康测试平均成绩分为72.96分，合格率为93.11%，良好率为18.87%，优秀率为0.99%。两年来的变化不大，合格率稍有下降。就具体各项素质来看，浙江省高校新生2019学年的BMI指数、肺活量，坐位体前屈、引体向上/仰卧起坐、50米跑等项目测试成绩连续6年保持一定的上升趋势；但男生立定跳远与1 000米跑项目的测试成绩近3年有一定的下滑，尤其力量素质项目（引体向上/仰卧起坐）得分相对较低（平均分为45.81分，合格率54.87%），其他各项目合格率均不错。如果把浙江省各市学生的健康测试成绩按照合格率和优良率进行排名，具体如下。

浙江省各市学生健康测试成绩合格率排名：杭州（92.59%）、宁波（92.24%）、金华（92.14%）、丽水（92.04%）、温州（91.80%）、湖州（91.76%）、嘉兴（91.73%）、舟山（91.72%）、台州（91.52%）、衢州（91.41%）、绍兴（90.85%）。

浙江省各市学生健康测试成绩优良率排名：杭州（25.11%）、宁波（21.60%）、舟山（20.82%）、金华（20.67%）、湖州（20.51%）、嘉兴（20.18%）、绍兴（20.06%）、丽水（19.81%）、温州（19.76%）、衢州（19.57%）、台州（18.85%）。

从这个排名来看，体育似乎并没有影响学生的学习成绩，因为浙江省基础教育最好的市是杭州市和宁波市，而这两个市学生的体育测试成绩也较好，合格率和优秀率均排名第一位和第二位。

一、运动量即使很少，也对身体健康有利

体育锻炼的积极意义早已经被多项科学研究证实，但许多人不愿参加运动锻炼。这一方面是因为有些人天性不喜欢运动，喜欢坐在那里静养或休息，特别是现在智能手机盛行，工作或学习之余坐在那里玩玩手机就是一种很好的休息；另一方面是因为人们对运动量有一种认识误区，觉得运动量一定要够大才有效果，运动量如果不够，还不如不去运

动。世界卫生组织曾经有一个报告说，全世界有31%的成年人不参加身体活动，久坐的生活方式每年造成约320万人死亡。世界卫生组织根据相关研究结果，提出成人体育锻炼的指导原则是每周至少进行150分钟的中等强度运动或75分钟的高强度运动。

许多人忙于上班或者上学，没有足够的时间去达到这样的运动量，但你即使达不到世界卫生组织规定的最低运动量，同样可以从运动中获得足够多的好处。以跑步为例，任何量的运动都可以改善人的身体健康。这一发现来自对14项已有研究的回顾分析[①]，这些研究共涉及232 149名被试，这些被试在不同的研究中分别被跟踪研究了5.5～35年，这样的研究结果应该具有很大的客观性。研究人员主要想弄清两个问题：第一，简单的跑步或慢跑是否能延长人的寿命；第二，如果简单的跑步或慢跑可以延长寿命，那锻炼的强度或持续时间在其中有多大的影响。相关数据结果显示，与不跑步相比，任何量的跑步都能降低27%的早死风险；与那些从不跑步的人相比，跑步的人死于癌症的风险降低了23%，死于心血管疾病的风险降低了30%。这意味着跑步本身似乎是一种万能的疾病治疗方法，可以防止任何原因的死亡风险，包括癌症和心脏病等重大疾病。这项研究结果的另一亮点是，即使是最少的跑步量（如以每小时8公里的速度每周跑约50分钟，这一运动量明显低于世界卫生组织规定的每周最低运动量），也会显著降低死亡风险，对于一周最低跑50分钟的跑步量来说，你既可以通过一周只跑一次（选择你有空的那一天，如周日或周末等连续跑50分钟）来达到，也可以通过一周多次合起来一共跑50分钟来完成，这些达到每周最低50分钟跑步量的不同方式并不会影响你从跑步运动中获得好处。当然，如果你有更多的时间，你可以选择多跑几次，如一周跑三次，甚至一周跑六次，但只要保持一周超

① Pedisic Z, Shrestha N, Kovalchik S, et al (2019). Is running associated with a lower risk of all-cause, cardiovascular and cancer mortality, and is the more the better? A systematic review and meta-analysis. British Journal of Sports Medicine. https://doi.org/10.1136/bjsports-2018-100493.

过50分钟的运动量，你的身体就一定会从中获益。所以请一定要记住：就算是一周只跑一次步，也比不跑步要好。

世界医学顶级学术期刊《细胞》（Cell）2020年也发表了一篇这方面的研究论文，该论文发现运动对代谢和免疫等生理过程的改变有着许多立竿见影的效果。美国斯坦福大学医学院的一些科学家们开展了一项目前为止最全面的有关运动对身体的影响的研究[①]，研究者先让一群年龄不同的被试以不同的运动量进行运动后，立即对他们身体内发生的情况进行了详细的综合分析。研究结果从分子层面揭示出了身体所发生的成千上万的变化，涉及能量代谢、炎症、氧化应激、组织修复和心血管反应等。这项研究共招募了36名志愿者被试，年龄在40~75岁，研究者先在被试开始跑步之前抽取了他们的血样，作为与运动后进行对比的参照标准，然后让这些被试在跑步机上进行有氧运动。

研究者通过被试面部戴着的氧气面罩来测量他们的峰值耗氧量（VO_2，也就是一个人在剧烈运动时的最大耗氧量，主要指身体在运动期间最多可以使用多少氧气，身体在运动时可以吸入和呼出的氧气越多，有氧运动的水平就越高，研究者经常通过最大摄氧量来评估个体的常规体力活动与心肺健康的生理关系），这是有氧运动能力的一个重要指标，也是医学上评估健康的一个重要标准。这些被试在跑了8~12分钟之后分别达到了峰值耗氧量，研究人员就让他们从跑步机下来，分别在这些被试达到峰值后的2分钟、15分钟、30分钟和60分钟采集了这些被试的血液样本。紧接着，研究人员对这些样本中的血浆和外周血单个核细胞进行了多组学分析，包括了代谢组、脂质组、免疫组、蛋白质组和转录组，然后把这些数据和运动之前的相关数据进行比较。

研究人员测量了这些被试的数十万个分子，观察到这些被试在运动前后有数千分子的水平在不同时间发生了变化，研究人员将这些分子按照运动后的变化趋势主要划分为四类。结果表明，身体的有些分子在停

① Kévin Contrepois, Si Wu, Kegan J. Moneghetti et al. (2020). Molecular Choreography of Acute Exercise. Cell. https://doi.org/10.1016/j.cell.2020.04.043.

止运动2分钟后（也就是达到最大耗氧量后不久）就出现了剧烈上升，例如与炎症反应、氧化应激以及复杂脂质代谢相关的分子，这表明运动在对抗病症方面有作用。脂肪酸氧化的结果也直观地告诉人们，短短几分钟的剧烈运动结束后，身体确实正在快速"燃脂"，即对减肥有作用。在运动结束后的15分钟，身体开始转换代谢葡萄糖以获取能量，即运动后身体开始进行相应的修复。人体通常有数百种分子的水平会因为运动锻炼而下降，并在锻炼结束后的一小时内慢慢恢复，而位于这组分子网络中心的是瘦素和胃饥饿素这两种代谢激素，这意味着运动确实能影响和调节人们的食欲并改善人的身体，这也可以解释为什么刚结束高强度运动后，饥饿感会受到一定的抑制。

二、缺乏运动既容易导致身体健康问题，也容易导致心理健康问题

不运动最直接的后果是容易肥胖，人类在过去漫长的进化过程中很辛苦，需要不停地劳作才能获得食物，这种劳动强度和能量获得已经形成了一种特定的模式。随着社会的发展，人们的劳作强度大大下降，而食物却比任何时候都更丰富，吃得多而体力劳动少的生活方式就很容易让人肥胖，据世界卫生组织的报告显示，2021年肥胖症在全球范围内影响着6亿多人。肥胖为什么会成为身体健康的一个重大问题呢？主要是因为肥胖会让身体脂肪细胞引发复杂的炎症链反应，并进一步破坏新陈代谢、削弱免疫反应，最终使人更容易感染或患上各种疾病。一项由美国辛辛那提儿童大学和辛辛那提大学医学院的科学家共同负责的研究揭示了肥胖影响身体健康这一细胞过程的细节，该研究于2020年6月2日在线发表于《自然·通信》（*Nature Communications*）上[①]。研究论文指

---

① Calvin C. Chan, Michelle S. M. A. Damen, Maria E. Moreno-Fernandez(2020). Type I interferon sensing unlocks dormant adipocyte inflammatory potential. Nature Communications. https://doi.org/10.1038/s41467-020-16571-4.

出，脂肪细胞对I型干扰素（IFN，主要包括IFNα和IFNβ）的感知会影响其潜在的炎症潜能，并加剧了肥胖相关的代谢紊乱，从而促进肥胖相关疾病的产生，尤其是2型糖尿病和非酒精性脂肪肝疾病（NAFLD）。此外，炎症也是一个重要风险因素，脂肪本身具有代谢活性，它产生相当数量的被称为细胞因子的促炎分子，由此在人体内引发了一场免疫大战，产生了低水平的背景炎症。

另外一篇论文对200多篇关于肥胖影响方面的论文进行了元分析概括，详细地从多个方面揭示了肥胖如何使人们更容易患上一些与年龄有关的疾病[①]。该论文指出了以下几点。第一，活性氧（ROS）是重要的信号分子，在维持人体内平衡方面起着重要作用，而肥胖患者细胞中过量的ROS会导致线粒体DNA（mtDNA）发生突变，使炎症长期存在，从而影响多个机体组织的功能，导致人更容易患上与年龄相关的疾病。第二，肥胖还会使细胞自噬（一种细胞循环机制，被认为是长寿的促进剂）能力受损，导致各种组织中功能失调的细胞器和错误折叠的蛋白质过度积聚。第三，在基因方面，肥胖会造成许多与衰老相关的改变。端粒是染色体末端的保护帽，会随着细胞分裂而缩短30～150bp，而肥胖则通过加速细胞分裂、诱导氧化应激等方式进一步缩短端粒长度，从而加速衰老。从研究数据来看，肥胖女性白细胞的端粒比正常体重的女性要短240bp，相当于大约8.8年的衰老。第四，肥胖还会通过不同的靶点诱导免疫系统老化免疫细胞，使认知能力下降、行动不便、高血压等一些与年龄相关的疾病提前发作，还会增加表观遗传老化。在这篇论文的最后，研究人员还具体分析了肥胖如何使人们更容易患上流感、肌肉萎缩、2型糖尿病、心血管疾病、阿尔茨海默病、癌症等一系列疾病，并提出肥胖与肠道菌群和血液代谢组的深刻改变有关。总之，这项研究表明，肥胖本身就是一种加速人体衰老的疾病。

无独有偶，还有一篇研究论文也发现，肥胖居然是最折寿的两个

---

① Bjorn T. Tam, Jose A. Morais, Sylvia Santosa(2020). Obesity and ageing: Two sides of the same coin. Obesity Reviews. https://doi.org/10.1111/obr.12991.

危险因素之一（另一个危险因素是高血压）。《自然·医学》（*Nature Medicine*）2020年发表了一项有关影响人寿命的研究论文，来自日本大阪大学的研究团队对超过67万人的遗传和临床信息进行了仔细分析，发现高血压和肥胖是缩短寿命的两个最主要的影响因素，而健康的生活方式则有助于改善这种危害[1]。研究团队分析了来自英国、芬兰和日本生物样本库中67.6万人的遗传和临床信息，首先分析出与寿命显著相关的38个临床生物标志物，接下来再通过相关数据分析并交叉验证，找到多基因评分与这些临床生物标志物的关联。最终结果表明：高血压和肥胖是降低当代人寿命的两个最关键因素，在采用孟德尔随机化检验之后，研究团队进一步证实了高血压和肥胖与减少寿命之间具有因果关系。该论文还特别分析了生活方式和这些危险因素的相互作用。研究人员得出结论：即便在高血压和肥胖遗传风险偏高的人群中，戒烟、加强锻炼等健康的生活方式也有助于改善预期寿命。

2019年的一项研究还发现，腹部脂肪含量高的人的大脑相对较小，即体重指数较高、腰围较大的人的大脑灰质较少，体重更健康的人可能有更多的灰质，其大脑也更健康[2]。大脑萎缩的一个特征是大脑灰质减少，而大脑萎缩与痴呆、记忆问题等具有高相关性。这项研究共涉及9 652人，其中19%的人肥胖（一般来说体重指数超过30的人被视为肥胖，而腰臀比大于等于0.9的男性被认为是中间性肥胖，女性的腰臀比则是0.85），所有被试均接受了脑部扫描和身体脂肪评估。结果表明，那些身体脂肪较多的人，其大脑中的灰质部分相对较少。灰质指的是脑细胞及其伴随结构，是大脑处理信息的一个重要部分。虽然这一研究发现肥胖（特别是中间部位肥胖）与大脑灰质体积较低有关，但目前还不清楚到底是大脑结构的异常导致肥胖抑或是肥胖导致大脑灰质的减少。定

[1] Saori Sakaue, Masahiro Kanai, Juha Karjalainen(2020). Trans-biobank analysis with 676,000 individuals elucidates the association of polygenic risk scores of complex traits with human lifespan. Nature Medicine. https://doi.org/10.1038/s41591-020-0785-8.

[2] Mark Hamer, G. David Batty(2019). Association of body mass index and waist-to-hip ratio with brain structure. Neurology. https://doi.org/10.1212/WNL.0000000000006879.

期测量体重指数和腰臀比确实有助于确定你大脑的健康状况。

长期保持减肥效果的最好方法是多多运动而不是少吃东西。《肥胖》（*Obesity*）杂志2019年的一项研究发现[①]，如果你想长期保持减肥效果，你就要不断地运动，这要远比你管好自己的嘴巴更重要。这是一项涉及10年的追踪研究，那些成功减肥后的人如果能每天保持足够的运动量（每天走12000步），即使吃得更多，也比那些没有足够运动量（每天走6 500步）的被试减肥效果保持得更好。

经常运动能显著改善一个人的肌肉质量，肌肉是人体的重要组成部分，按照结构和功能的不同，肌肉多种多样，如平滑肌、心肌和骨骼肌等。肌肉不仅可以让你的身体形态更美观有型，还能影响你的运动、平衡、力量等，而且它更是氨基酸的储存库，在各种代谢中起着重要作用。不仅健康人群需要通过加强营养等方式保持并增强肌肉的质量，患有癌症等重大疾病的患者更需要有效提高自己肌肉的质量。10多年前一项发表在《柳叶刀·肿瘤学》（*The Lancet Oncology*）上的研究就已经表明，肌肉质量低的癌症患者会经历更多的并发症、更长的住院时间和更低的生存率[②]。来自加拿大的研究人员首先对患有呼吸道或胃肠道实体肿瘤的患者进行了BMI指数分析，确认了部分肥胖（BMI≥30）患者，并通过CT扫描图像，对这些人的肌肉质量进行了计算评估。最终共有250名患有呼吸道或胃肠道实体肿瘤且肥胖的患者参与了这项研究，其中38例（15%）出现了肌肉减少症，212例（85%）没有出现肌肉减少症。相关的分析数据显示，男性患者的肌肉减少症比女性更常见，结直肠癌患者的肌肉减少症比其他癌症患者更常见，65岁以上患者的肌肉减少症比

[①] Ostendorf D. M., Caldwell A. E., Creasy S. A, et al.(2019). Physical Activity Energy Expenditure and Total Daily Energy Expenditure in Successful Weight Loss Maintainers. Obesity, 27(3), 496-504. https://doi.org/10.1002/oby.22373.

[②] Carla MM Prado, Jessica R Lieffers, Linda J McCargar, Tony Reiman, Michael B Sawyer, Lisa Martin, Vickie E Baracos(2008). Prevalence and clinical implications of sarcopenic obesity in patients with solid tumours of the respiratory and gastrointestinal tracts: a population-based study. The Lancet Oncology. https://doi.org/10.1016/S1470-2045(08)70153-0.

年轻患者更常见。在38例肌肉减少症患者中，18例（47%）出现了较差的身体功能状态，且并发症较多；而在212例没有出现肌肉减少症的患者中，56例（26%）出现了较差的身体功能状态。此外，肌肉减少症患者的中位生存期也比没有出现肌肉减少症的患者更短，生活质量更差。项目研究人员据此认为，通过营养干预提升患者的肌肉质量可以显著改善癌症患者的治疗及预后情况。

通常来说，人体从30岁左右就开始出现肌肉质量逐步下降的情况，这实际上也就意味着从这一时期开始身体健康风险开始增加，尤其当人在患病时，肌肉的重要性更加突出。一般来说，在医院病床上只要躺上3天，一位老年患者就有可能失去一公斤以上的肌肉；在为期10天的住院期间，成年人通常可能失去其肌肉总质量的5%，而在重症监护病房中，这一数字则会上升到18%。从已有的医疗实践来看，患者损失10%的肌肉就会导致免疫力下降和感染风险增加，损失20%的肌肉则会出现浑身无力和康复缓慢，损失30%的肌肉就有可能因太虚弱而无法自己坐下，而损失40%的肌肉通常就会有致命危险。所以，人们在平时一定要积极进行体育运动，并及时补充富含蛋白质的饮食，这样才能保持或增强自己身体肌肉的质量，从而在必要时能有效应对身体所出现的问题。

久坐不运动不仅会导致心血管疾病、糖尿病和关节炎等多种疾病的发病率上升，而且与人的心理健康有很大关联。2020年一项发表于《转化精神病学》（*Translational Psychiatry*）的论文表明，久坐与抑郁和焦虑存在正向关联[1]。研究者对"瑞典国民健康评估档案"（swedish health profile assessment）数据库中2017～2019年收集到的40 550个样本（平均年龄42岁，其中男性约占60%）进行了横断面分析，所有被试都被要求报告其在业余时间的久坐时间（一直久坐、75%的时间久坐、50%的时间久坐、25%的时间久坐或几乎不坐）以及久坐被打断的频次（每30分钟

---

[1] Mats Hallgren, Thi-Thuy-Dung Nguyen, Neville Owen et al. (2020). Associations of interruptions to leisure-time sedentary behaviour with symptoms of depression and anxiety. Translational Psychiatry. https://doi.org/10.1038/s41398-020-0810-1.

为一计算单位）。数据分析使用了逻辑回归模型（这是统计学上一种广义的线性回归分析模型，常用于数据挖掘、疾病影响因素确定、经济预测等领域）分析久坐时间、被打断频次和抑郁/焦虑症状之间的关联，完全校正模型还包含运动因素。

结果显示：久坐时间中等组和较高组被试频繁发生抑郁/焦虑症状的概率分别为较低组被试的1.52倍（95%置信区间=1.40～1.66）和3.11倍（95%置信区间=2.82～3.42）；而久坐行为有时、经常和频繁被打断的组相比于很少被打断的组，频繁出现抑郁/焦虑的概率为后者的0.72倍（95%置信区间=0.65～0.80）、0.59倍（95%置信区间=0.53～0.65）和0.53倍（95%置信区间=0.46～0.59）。这一研究结果意味着经常打断久坐行为或许能减少抑郁、焦虑症状出现的次数。也就是说，当沉迷于看剧、打游戏，或者是专心于学习和工作的时候，不妨每隔一段时间就站起来休息一小会儿，这样做不仅能放松四肢，还能使心情更加愉悦。

三、如何运动效果更好

运动对人有好处，如果你的时间可以由自己安排，那不同时间段锻炼的效果也不太一样，早上锻炼的效果可能相对更好。有一项2019年的研究发现，早晨30分钟的散步可以显著降低一天中其余时间的血压，其积极效果与服用某些降压药几乎相同[1]。这项研究包括67名55～80岁的被试，所有被试均超重，部分人已经达到肥胖水平。最终的研究结果显示，这些被试的收缩压和舒张压均有一定程度的降低，在早晨30分钟的散步运动后，这些被试运动后的平均收缩压比那些坐着休息的被试的平均收缩压降低了，降低幅度接近这一人群吃抗高血压药物的预期值，因

---

① Michael J. Wheeler, David W. Dunstan, Kathryn A. Ellis, Ester Cerin, Sarah Phillips, Gavin Lambert, Louise H. Naylor, Paddy C. Dempsey, Bronwyn A. Kingwell, Daniel J. Green(2019). Effect of Morning Exercise With or Without Breaks in Prolonged Sitting on Blood Pressure in Older Overweight/Obese Adults：Evidence for Sex Differences. Hypertension. 73(4):859–867. https://doi.org/10.1161/HYPERTENSIONAHA.118.12373

而大大降低了这一人群因心脏病和中风而死亡的风险，这种血压降低的状况对女性来说效果尤其明显，也即女性早晨散步对降低血压的效果更好。这一研究同时发现，白天避免长时间久坐有助于降低血压。

在另一项为期6周的有关研究中，共有30名肥胖或超重的男性被试参与了此项研究，这些被试被随机分成两个干预组（运动前吃早餐/运动后吃早餐）和一个对照组（不改变原来的生活方式），两个干预组分别在摄入控制性早餐（营养早餐或碳水化合物）之前和之后进行中等强度的骑自行车运动，两个干预组进行的运动量完全相同，摄入的食物量也相当。6周后的分析结果显示，早餐前锻炼组燃烧的脂肪量是早餐后锻炼组的两倍左右，这些被试脂肪消耗增加主要是由于一夜未进食，体内胰岛素水平降低，这个时候进行锻炼可以消耗更多的脂肪组织以及肌肉中的脂肪作为能量来源。由于早餐前锻炼的人对胰岛素有更好的反应，血糖水平控制更好，减少餐后高胰岛素血症，这就降低了患心血管疾病和2型糖尿病的风险。虽然最后结果表明两个干预组被试的体重减轻情况没有显著差异，但早餐前锻炼对身体健康有更好的积极作用[1]。

也有研究发现，与夜猫子相比，早起的人身体似乎更健康[2]。据相关元分析的结果显示，喜欢早起早睡的人更容易吃健康的食物（如水果和蔬菜），而且这些人的饮食模式也更稳定；而夜猫子类型的人（指晚上睡得晚、早上起得晚）往往会消耗更多的糖、能量饮料、高脂肪食物、酒精和快餐，这导致夜猫子更容易患心脏病和2型糖尿病。尽管你的基因、种族文化和性别对你是早睡早起型还是夜猫子型有很大影响，但有一点很重要：夜猫子类型的人想转化为早睡早起型的人的一个好方法是日常生活中要多出去户外走走，因为有多项研究发现，白天多晒晒太阳

---

[1] Edinburgh, R M, Bradley, H E, Abdullah, N F (2019). Lipid metabolism links nutrient-exercise timing to insulin sensitivity in men classified as overweight or obese. The Journal of Clinical Endocrinology and Metabolism. https://doi.org/10.1210/clinem/dgz104.

[2] Suzana Almoosawi, Snieguole Vingeliene, Frederic Gachon, et al. (2018). Chronotype: Implications for Epidemiologic Studies on Chrono-Nutrition and Cardiometabolic Health, Advances in Nutrition, nmy070. https://doi.org/10.1093/advances/nmy070.

和户外活动时长与早睡早起呈正相关。

如果实在没有专门的时间进行运动那该怎么办呢？有一项研究表明，日常生活中爬楼梯就是一项很好的运动，它有助于降低血压、减少动脉僵硬和增加腿部力量。高血压是成年人面临的一个很大的问题，也是一个危险的致病因子，据调查美国大约有一半的人患有高血压（这个数字在英国大约是30%），高血压会显著增加心脏病发作和中风的风险。有一项以患有高血压的41名韩国女性为被试的研究就探讨了高血压和爬楼梯之间的关系，研究者让其中的一半被试一周四天爬楼梯，每天爬两次到五次楼梯，每次爬192级台阶。结果表明，和控制组被试相比，爬楼梯组被试的血压显著性降低，而且腿部力量也得到了增强[①]。这项研究表明，简单的生活方式干预（如爬楼梯）就可以是一种很好的运动。

另一种把运动融入生活的方式是在正常地、有规律地散步中增加一点正念，这会有助于缓解压力和焦虑。心理学家发现，人们在走动时候的压力一般相对较小（生活中一些人在碰到烦恼事和焦虑时往往喜欢在房间里走来走去，这种方法是有效的），如果人们在走路时再加入一点正念又会如何呢？会不会让自己的压力和焦虑变得更小呢？正念行走意味着正念和行走同时进行，这种方法主要指人们在行走时可以把注意力放在周围环境上、所欣赏的具体事物上或干脆专注于呼入呼出的气息等。有研究者对158名被试进行了利用手机应用程序把正念融入日常行走的研究[②]，研究者在两周的实验期间随机抽样检测了这些被试当时的情绪体验。研究结果表明，行走时融入正念的这些被试的压力和焦虑水平相对更低，他们的生活态度更加积极。在当前这种快节奏的生活环境下，

---

① Wong A., Figueroa A., Son W. M., Chernykh O., Park S. Y.(2018). The effects of stair climbing on arterial stiffness, blood pressure, and leg strength in postmenopausal women with stage 2 hypertension. Menopause, 25(7):731-737. https://doi.org/10.1097/GME.0000000000001072.

② Chih-Hsiang Yang, David E. Conroy (2018). Momentary negative affect is lower during mindful movement than while sitting: An experience sampling study, Psychology of Sport and Exercise, 37, 109-116. https://doi.org/10.1016/j.psychsport.2018.05.003.

一般很难要求人们花很多时间去健身房或出去跑步，特别是当人们感到有压力的时候，就更不愿意出去运动了。这种方式不需要改变人们已有的日常行为方式，只是尝试通过让自己变得更加专注来改变自己的心态，这样人们就在付出一分努力的同时可以获得身体上和心理上的两份收获。

　　运动需要付出一定的努力，这也意味着运动有一定的强度，但并不是运动强度越大越好，运动强度一定要循序渐进。2020年，美国心脏协会（AHA）在其旗下《循环》（*Circulation*）期刊发表的有关运动与心脏健康的科学声明中指出：对于大多数人来说，有氧运动的好处远大于风险，但是极限耐力运动会增加心脏骤停、心律失常或急性心肌梗死的风险[①]。散步、快走、跑步、骑自行车、游泳等活动都属于有氧运动，强度可以由参与者自己控制，一般风险不会太大，但对于那些运动量很大的极限运动来说，情况就有点不同。一个心脏方面的专家委员会回顾了之前已经有的300多项有关的科学研究，这些研究基本涵盖了锻炼对心血管的益处与风险，以及年龄、性别等因素的影响程度。总体来看，大量的研究证据表明，日常生活中习惯性的身体活动量越大，其心肺功能就越好，心血管疾病的发病率和死亡率就会越低，两者呈显著性负相关。平时活动量最大或心肺功能最好的人群，其心血管风险分别降低了30%和64%。运动的好处并不仅限于健康人群，心血管疾病患者定期进行身体活动也有助于减少复发频次、改善生存条件。在同等运动量下，剧烈运动似乎比中等强度的运动能带来更大的预防益处，但一定要循序渐进。该委员会强调：第一，运动前一定要有热身活动，通过速度较慢的活动来让自己的心率逐渐加快；第二，在准备进行爬山、长跑或更剧烈的活动之前，最好先在平地走路锻炼6～8周，如果没有出现呼吸急促、

积极教育：提升孩子乐商，成就优势品格

[①] Barry A. Franklin, Paul D. Thompson, Salah S. Al-Zaiti et al. (2020). Exercise-Related Acute Cardiovascular Events and Potential Deleterious Adaptations Following Long-Term Exercise Training: Placing the Risks Into Perspective–An Update: A Scientific Statement From the American Heart Association. Circulation. https://doi.org/10.1161/CIR.0000000000000749.

头昏眼花、胸痛或胸闷等症状再提升自己的运动强度；第三，在锻炼计划的初期，运动时长可以先从5分钟慢慢增加到10分钟，然后再逐渐增加到所需的时间；第四，如果在运动过程中感受到心脏压力较大（如不习惯高湿度或高海拔环境），就应该马上降低运动强度或干脆停止运动；第五，运动结束后一定要慢走一段时间，以便让心率逐步恢复正常；第六，如果出现任何症状，停止运动并寻求专业医生的评估。负责撰写这一科学声明的专家委员会主席是美国奥克兰大学的内科学教授巴里·A.富兰克林（Barry A. Franklin）博士，他在这一研究发布时说，运动就像一剂治病的药物，毫无疑问，中等强度至剧烈的体育锻炼对人的整体心血管健康都是有益的，但运动也像用药一样，要讲究量，太少或过量的情况都可能不合适，运动量并不总是越多越好。

2021年发表在《欧洲心脏杂志》（*European Heart Journal*）上的一项研究探讨了人们日常的习惯性身体运动与身体健康状态之间的关联[①]，这一研究的具体数据来自知名的弗雷明汉心脏研究（Framingham Heart Study）。该研究共纳入了平均年龄为54岁的2 070名被试，研究开始时所有被试均需要佩戴可穿戴设备，以便让研究者获得每一名被试身体运动的相关数据，同时每一名被试均接受了全面的心肺运动测试（CPET），以测量其身体健康状态。8年后，重复进行上述测量。最终的研究结果表明：中等强度的身体活动（如快走或骑自行车等）是提高心肺健康水平最有效的方法。研究还发现，在体能改变方面，每增加一分钟的中等强度至剧烈的运动，平均相当于步行了3分钟，相当于减少14分钟的久坐时间。每天增加中等强度运动17分钟或每天走路4 312步（大概相当于每分钟走80步，走了54分钟），或每天久坐时间减少249分钟，被试的最大摄氧量就可以增加5%（1.2 mL/kg·min）。无论被试每天久坐的时间长短，只要每天步行的步数高于平均值或完成中等强度的运动，他们的最

[①]　Nayor, M., Chernofsky, A., Spartano, N. L., Tanguay, M., et al.(2021). Physical activity and fitness in the community: the Framingham Heart Study. European Heart Journal. https://doi.org/10.1093/eurheartj/ehab580.

大摄氧量都会高于群体的平均水平。更重要的是，每天额外的活动时间和增加的步数似乎能够抵消久坐对健康的负面影响。

运动也和其他许多事情一样，需要长期坚持才会有明显的效果，即要形成一种定期运动的好习惯才会真正改善自己的健康。如何才能形成定期运动的好习惯呢？这其实是一个世界性难题，这个问题也引起了科学家的关注。来自15所大学的30多名科研人员就这一问题展开了一项前所未有的超大型研究，他们对人们日常生活中常用的53种鼓励人们去运动的激励方案进行了详细评估，试图找出什么才是激励人们去运动的最好方式，这一研究结果登上了顶尖学术期刊《自然》[①]。研究结果表明，多数鼓励人们主动去运动的激励措施都不太有效，人们生活中常用的激励方法大概只有一半稍有效果——提高了9%～27%的运动频率，可见人们是多么不喜欢运动。不过在所有的各种激励方法中，科研人员还是找到了一种最有效的激励措施：用少量的金钱作为奖励带来了比较好的效果。具体的做法可以是这样：个体每次去运动打卡之后都可以获得一定的积分，然后这些积分可以在网站上兑换少量的现金（如几角或几元钱），并且当个体错过一次运动计划而没有积分时一定要给他补正的机会（如可以在其他时间补上或在下次去运动时多给一些额外的积分）。这一研究还发现，当为期一个月的实验结束以后，随后的跟踪测量发现几乎所有的激励方案都会失效——这些被试去运动的频率又回到了实验之前，这表明任何激励措施都应该持续进行，而不应该中断。

积极教育：提升孩子乐商，成就优势品格

---

① Milkman, Katherine L., Gromet, Dena, Ho, Hung, Kay, Joseph S., et al. (2021). Megastudies improve the impact of Applied behavioural science, Nature, 600(478-483). https://doi.org/10.1038/s41586-021-04128-4.

第二节　好好安排孩子的饮食

孩子的饮食同样是积极教育的一个重要组成部分，有关饮食主要涉及两个问题：吃什么和怎样吃。在当今这样一个食物相对比较丰盛的社会，尽管人们不太可能忍饥挨饿，但如果没有科学的饮食观，那饮食也会对孩子的发展造成很大的影响。

一、吃什么比较好

饮食关系到孩子的身体健康已经成为一个基本常识，但饮食居然还与孩子的智商有关联，这是许多家长没有想到的。有一项涉及7 000多人的追踪研究发现，饮食与一个人的智商有关，从小就饮食健康的人的智商更高[①]。这些孩子在一出生就接受健康、饮食和智力等方面的测量和记录，一直被跟踪到8岁的时候。经过对收集到的相关数据进行比对发现：孩子如果一出生就接受母乳喂养，然后在6个月（断乳后）到24个月能进行有规律的健康饮食，主要包括在饮食时添加豆类、奶酪、水果和蔬菜等食物，那这些孩子到8岁时的智商最高可提高2分。该研究论文的第一作者史密瑟斯（Smithers, L.G）博士说，与健康饮食的好处相反，经常吃垃圾食品（垃圾食品是促炎食品的统称）的儿童的智商会较低，那些在两周岁之前经常吃饼干、巧克力、糖果、软饮料和薯片的儿童的智商在8

① Smithers, L.G., Golley, R.K., Mittinty, M.N. et al. (2012). Dietary patterns at 6, 15 and 24 months of age are associated with IQ at 8 years of age. European Journal of Epidemiology, 27(7): 525–535. https://doi.org/10.1007/s10654-012-9715-5.

岁时大概会下降2%。因而在孩子出生后快速成长的这几年时间里，吃得好显得特别重要，虽然该研究得到的数据表明饮食影响孩子智商的差异并不太大（也就2分左右），但这项研究提供了一项迄今为止最有力的证据：6个月至24个月的饮食模式对孩子8岁时的智商有一定的影响。

从神经发育的角度来看，胎儿期和儿童青少年时期（主要指18岁以下）的营养对孩子认知方面的神经发育起着关键作用（因为这一时期儿童的认知发展非常快，变化越快越容易受外在因素的影响），在这个时期如果没有足够的关键营养素摄入，就可能导致孩子认知神经发育和心理健康终身受损，并且在随后的发展过程中无法通过重新补充关键营养素的方法予以纠正。人体的发育和发展不仅与关键营养有关，也与关键期有关，一旦错过了关键期（如提前或延后），即使补充再多的关键营养也不再起作用。美国13位较有权威的营养学家发表在《前列腺素—白叶香精脂肪酸》（*Prostaglandins Leukot Essent Fatty Acids*，*PLEFA*）营养学杂志上的一项研究显示[①]，食用海鲜有益于婴幼儿和儿童青少年的认知神经发育，特别是母亲在怀孕期间如果能经常食用海鲜，她们生出的孩子和母亲在怀孕期间未食用海鲜而生出的孩子之间存在认知差异，前者的平均智商竟然要比后者高出7.7分，这是一个相当大的差异。

这是一项元分析研究，研究人员对公开发表的44项科学研究进行了系统回顾，以分析孕妇和儿童时期食用海鲜与认知神经发育之间的关系，其中29项研究涉及102 944对母子，另15项研究涉及25 031名儿童。相关的研究数据表明，母亲在怀孕期进食海鲜有助于孩子的认知神经发育，在孩子出生后的第三天和孩子长到17岁时进行的智力相关测试显示，与母亲怀孕期没有进食海鲜的孩子相比，母亲怀孕期进食海鲜的孩子智商要高出5.6～9.5分，平均高出了7.7分，而罹患多动症的风险仅为后者的1/3。此外，这一元分析数据还揭示，摄食足量（2 835克/周）的

---

① Joseph R. Hibbeln, et al.(2019). Relationships between seafood consumption during pregnancy and childhood and neurocognitive development: Two systematic reviews. PLEFA, https://doi.org/10.1016/j.plefa.2019.10.002.

海鲜并不会对神经系统发育产生任何负面影响，母亲在怀孕期每周食用4盎司（113.4克）的海鲜就会有助于孩子认知神经功能的发育。所以，研究者在该文章中提到，母亲在怀孕期进食海鲜对即将出生的孩子的大脑、眼睛和整个神经系统的发育有很大好处，其综合功效不是任何一种单一营养元素所能达到的，现在主要的风险在于吃的海鲜不够，而不是摄入过量，而且到目前为止还没有发现吃海鲜过量会产生消极影响的案例。这一研究是不是意味着住在海边人的智商就会比住在内陆的人更高一点呢？那也不一定，因为根据2015～2020年《美国居民膳食指南》（*Dietary Guidelines for Americans*）中有关海鲜的定义，海鲜是指生活在海洋、淡水湖泊和河流中的一大类海洋动物，包括鲑鱼、金枪鱼、鳟鱼和罗非鱼等各种鱼类，以及虾、蟹和牡蛎等贝类。因此，根据这个定义，海洋哺乳动物（如鲸鱼）和海洋植物（如海藻）等均不被视为海鲜。也就是说，即使生活在内陆，如果能经常吃湖里或河里的各种鱼或螺等，依然属于海鲜的范畴。

随着现代人生活水平的提高和科学知识的普及，有一个新概念开始进入普通大众的视野：膳食纤维（dietary fiber）。什么是膳食纤维？膳食纤维既不能被胃肠道消化吸收，也不能为身体产生能量，它曾一度被认为是一种无营养价值的物质而长期得不到人们的重视。随着营养学和相关科学的不断进步，人们发现膳食纤维具有相当重要的作用，现在已被营养学界认定为与传统六大营养素（蛋白质、脂肪、碳水化合物、维生素、矿物质和水）并列的第七大营养素。在经过长达20年的讨论之后，2009年世界卫生组织与国际食品法典委员会终于公布了膳食纤维的定义：膳食纤维是指一切不能被消化以及被小肠吸收的碳水化合物，这些碳水化合物应该是由不少于十个的单体单元组成的聚合物。全麦、豆类、蔬菜与水果等植物食物是膳食纤维的主要来源。

《自然》杂志的子刊《自然·肠胃肝脏科评论》（*Nature Reviews Gastroenterology & Hepatology*）于2020年发表了一篇对膳食纤维进行综

述的文章，系统介绍了膳食纤维研究的最新结果与未来展望①。该文章认为膳食纤维的理化性质与它们所能带来的健康收益密切相关，主要有以下几个方面：第一，纤维的溶解性直接影响它们对上消化道排空与营养吸收的调节作用；第二，膳食纤维的黏度能影响人类消化所花的时间、餐后血糖与血脂含量以及饱腹感；第三，肠道微生物与膳食纤维之间的作用能够产生一定量的短链脂肪酸（SCFAs），而SCFAs在肠道系统的正常运转中也扮演着极其重要的角色；第四，膳食纤维在具体的功能层面上扮演了多功能角色，如膳食纤维能够提高食物中微量营养的生物可利用度。有研究证明，摄入膳食纤维能够使肠道对铁、锌和钙等关键元素的摄入能力增强。摄入膳食纤维也能有效调节肠道通过时间异常，每摄入1克小麦纤维，就能将肠道通过时间减少0.78小时。不仅如此，该文章认为几乎所有种类的膳食纤维都能够有效促进排便以及维持排便的稳定性。随着肠道微生物越来越受到重视，能够被肠道微生物代谢或影响其生长的膳食纤维也被发现对肠道菌群有很好的调节作用。有研究证明，每天摄入15克的特定膳食纤维，能够将肠道中的益生菌——双歧杆菌的数量提高一个数量级。作为现代社会中最常见的肠道疾病之一，便秘的治疗也离不开膳食纤维的参与，大量大型队列研究都发现高膳食纤维饮食与排便次数之间呈现较强的相关性。世界胃肠病学组织（WGO）指南建议一个人每天以20～30克膳食纤维摄入量为目标，这可以有效改善功能性便秘带来的肠道不适。亚麻籽等富含高黏度与低发酵性膳食纤维的食物对排便的改善作用最佳，这可能与高发酵性的膳食纤维在发酵后散失保水力有关。该文章最后总结说，每日摄入超过50克的膳食纤维能显著降低患肠道癌的风险，而摄入超过35克的膳食纤维足以有效降低诸如便秘等慢性肠道疾病风险。一项小型研究已经表明，与仅摄入麸类膳食纤维相比，同时摄入麸类与抗性淀粉这两种膳食纤维所带来的

积极教育：提升孩子乐商，成就优势品格

① Samantha K. Gill, Megan Rossi, Balazs Bajka, Kevin Whelan(2020). Dietary fibre in gastrointestinal health and disease. Nature Reviews Gastroenterology & Hepatology. https://doi.org/10.1038/s41575-020-00375-4.

改善效果更为明显。也就是说，未来科学家们应该关注同时摄入多种膳食纤维的双重甚至多重功效会如何，并对自然界中许多本身就含有多种膳食纤维与其他生物活性物质的植物进行特别研究，如仙人果与红瓜等食物。

在人体的肠道中，生存着数千种微生物，这些微生物不仅种类繁多，而且数量庞大，总量大概有数百万亿。这些微生物在依靠肠道维持自己生存的同时，也参与人体各系统重要的生理功能。人吃的食物、喝的饮料在满足自身营养、能量需求的同时，也喂养着肠道内的这些微生物，对它们的生存及数量等产生影响，进而引起人体新陈代谢的变化，并最终影响人们的身体健康。据一项发表于《自然》的子刊《自然·医学》上的研究显示[①]，富含植物性食物的饮食与个体肠道中有益健康的微生物的生存和数量增加有关，而这些微生物与发生肥胖、心血管疾病和2型糖尿病等疾病的风险呈较低的有关性。来自伦敦国王学院、哈佛大学公共卫生学院和麻省总医院等机构的一些研究人员共同参与了这项研究，共涉及1 098名来自美国和英国的被试。研究人员收集了被试的年龄、性别、身高、体重、吸烟、饮酒以及详细的长期饮食情况等信息，并分析了粪便样本中1 203种肠道微生物组的数量、丰度，以及空腹、餐后血液中与心脏代谢有关的数百种标志物水平，如血脂、炎症标志物等。在调整和控制了其他因素的一些影响后，研究人员发现，饮食中含有更多蔬菜、水果、全谷物和坚果等完整的、未经加工的植物性食物，会与个体肠道中特定的、有益的微生物组的数量更多、丰度更高相关，而这些微生物在功能上有助于人体更好地控制血糖，降低体脂，促进心脏健康，也即与糖尿病、心血管疾病和肥胖等多种疾病风险的降低有关。相反，如果饮食中含有更多高度加工的食物，则与有害的肠道微生物数量和丰度增加相关。

---

① Francesco Asnicar, Sarah E. Berry, Ana M. Valdes, et al. (2021). Microbiome connections with host metabolism and habitual diet from 1,098 deeply phenotyped individuals. Nature Medicine. https://doi.org/10.1038/s41591-020-01183-8.

参与该项研究的研究人员据此得出结论，肠道微生物的类型和数量等是个体的饮食调整、塑造的，进而影响人体代谢。当然，这些联系很复杂，并不是一一对应的关系，即使吃同样的食物，个体之间还是会有一定的差异。不过，这一研究表明，那些完整的、未经加工的植物性食物对培养肠道有益菌群有着重大的积极作用。所以，对一个人来说，要想吃得健康，就要增加营养丰富的全植物性食物的比例，也即人还是要以植物为基础来配制自己的饮食，同时避免食用那些过分加工食品、精制淀粉、油、糖等。

多吃植物性食物不仅有助于促进人的身体健康，还能影响人的认知能力和心理健康等方面。有研究表明，每天吃两茶匙坚果与更好的记忆、思考和推理有关，具体来说，就是经常吃少量坚果的人的认知能力比不吃坚果的人大约要强60%[①]，这一结论来自一项对1991～2006年中国4 822名55岁以上老人的跟踪研究。研究开始时、研究期间和研究结束后所有被试都接受了多次认知功能测试（主要包括记忆、思维和推理能力测试）。最后根据收集到的数据进行比较，结果显示，每天吃10克（大概两茶匙）或以上重量的坚果与预防认知能力下降存在相关性，大概可以使认知能力下降风险降低40%。追踪的结果发现，随着年龄的增长，人们吃的坚果越多，其面临的思维能力下降的风险会越小。从坚果的成分来看：一方面，坚果中含有抗氧化剂，这有助于减少炎症，从而保护大脑免受认知能力下降的影响；另一方面，坚果也富含健康脂肪、蛋白质和纤维，具有降低胆固醇和改善认知健康的营养特性。

从理论上说，多吃绿叶蔬菜能增加维生素B，而维生素B对认知能力有一定的影响，有研究发现它能使轻度记忆障碍患者的大脑萎缩率下降

---

① Li, M. & Shi, Z.(2019). A Prospective Association of Nut Consumption with Cognitive Function in Chinese Adults Aged 55+–China Health and Nutrition Survey. The journal of nutrition, health & aging, 23: 211. https://doi.org/10.1007/s12603-018-1122-5.

一半[①]。研究人员给168名70岁以上的志愿者被试服用安慰剂或高剂量的维生素B片,并对这些被试进行了为期两年的追踪研究,其间多次进行了认知能力的测试,并对所有被试进行了脑部扫描。脑部扫描重复建设显示,服用维生素B的这些被试的大脑收缩率比服用安慰剂组降低了50%左右,而且大脑萎缩率和认知测试分数相关,萎缩率越大,认知测试分数越低。

为什么会有许多人爱吃垃圾食品?主要是因为垃圾食品容易让人获得感官愉悦,而且这种属性是进化而来的(动物也特别爱吃垃圾食品),要戒掉并不容易。长期吃垃圾食品会损害人的认知能力,这已经成为一种常识,但《美国临床营养杂志》(*The American Journal of Clinical Nutrition*)2020年发表的一项研究发现,哪怕只吃一顿垃圾食品,也会让人们的注意力(认知能力中的重要一项)立刻就大打折扣。这项研究由美国国立卫生研究院基金支持,来自美国俄亥俄州立大学行为医学研究所的团队开展了一项随机交叉实验,实验共有51名女性被试,其中包括32名乳腺癌幸存者和19名非癌对照者(健康的普通人)。

研究者让所有被试在实验开始之前的一天吃了三顿标准饮食,随后禁食12小时再进行相关的饮食实验。被试在实验开始时被随机分为两组,两组被试都吃一顿食物完全相同的高脂餐,具体包括鸡蛋、饼干、火鸡香肠和肉汤,这些食物经过测算一共含有60克脂肪。不过两组被试吃的食物的脂肪不同,控制组用饱和脂肪含量高的棕榈油烹制,实验组用富含不饱和脂肪酸的葵花籽油烹制。这顿食物的热量约为930千卡,相当于一顿典型的快餐。

在餐前一小时,研究人员对所有被试进行了注意力测试,具体包括注意时间、专注度和反应速度等方面。餐后五小时,再对所有被试进

① Smith AD, Smith SM, de Jager CA, Whitbread P, Johnston C, Agacinski G, et al.(2010) Homocysteine-Lowering by B Vitamins Slows the Rate of Accelerated Brain Atrophy in Mild Cognitive Impairment: A Randomized Controlled Trial. PLOS ONE 5(9): e12244. https://doi.org/10.1371/journal.pone.0012244.

行一次注意力测试。经过最短一周、最长四周的时间之后，两组被试进行第二次饮食及注意力相关测试，但实验组被试和控制组被试随机选择对调之前所吃的食物。实验最后的结果表明，相较于吃健康脂肪饮食，在吃下含高饱和脂肪的食物后，女性被试的注意力测试表现明显更差。具体来说，当摄入饱和脂肪含量高的饮食后，参加实验的这些女性被试在注意力测试中的能力平均下降了11%[①]。偶尔吃一顿垃圾食品就能出现这样的结果让所有人都大感意外，这意味着如果你即将要开车或去上课，最好不要吃垃圾食品。研究者对这一现象发生的机制进行了进一步的研究，他们检查了这些被试肠道屏障受损的影响，一旦发生肠道屏障受损这种情况，某些内毒素就会从肠道进入血液，从而影响人的注意力。结果显示，肠道屏障受损的被试的注意力下降更明显，对刺激做出反应的时间更不稳定，而且在10分钟的测试过程中无法保持注意力，这意味着这一过程可能是因为内毒素的影响。尽管这项研究没有进一步确认具体机制，但之前已经有研究表明，富含饱和脂肪的食物会加剧全身甚至大脑的炎症反应，这一过程产生的脂肪酸也可以穿过血脑屏障直接与大脑相互作用，脂肪酸也显示出与肠道机能失调有关。

　　同样地，人们通过研究也发现多吃富含蔬菜、坚果、水果和鱼类的饮食还可以降低抑郁风险，因为多数蔬菜和坚果等具有抗炎作用。重要的抗炎食品包括橄榄油、番茄、各种豆类和蔬菜等，这些食品一般富含植物纤维、维生素和矿物质等，而能增加体内炎症的食物主要包括快餐、蛋糕、糖、饱和脂肪和过度加工的肉类食品等（这些食品的共同特征是都含有高水平的饱和脂肪、胆固醇和碳水化合物）。有确凿的证据

积极教育：提升孩子乐商，成就优势品格

[①] Megan E Renna, Annelise A Madison, Janice K Kiecolt-Glaser(2020). Afternoon distraction: a high-saturated-fat meal and endotoxemia impact postmeal attention in a randomized crossover trial. The American Journal of Clinical Nutrition. https://doi.org/10.1093/ajcn/nqaa085.

表明，饮食质量与心理健康之间存在着一定的相关性^①，这种关系甚至超出了节食对身体胖瘦或其他身体健康方面的影响而导致的不良情绪。这项研究一共检测了36 556人的抑郁和其饮食之间的联系，结果发现那些更严格坚持"地中海饮食"（所谓地中海饮食泛指希腊、西班牙、法国、意大利南部等处于地中海沿岸的南欧国家的饮食习惯，现在通常认为这是世界上最好的饮食方式之一，相关的研究表明该区域居民患心血管疾病、糖尿病等富贵病的概率要远远低于其他欧美国家，联合国教科文组织已经将这一饮食模式界定为一项世界文化遗产，认为它是对世界的一项伟大贡献。这一饮食的主要标志为丰富的植物性食物，每日餐后吃新鲜的水果、甜点，橄榄油则是脂肪的主要来源，其他还包括干酪和酸奶等乳制品、少量的鱼类和家禽等）的人比那些避免地中海饮食的人患抑郁症的概率降低了1/3，而食用高饱和脂肪、高糖分和过分加工食品会增加患抑郁症的风险，这些具有促炎性特征的饮食可引起全身性炎症，从而直接增加抑郁风险。

另一项2018年的独立研究也几乎得出了同样的结论，人们如果过分摄入"炎症性食物"，会增加40%的抑郁风险^②。这一研究是对11项独立研究的元分析回顾，所涉及的被试主要包括10多万生活在美国、澳大利亚和欧洲的一些居民，无论是年轻人还是老年人，这就意味着年龄在其中并没有起到影响。炎症对身体具有一定的保护作用，可以保护身体免受毒素的侵害，但当身体持续处于高警戒的炎症状态时，炎症在杀死外在病毒侵袭的同时会杀死一些好的脑细胞，从而增加了抑郁风险。

据相关的动物实验发现，不良饮食会导致智力下降和增加50%的懒

① Camille Lassale, G. David Batty, Amaria Baghdadli, Felice Jacka, Almudena Sánchez-Villegas, Mika Kivimäki & Tasnime Akbaraly (2018). Healthy dietary indices and risk of depressive outcomes: a systematic review and meta-analysis of observational studies. Molecular Psychiatry. https://doi.org/10.1038/s41380-018-0237-8.

② Katie Tolkien, Steven Bradburn, Chris Murgatroyd(2018). An anti-inflammatory diet as a potential intervention for depressive disorders: A systematic review and meta-analysis. Clinical Nutrition. https://doi.org/10.1016/j.clnu.2018.11.007.

惰情况，研究人员发现连续给老鼠喂食相当于人类垃圾食品的饮食9天之后，不仅老鼠的认知能力受到了影响，而且老鼠的身体机能也下降了约50%[①]。这一动物实验表明，短期高脂肪饮食也具有令人吃惊的危害，而且这些高脂肪饮食的老鼠在学习迷宫导航时会多犯20%以上的错误，也减少了尝试的次数，少跑了50%的路，显得更懒惰。研究人员在这次实验中还有另一个发现，随着向老鼠全身泵血的力度的增加，老鼠的心脏也随之开始增大。

戒除不了垃圾食品的另一个原因是高热量饮食会损害人们的大脑，从而使人们更难从思想上抵制食用高热量食物。垃圾食品中的高脂肪、高热量会改变人脑中的海马体区域，这一区域对于思维至关重要，比如人们想要抑制自己想吃得比自己应该吃的更多的思想就需要海马体参与。如果海马体不参与约束人的饮食，肥胖就变得更加难以避免，从而形成一个恶性循环，这一结论来自一项对大鼠的研究[②]。其中一些大鼠被喂以高脂肪、高热量的垃圾食品，结果表明，肥胖的大鼠在记忆任务上出现了更多问题。如果人类也具有类似特征的话，这就可以解释为什么减肥和保持减肥是那么困难，没有抑制想吃想法的能力，就可能导致肥胖。相关研究发现，肥胖者和以前肥胖的人在进食时的海马体活动比从不肥胖的人似乎更弱一点。

除了杜绝垃圾食品，儿童要禁止饮酒，成年人也要尽量不饮酒。中国具有悠久的酒文化，酒似乎总与文人、诗人和快乐等联系一起，中国人聚在一起吃饭大多数情况下是"把酒言欢"，多数人认为只要不长期大量喝酒，对身体的危害就没有那么大，少量喝酒甚至可以强身健体。

① Andrew J. Murray, Nicholas S. Knight, Lowri E. Cochlin, Sara McAleese, Robert M. J. Deacon, J. Nicholas P. Rawlins, and Kieran Clarke(2009). Deterioration of physical performance and cognitive function in rats with short-term high-fat feeding. FASEB Journal. https://doi.org/10.1096/fj.09-139691.

② Davidson T L, Monnot A, Neal A U, Martin A A, Horton J J, Zheng W.(2012). The effects of a high-energy diet on hippocampal-dependent discrimination performance and blood-brain barrier integrity differ for diet-induced obese and diet-resistant rats. Physiology and Behavior, 107(1):26-33. https://doi.org/10.1016/j.physbeh.2012.05.015

积极教育：提升孩子乐商，成就优势品格

世界卫生组织其实很早就已经把酒精列为一级致癌物，最新的科学研究更是表明，酒精是全世界5.5%的癌症发生和全世界5.8%的癌症死亡的首要风险，"适量饮酒对健康有好处"这种说法大错特错。相关科学研究发现，过量饮酒和酗酒都与智商低下有关，两者之间呈现明显的相关关系，这一结论来自对1969～1971年征兵、服兵役的49 321名瑞典青少年男性的研究[1]。所有被试均接受了智商测试，并自我报告了他们的日常酒精摄入量，结果表明，被试智商越低，他们喝的酒就越多，就越有可能暴饮暴食。这项研究并没有清楚说明智商与酒精摄入之间确切的因果联系，不过总的来说，较低的智商可能与较低的社会地位和情绪问题有关，这两者都可能导致较高的酒精消费率。

世界最重要的医学学术期刊《柳叶刀》2018年刊登的一篇研究论文指出[2]，饮酒没有量的说法，饮多少量都有坏处，滴酒不沾才是健康的生活方式。这项研究由比尔·盖茨公益基金会（Bill & Melinda Gates Foundation）资助，该研究论文指出，酒精在2016年共导致了280万人死亡，对于15～49岁的人群来说，酒精是导致疾病和早亡的主要风险因素，1/10的人的死亡与酒有关，主要包括如酒精引发的癌症、心血管疾病、结核病等传染性疾病、暴力和自残等故意伤害，以及交通事故和其他意外伤害等。参与该研究的研究者认为，确实曾有研究得出过一个有关酒精的积极结论——适度饮酒可能会降低患心脏病和2型糖尿病的风险。如果只考虑心脏病和2型糖尿病这两项，适度饮酒确实可能降低患病率，但如果综合考虑人体的全部患病因素，饮酒对健康的不利影响更多，总的来说饮酒一定是坏处大于益处。

中国人爱喝的酒是一级致癌物，那中国人很少喝的咖啡又怎样呢？

① Sara Sjölund, Tomas Hemmingsson, Peter Allebeck(2014). IQ and Level of Alcohol Consumption—Findings from a National Survey of Swedish Conscripts. Alcoholism: Clinical and Experimental Research, 39(3): 548-555. https://doi.org/10.1111/acer.12656.

② GBD 2016 Alcohol Collaborators (2018). Alcohol use and burden for 195 countries and territories, 1990–2016: a systematic analysis for the Global Burden of Disease Study 2016. The Lancet. https://doi.org/10.1016/S0140-6736(18)31310-2.

人们的常识有时候总是和科学研究的结果不太相符，相关研究发现，喝咖啡可以降低记忆力丧失风险，如果一天喝3杯（普通的咖啡杯）或3杯以上的咖啡，会比那些不喝或只喝1杯的人有更好的记忆力[①]，80岁以上的女性如果每天喝3杯或3杯以上的咖啡，患痴呆症的风险则会降低70%。这项研究包括了7 017名被试，这些被试被跟踪了4年，研究者多次测试了他们的认知能力以及咖啡因的摄入量。不过从这项研究的结果来看，咖啡对记忆丧失的保护作用仅见于女性。

另一项有关喝咖啡的研究则发现，相较于那些很少或不喝咖啡的人，咖啡爱好者的肠道微生物组要健康得多，而肠道微生物组的构成则会影响人们的身体健康和心理健康状况[②]。在这项研究中，研究团队通过结肠镜检测了34名受试者共97份样本的肠道微生物组构成，与此同时，所有被试通过调查表自我报告每天咖啡因的摄入量。总的结果表明，每天咖啡因摄入量较高（≥82.9 mg，相当于喝两杯以上）的被试，其在肠道微生物组特征上表现出了明显优势：肠道细菌的多样性更好，在肠道中分布也更均匀，细菌构成具有更好的抗炎性。比如有利于抗炎的粪杆菌（faecalibacterium）和罗斯氏菌（roseburia）的丰度较高，而有害细菌埃里西佩拉托三聚（erysipelatoclostridium）等与代谢异常、肥胖有关的细菌则相对较少。无论被试的年龄和饮食质量如何，都可以观察到这种相关性。研究者推测咖啡中的咖啡因或其他成分可能会影响细菌的代谢，而细菌的代谢终产物则会影响人的身体健康。

不过人们通常都有一种信念：咖啡因会让人兴奋而睡不着觉，即咖啡会影响人的睡眠，而睡眠质量又会影响人们的身体健康。

① Ritchie K, Carrière I, de Mendonca A, Portet F, Dartigues J F, Rouaud O, Barberger-Gateau P, Ancelin M L(2007). The neuroprotective effects of caffeine: a prospective population study (the Three City Study). Neurology, 69(6):536-45. https://doi.org/10.1212/01.wnl.0000266670.35219.0c.

② Shawn Gurwara, Annie Dai, Nadim Ajami, Hashem B. El-Serag, David Y. Graham, Li Jiao (2019). Caffeine Consumption and the Colonic Mucosa-Associated Gut Microbiota. ACG 2019 Annual Scientific Meeting. PresentationID=593977.

发表在《大脑皮层》（*Cerebral Cortex*）上的一项最新研究发现，经常喝咖啡（含咖啡因）并不会影响睡眠质量，但它会暂时改变与记忆有关的大脑结构[①]。由瑞士巴塞尔大学领导的研究团队通过一项随机双盲交叉试验发现了这一结果，共有20名健康志愿者作为被试进入了这一研究，这些被试每天都有喝咖啡的习惯。研究人员把被试随机分成两组，每名被试都会给予两个10天疗程的药片，并要求他们在此期间不要摄入其他咖啡因。在第一阶段的10天里，第一组被试服用含有咖啡因的药片（3×150mg/天），第二组被试则服用不含活性成分的安慰剂药片（3×150mg/天）。第一阶段的10天结束之后，在第二阶段的10天里，两组被试互换服用的药片。研究者在实验每一阶段的开始和结束时都会对被试进行脑部扫描，以检查这些被试大脑灰质的体积和脑血流量，还通过脑电图活动来量化所有被试慢波睡眠的压力，以确定这些被试的睡眠质量。慢波睡眠即沉睡状态时的睡眠，人在这个时期会进入更深的无意识状态。研究结果令人惊讶，所有被试的慢波睡眠在不同条件下并没有差异，也就是说，被试摄入咖啡因没有导致睡眠质量下降。摄入咖啡因在一定程度上会暂时改变大脑结构。第一，与安慰剂组被试相比，咖啡因组被试在10天后的脑部扫描显示他们的内侧颞叶灰质体积显著减少，这一区域对学习、情感和记忆巩固至关重要，这意味着喝咖啡会影响人的认知功能，但到底是积极还是消极的还有待进一步探讨。第二，与安慰剂组相比，咖啡因组被试的脑血流灌注减少，而且灰质体积减小越多，个体咖啡因和副黄嘌呤浓度就越高。副黄嘌呤是嘌呤降解途径的产物。咖啡因是一种黄嘌呤生物碱化合物，可以作为一种中枢神经兴奋剂，能在短时间内赶走困意并让你感觉精神抖擞，在临床上，咖啡因也用于治疗神经衰弱和昏迷等。不过当被试停止喝咖啡后，大脑又恢复了原来的结构。

① Lin, Yu-Shiuan, Weibel, Janine, Landolt, et al.(2021). Daily Caffeine Intake Induces Concentration-Dependent Medial Temporal Plasticity in Humans: A Multimodal Double-Blind Randomized Controlled Trial. Cerebral Cortex. https://doi.org/10.1093/cercor/bhab005.

如果说喝咖啡到底是好还是坏还有待进一步的实验证据，但喝酸奶的好处则早已得到了明确证明。酸奶既补钙又能助消化，而且老少皆宜，不仅是减肥人士的首选，也是孩子身体良好发育的首选。此外，喝酸奶还可以降低患乳腺癌的风险，有益于身体健康。人和哺乳动物的乳腺导管和乳液中都含有大量微生物，有数据显示，女性生育后进行母乳喂养会减少4.3%的患乳腺癌的风险。这主要是因为病原细菌容易在乳腺导管中诱发炎症，而引起的炎症会干扰干细胞的层次结构，最终导致乳腺癌的发生，而乳汁中的乳糖发酵细菌能起到一定的保护作用。2019年12月13日，兰卡斯特大学等多位研究者在《医学假设》（*Medical Hypotheses*）期刊上提出，酸奶中富含乳糖发酵菌，人们每天摄入酸奶是预防乳腺癌最简单且有效的方法[1]。研究人员总结了之前的多项研究发现，分化成乳腺导管的干细胞会受微生物群落的影响，比如引起牙周炎的病原细菌会内源性扩散，从而在其他一些上皮部位引起炎症，从而导致患癌风险增加，结肠、胃等其他器官也都具有这样的特征，也就是说，微生物群落会影响干细胞的分化并增加患癌风险。

二、如何吃会更好一点

中国传统文化中有细嚼慢咽的说法，相关的科学研究发现，让孩子吃饭慢一点更有利于其身体健康。一项大型研究发现，吃得慢的人比吃得快的人，肥胖的可能性要低42%[2]。为什么会出现这一现象呢？这主要是因为吃得较慢时，人们会及时地感到自己已经吃饱了，身体的胰岛

---

[1] A.K. Marwaha, J.A. Morris, R.J. Rigby(2019). Hypothesis: Bacterial induced inflammation disrupts the orderly progression of the stem cell hierarchy and has a role in the pathogenesis of breast cancer. Medical Hypotheses. https://doi.org/10.1016/j.mehy.2019.109530.

[2] Hurst Y, Fukuda H. (2018). Effects of changes in eating speed on obesity in patients with diabetes: a secondary analysis of longitudinal health check-up data. BMJ Open, 8:e019589. https://doi.org/10.1136/bmjopen-2017-019589.

素水平对食物能做出及时的反应；而如果吃得很快，人们觉得自己吃饱了的时间会更晚，这样就会吃下去比身体需要的更多的食物。这项研究对日本近6万人进行了为期5年的跟踪调查，研究者将所有被试的进食速度分为慢、中或快，并调查了这些人的身体健康状况。结果表明，那些吃得慢一点的人身体更健康，要比以正常速度进食的人的肥胖可能性低29%，更是比那些吃得快的人的肥胖率降低了42%。这意味着吃饭越慢，腰围可能越细，身体就越不容易肥胖，似乎改变饮食习惯就可以影响肥胖、体重指数和腰围等。中国的孩子普遍学习压力大，学习时间长，早晨很早就要去学校上早读课，晚上回家后还要做家庭作业到很晚，因而留给孩子吃饭的时间相对比较少。中国家庭最经常出现的画面：早晨家长拿着书包站在正吃早饭的孩子身边，不断催促其快点吃，要不然上课快要迟到了；而晚上家长则拿着牛奶或夜宵催促孩子赶紧吃完去洗漱、睡觉。在有些家长眼里，孩子吃饭花费较长时间就是浪费时间，所以家长在孩子吃饭时总会不断催促，这实际上是一种不健康的生活方式。不过，这种通过降低饮食速度的干预措施来预防肥胖和降低相关健康风险仍然还只是一项相关研究结论，其是不是因果关系及相应的机制还有待进一步确定。

牛奶已经成为中国孩子食物的一个重要组成部分，说到牛奶的益处，人们普遍会想到牛奶可以补钙、补充蛋白质等营养物质，但牛奶要如何喝才比较好呢？牛奶确实含有大量人体所需营养成分和生长促进因子等，但牛奶中的这些营养物质也可以从其他食物中获得。《新英格兰医学杂志》2020年发表了一篇关于牛奶与人类健康的论文，从多个方面深入探讨了乳制品在人类营养和疾病预防中的作用。该论文主要有以下几个方面的结论[①]：（1）乳制品整体上优于加工红肉或含糖饮料，但不如坚果等植物蛋白好；（2）尽管有一些证据表明低脂乳制品有一定优势，但目前尚未有充分证据明确证明低脂乳制品优于全脂乳制品；（3）就一个成年人来说，在有更多研究可参考之前，理想的牛奶摄入量不超过474毫

① Walter C. Willett, David S. Ludwig(2020). Milk and Health. The New England Journal of Medicine. https://doi.org/10.1056/NEJMra1903547.

升；（4）喝牛奶并不是越多越好，还要取决于个体的整体饮食质量，如果孩子饮食质量低下，则乳制品可以改善营养，而如果孩子饮食质量已经较高，则增加摄入牛奶并不太可能带来额外的实质性好处，并且难以完全排除潜在的负面影响。

另外，该论文还在七个重要的具体方面进行了相关论述。

第一，对于儿童的生长发育来说，营养需求很大，但相关研究数据有限，喝牛奶对儿童到底能产生多大的影响尚不明确。如果孩子缺乏母乳喂养，牛奶可在婴幼儿期补充重要营养，帮助儿童健康生长。需要注意的是，从整个儿童期的生长发育来说，如果注重整体饮食质量，不摄入乳制品也可以实现正常的生长发育。不过，即使在总体营养充足的情况下，摄入乳制品也有利于促进儿童的身高增长。

第二，对于骨骼健康来说，许多人大量摄入乳制品的主要目的之一是补充身体所需的钙，预防骨质疏松。确实有研究支持大量补钙有助于小幅改善骨密度，不过这种微小获益在停止补钙后会自行消失，长期以来一直缺乏足够证据支持摄入更多量的钙可以有效预防骨折，反而是有多项研究显示，乳制品或钙的总摄入量与髋部骨折风险没有关联。另外还存在一个矛盾的现象，即一些乳制品和钙摄入量较高的人，往往髋部骨折发生率也偏高。所以，成年人并不能通过摄入乳制品来预防骨折。

第三，对于控制体重和肥胖来说，就目前来说，无论是儿童还是成人，还没有研究结果证明乳制品摄入量与体重变化有明显的关联。对体重的顾虑还影响着消费者对全脂、低脂和脱脂乳制品的选择，虽然一些学术机构或商家大力推荐低脂奶，但从现有证据来看，在控制体重方面低脂奶似乎并不会优于全脂奶，一些研究还提示喝低脂奶的儿童的体重增幅更大；但喝酸奶可能通过对肠道菌群的影响而带来预防肥胖等潜在益处，但这还需要在随机对照试验中进一步验证。

第四，对于心血管疾病、糖尿病来说，有关低脂奶对降低血压的影响，在随机实验中获得的结果并不一致，考虑到乳制品的脂肪中65%为饱和脂肪，目前的主流建议还是更推荐低脂乳制品，因为饱和脂肪会增加低密度脂蛋白（LDL）胆固醇，后者是已知的冠心病致病危险因子。不过，在对过去已有的相关研究进行元分析之后发现，无论全脂或低脂乳制品，都与冠心病、中风的发病率或死亡率没有明确关联。目前，有关乳制品摄入量与1型糖尿病风险的关系仍不明确，有部分研究支持摄入乳制品与2型糖尿病风险略微相关，但大型的追踪研究和元分析的结果则显示无关或弱相关。全球流行病学调查提示，如果个体饮食中淀粉含量非常高（稻米淀粉含量比较高），适度摄入乳制品可增加营养并降低血糖负荷，从而减少心血管疾病。

第五，对于癌症来说，有研究显示，摄入乳制品与前列腺癌、乳腺癌和子宫内膜癌的风险增加呈正相关，其中，子宫内膜癌的风险可能与乳制品中的性激素含量相关。摄入乳制品与结直肠癌风险呈负相关，这可能是由于乳制品中的钙含量高。需要注意的是，现有相关研究的普遍局限在于都针对中老年人群开展研究，而不少癌症危险因素是在生命早期就开始悄然产生影响的，而在一项有关青少年饮食的研究中，乳制品摄入量与未来患乳腺癌的风险没有关系。

第六，对于总体死亡率来说，对29项已有的相关研究进行元分析后显示，人的乳制品摄入量与总体死亡率没有关系。在对3项随访追踪30年以上的大型纵向研究进行分析后发现，每天吃2份乳制品与最低的总死亡风险相关，从吃的乳制品分类来看，全脂牛奶摄入量每增加0.5份/天（120ml），总死亡风险略增加11%。

第七，喝有机奶会更好吗？人们对传统方式生产牛奶的担忧在于，饲养过程中使用了牛生长激素（bovine somatotropin，BST），或者动物饮料中含有残留的杀虫剂和抗生素等，很遗憾目前尚无长期研究证明有机奶会更好一点。

不过，也有一项研究发现喝脱脂牛奶似乎更好，这项研究由美国杨百翰大学的教授拉里·A.塔克（Larry A. Tucker）博士完成[①]。他对5 834

① Larry A. Tucker(2019). Milk Fat Intake and Telomere Length in U.S. Women and Men: The Role of the Milk Fat Fraction. Oxidative Medicine and Cellular Longevity. 10.1155/2019/1574021.

名美国成人被试进行了研究，获取了这些被试的牛奶消耗等状况（包括数量和类型等），并检测了这些人的DNA，测量了DNA端粒长度。端粒是染色体末端一种重复的DNA序列，就像鞋带末端的小节塑料那样能够起到保护作用，随着细胞不断分裂，端粒会逐渐缩短，直到过短时，细胞就会出现功能异常，所以端粒缩短通常是衰老过程中出现的一种关键现象。塔克博士比对了这些被试喝的牛奶类型、频率与其DNA端粒长度之间的关系，发现在喝牛奶的人群中，无论每天喝、每周喝还是更低频率地喝，都不影响端粒长度，但端粒长度与喝的牛奶类型有关，在调整其他影响因素之后，发现喝脱脂或低脂（1%）牛奶的被试间的端粒长度没有显著差异，而喝全脂或2%脂肪牛奶的人群在端粒上的碱基对平均减少了145个（与喝脱脂牛奶的这些被试相比）。平均而言，被试喝的牛奶脂肪含量越高，其DNA端粒就越短；牛奶脂肪含量每增加1%（如从喝1%脂肪牛奶改为喝2%脂肪牛奶），人们的端粒就少69个碱基对，这相当于在生物学上衰老4.5年。

对很多人来说，现在所面临的问题不是吃不饱，而是吃得太好，以至肥胖远比营养不良更成为一个影响问题。要想成功减肥，有一项研究的结果特别有意思：与那些复杂的饮食相比，简单的饮食会导致更好的减肥效果，原因是饮食越简单，坚持下去就越容易[①]。这项研究对390名女性进行了两种不同搭配类型的饮食测试。首先给被试提供了一个简单的食谱和膳食计划，且没有多少选择性。另一个食谱则较为复杂，它科学地给不同食物赋予了不同的积分值，并且需要人们将总数加起来计算总的卡路里，但这种食谱更灵活，可以随意把各种食品进行不同搭配，不过需要花费更大的脑力。研究结果显示，女性更有可能坚持一个简单的饮食食谱和膳食计划，尽管复杂食谱看起来更科学、更灵活，似乎更有吸引力，但由于复杂食谱同时需要更多的计算和监控，需要消耗人们

① Jutta Mata, Peter M. Todd, Sonia Lippke (2010). When weight management lasts. Lower perceived rule complexity increases adherence. Appetite, 54(1): 37-43. https://doi.org/10.1016/j.Appet.2009.09.004.

更多的心理资源，因而采用复杂食谱的被试总是很早就放弃了自己精心准备的减肥计划。另外，还有两个简单的习惯也与减肥有关：第一，避免饭后吃零食，饭后适当吃一点水果有利于消化，但饭后吃零食会让人不知不觉吃更多的东西，而且会影响人们的口味；第二，睡前两小时内不要再吃东西，睡前吃东西不仅影响人的睡眠，更会令脂肪堆积。

有意思的是，改变通常的进餐时间也会有利于减肥。这一研究通过改变被试常规的用餐时间，主要包括晚一点吃早餐（推迟90分钟后吃早餐），早一点吃晚餐（提前90分钟吃晚餐），这些被试体重减轻的平均重量是那些在正常时间进餐的被试的一倍左右[①]。这一研究特别发现，如果你要吃一些食物补充剂（如蛋白质补充剂），一定要在进餐的同时吃，千万不要在两餐之间吃（一般餐后或餐前半个小时之后称为独立时间），在和食物同时吃时更有利于减肥，而在两餐之间的一个独立时间点吃反而会增加体重。也就是说，如果你想吃点水果或其他营养品的话，最好在吃饭的时候同时吃下去（餐前或餐后半小时内吃水果），而不要在两餐之间专门吃水果。当然，如果你想增重的话，那你就一定要在两餐之间吃食物补充剂或水果等。

为了检验睡前吃东西到底会对身体造成什么影响，有研究者把被试的早饭移到当天晚上当夜宵吃，结果会怎样呢？美国范德比尔特大学的几个生物科学家于2020年开展了一项真人实验，发现仅仅改变被试的进餐时间，把早餐挪到睡觉之前当夜宵吃，就会让身体更容易留住脂肪而发胖[②]。研究人员让一些中老年被试住进可以监测新陈代谢水平的实验室里，这些被试需要接受两次实验，每次持续56小时。在这两次实验

①　Hudson J. L., Bergia R. E., Campbell W. W.(2018). Effects of protein supplements consumed with meals, versus between meals, on resistance training-induced body composition changes in adults: a systematic review. Nutrition Reviews.76(6):461-468. https://doi.org/10.1093/nutrit/nuy012.

②　Kevin Parsons Kelly, Owen P. McGuinness, Maciej Buchowski, Jacob J. Hughey, Heidi Chen, James Powers, Terry Page, & Carl Hirschie Johnson(2020). Eating breakfast and avoiding late-evening snacking sustains lipid oxidation. PLOS Biology. https://doi.org/10.1371/journal.pbio.3000622.

中，一次让被试在通常的时间享用准备好的早（早餐8点）、中（中餐12点）、晚（晚餐18点）三餐，另一次则把早上8点提供的早餐改在夜里10点作为夜宵，即被试早上不吃饭，到中午才吃第一餐，然后把早餐准备的食物在晚上10点作为夜宵给被试吃。被试随机被分为两组并进行第一次和第二次实验程序轮换。当然，早餐组和夜宵组摄入的食物在营养组成和热量上都完全相同，被试在一天中的运动量也完全一样，意味着总的能量消耗也没有差异。此外，被试的睡眠时间也完全一致，尽量排除可能的无关因素的干扰。研究人员在计算志愿者的呼吸交换率（RER值，即每分钟二氧化碳生成量/耗氧量）时发现，早餐组和夜宵组的RER值及其波动形式显示出了差别。具体来看，正常早餐组被试在夜间睡眠期间，其RER值较低，意味着代谢以脂质分解为主；白天活动期间较高，意味着主要以碳水化合物和蛋白质代谢为主。夜宵组的RER值昼夜波动不明显，当被试吃完夜宵后睡觉，身体代谢没有切换到以分解脂肪为主的代谢模式，而是优先锁定了新摄入的、更容易获得的碳水化合物，即睡前吃的食物会让睡眠期间的脂肪燃烧被推迟，从而更容易造成脂肪堆积。

除了吃饭时间会影响肥胖，装食物的盘子的颜色居然也会影响人们摄入的食物数量。美国康奈尔大学的饮食行为专家布雷恩·万辛克（Brain Wansink）招募了60名成年被试吃自助餐，研究人员随机安排一半的人排队吃伴有白色奶油奶酪酱的意大利面，而另外一半人吃红辣椒酱拌面。每个被试会随机拿到一只白色或者红色的盘子去自己盛装食物，结果发现，如果被试手中的盘子的颜色和食物颜色相同，他们就会不知不觉地吃得更多[1]。这一有趣的研究被发表在《消费者研究杂志》（*Journal of Consumer Research*）上，也许下次该拿一个黑色的碗去装白米饭和白馒头。

---

[1]　Van Ittersum, Koert, Wansink, Brian(2011). Plate Size and Color Suggestibility: The Delboeuf Illusion's Bias on Serving and Eating Behavior. Journal of Consumer Research. https://doi.org/10.1086/662615.

对于中国孩子来说，还有一种胖来自"外婆（或奶奶）让你胖"的现象。中国儿童肥胖率近年来迅速发展，据相关的调查统计，1985年在学儿童（无论是男孩还是女孩）超重或肥胖比例只有1%，但到2015年这一比例已经在男孩中增至28.2%，女孩也达到了16.4%。年龄在7～18岁的中国青少年中，2019年中国肥胖儿童数量已经达到3 900万人，绝对数量高居世界榜首，依据这样的速度预测，到2030年中国肥胖儿童的数量将要突破6 200万人。中国儿童的肥胖除了通常的原因（如过度摄入高糖、高油脂食品，缺乏必要的运动，长时间久坐看电视、玩游戏或玩手机），更有一个特别的原因：来自外婆（或奶奶）的特别宠爱。中国有一句俗话叫作"隔代亲"，孩子在静静看书或玩游戏时，时不时地就会被外婆（或奶奶）塞一个橘子、一根香蕉或者一块糕点，有时还会夸张地端上一碗人参鸡汤。总之，孩子坐到哪里，哪里就会堆满各种好吃的食物。孩子要是拒绝吃，还会惹得老人家不高兴。孩子多数时候控制不住自己。网上曾有一个3岁的"小网红"佩琪，她的父母为了当网红、圈流量，不断把女儿刚吃空的盘子加满各种好吃的食物，小佩琪尽管不想吃，但经不住食物的诱惑，每天都会吃下远远超过自己身体需要的食物，硬生生地被父母喂胖到70斤！中国现在已经成为外婆（奶奶）的一代人年轻时不仅自己吃不饱，而且孩子吃得也不够好，她们总觉得有点亏欠自己的孩子，所以就形成了一种补偿心理——把那些曾经缺乏的好东西、好食物加倍地投入自己的孙代身上，希望自己的孙代吃得越多越好。

来自英国伯明翰大学的研究员佩曼·阿达比（Peymane Adab）联合李（Li）和广州疾病控制预防中心对这一问题进行了研究，并于2017年在广东进行了一项旨在改善中国儿童肥胖的干预项目——"快乐龙计划"[①]。来自广东省43所小学的超过61 000名儿童参与了这项计划，研究

---

① Bai Li, Miranda Pallan, Wei Jia Liu, Karla Hemming, Emma Frew, Rong Lin, Wei Liu, James Martin, Mandana Zanganeh, Kiya Hurley, Kar Keung Cheng, Peymane Adab(2019). The CHIRPY DRAGON intervention in preventing obesity in Chinese primary-school--aged children: A cluster-randomised controlled trial. PLOS Medicine. https://doi.org/10.1371/journal.pmed.1002971.

者在这一项目过程中收集了大量的相关数据，数据收集对象包括孩子的父母、教师（室内和体育）、校医等，而这项计划的特别之处就是引入了祖父母这一变量因素。根据第一阶段研究的调查数据显示，在三代人一起居住的家庭中，祖父母在儿童的饮食和运动习惯中具有很大的话语权，并且那些主要由祖父母一代人养育的孩子，其营养过剩的可能性是受父母照顾儿童的两倍，并且会食用更多不健康的零食和饮料。

在"快乐龙计划"实行的第二阶段，李的研究团队选取了广州市40所小学的1 630名学生作为干预对象，其中实验组的儿童由学校和家长共同协助执行干预措施，"快乐龙计划"任务的干预措施主要有四条：第一，给父母和祖父母增加相关的营养健康知识；第二，改善学校伙食的营养组成和质量；第三，在家时父母带孩子多参加户外活动；第四，在校时提供更多体育活动。对照组儿童则仍遵循以前的生活习惯（在这一过程中尽量控制一些无关变量如疾病、意外事件、孩子的自然生长等的影响）。干预过程一共持续了一年，根据家长和学校所反馈的数据，发现女孩在干预过程中的执行力要强于男孩，老师在评价中也同样认为女孩在完成"快乐龙计划"建议的运动中要更努力，男孩则要散漫一些。从最后的干预结果来看：首先，干预组的运动和饮食表现都要更优，干预组儿童一周吃下的不健康零食和饮料只有对照组的40%，周末沉迷看电视的儿童比例要比对照组低6%，参与运动的比例则要高8%；其次，在开始分组时，两组儿童的肥胖比例是一样的，而"快乐龙计划"仅仅实施一年，干预组的儿童肥胖率就降低了3.3%，儿童的平均体脂率也更低；最后，"快乐龙计划"在女孩群体中的实施效果要远远好于男孩群体，这说明严格执行"快乐龙计划"任务能够显著遏制肥胖发生，也能够遏制"外婆（或奶奶）让你胖"现象。

从健康角度来说，还有一点非常重要，孩子应该少用或禁用塑料器具来喝热水和吃饭，因为现在市面上的塑料器具主要使用的是聚丙烯（polypropylene）材料。由于聚丙烯是一种热塑性塑料，既耐冲击又耐高温，并且在80℃以下能耐酸、碱、盐及多种有机溶剂的腐蚀，因而被

积极教育：提升孩子乐商，成就优势品格

广泛运用于生活用品和食品的加工与储存等过程，但人们在使用PP制品时可能一直忽略了PP制食品容器释放微塑料颗粒的可能性。发表在《自然·食品》（*Nature Food*）的新研究展现了一个令人瞠目结舌的答案——用PP材质奶瓶冲泡的奶粉中居然漂浮着上百万的微塑料颗粒，这些颗粒将随着奶液一同进入婴儿体内，而科学家们仍然不知道摄入这些微塑料颗粒的后果会怎样[①]。

尽管聚丙烯材料做成的饭盒与水瓶现在已经比较常见，但它受到食品工业的青睐不过短短十几年，它接替的上一任宠儿是聚碳酸酯（polycarbonate，PC）。PC材料也曾一度广泛用于食品容器的制作，直到1993年来自美国斯坦福大学的研究团队报告了一个意外发现，他们在使用PC材料烧瓶作为容器进行高温灭菌的水中检测出了内分泌干扰物（endocrine disrupting chemical，EDC），经过提纯后识别出了这种物质是双酚A（bisphenol A）。后来的一系列研究结果显示，PC材料奶瓶释放出的这种化学物质有可能导致婴儿出现发育障碍，另外还可能导致儿童出现攻击行为、注意缺陷与多动障碍（ADHD）、抑郁以及焦虑等[②]。这样，PC材料才逐渐淡出了人们的视线，PP材料成为替代品。2020年的一项新研究显示，看似稳定的PP材料或许还存在着人们意想不到的问题。来自爱尔兰都柏林圣三一学院的研究团队测试了10种PP材料制成的婴儿奶瓶，发现用这种奶瓶冲泡奶粉时，奶瓶居然释放出了高达百万的微小塑料颗粒，且水温越高，颗粒数量就越多。研究团队遵循世界卫生组织推荐的奶粉冲调方法，通过清洗、消毒、风干、冲泡四个步骤，在实验室中模拟生活场景中冲泡奶粉的全过程，然后研究团队对奶瓶液体

① Li, D., Shi, Y., Yang, L. et al. (2020). Microplastic release from the degradation of polypropylene feeding bottles during infant formula preparation. Nature Food, 746-754. https://doi.org/10.1038/s43016-020-00171-y.

② Karin Mattsson, Elyse V. Johnson, Anders Malmendal, Sara Linse, Lars-Anders Hansson, Tommy Cedervall(2017). Brain damage and behavioural disorders in fish induced by plastic nanoparticles delivered through the food chain. Scientific Reports. https://doi.org/10.1038/s41598-017-10813-0.

中的微塑料颗粒数量进行测量。研究发现全PP材料的婴儿奶瓶释放的微塑料颗粒数达到了每升131万～1 620万个，温度在奶瓶的微塑料释放中发挥了重要作用，溶液的温度越高，奶瓶释放的塑料微粒就越多。室温条件下（25℃）每升溶液中含有60万个微塑料颗粒，而在使用沸水条件下奶瓶中漂浮的微塑料颗粒能够达到每升5 500万个。由于奶瓶中无论冲调的是自来水还是奶粉，最终测量出的微塑料数量都没有显著差异，因而研究团队认为这些微塑料颗粒就是来自奶瓶本身。

此外，该研究团队还表示，由于该项研究中使用的筛查器具只能够捕获微米级别大小的粒子，数量更多的纳米级别微塑料颗粒有可能逃脱了，所以也许真实的情况会更加严重。研究者接下来还对国家和地区间儿童吸入微塑料颗粒的情况进行了比较，发现中国婴儿的微塑料颗粒摄入量相对较低，这一方面归功于中国母亲倾向于母乳喂养，另一方面是PP材料奶瓶在中国婴儿用品市场上占比相对较小。不过中国市场上售卖的玻璃奶瓶的配件大部分是PP材料（如盖子、奶嘴等），这些配件材料同样会释放一定的微塑料颗粒（但情况可能会好一点）。尽管目前还没有明确的证据显示人体摄入微塑料颗粒后会有什么害处，但在婴儿产品的使用上人们还是应该谨慎，因为一旦真有问题，婴儿受到的影响将会非常大。为此，该论文作者之一的约翰·J. 波兰德（John J. Boland）提出了三点建议：第一，绝对不要在PP制奶瓶中用开水冲泡奶粉；第二，对奶瓶用高温灭菌后须在常温开水中至少冲洗三次；第三，最好不要用微波炉加热装有奶粉和水的奶瓶。当然，这样的告诫同样适用于成人，成人也最好不要用PP水杯泡茶喝，也不要用它放入微波炉中加热食物，尤其是加热带汤的食物。

第三节 网络社交平台到底对孩子 产生了哪些影响

网络成瘾已经成为世界上增速最快的成瘾类型，其总人数已经远远超过了其他各种成瘾人数的总和。任何事情一旦到了成瘾的地步，其性质都会转向消极一端。网络是现代生活的一部分，其存在的价值和意义绝对要超过其不足和问题，但即使没有达到成瘾的地步，如果过度使用依然会给人们造成一些不良影响和潜在的伤害，本书中把过度使用网络统称为互联网依赖。

据中国互联网络中心报告①显示，截至2020年6月，中国手机网民规模达9.32亿人，人均每周上网时间为28小时，即每天平均上网时间大概为4小时。多数人上网的一个重要内容是使用网络社交平台，特别是现在智能手机及相关电子产品（包括如电脑、平板电脑等可以上网的电子产品）的迅速普及，使得网络社交平台得到了更广泛的应用，网络社交平台的广泛使用一方面极大地满足了人们随时随地记录或分享自己生活的需求，另一方面则容易产生一系列问题②。

① 中国互联网络中心 (2020). The 46th China Statistical Report on Internet Development.

② Stachl, Clemens, Au, Quay, Schoedel, Ramona, Gosling, Samuel D., Harari, Gabriella M., Buschek, Daniel, Bühner, Markus (2020). Predicting personality from patterns of behavior collected with smartphones. Proceedings of the National Academy of Sciences, 117(30), 17680-17687. https://doi.org/10.1073/pnas.1920484117.

一、网络社交平台容易让孩子沉溺于玩游戏

网络社交平台多数自身带有游戏功能，因为网络社交平台需要赚钱来维持和发展，并且需要有具体的内容留住网络平台上的流量，这在很大程度上就有可能使孩子通过社交而不知不觉地沉溺于游戏。有人可能会质疑：孩子上网玩游戏难道一点好处都没有吗？这倒也不是，确实有证据证明经常上网玩游戏对孩子某些方面的发展具有一定的积极作用[①]，如有研究发现，经常玩动作类电子游戏可以提高孩子的选择性注意能力，在孩子面临多个信息时能迅速地将注意力分配到更重要的信息上；而经常玩俄罗斯方块则可以增强孩子的空间认知能力，提高孩子的导航技能。另外，与同龄人相比，那些在高中阶段更经常玩具有特定战略意义游戏的青少年在解决问题方面的大局观能力有所提高。还有一个与玩游戏相关的积极认知功能是第二语言的开发，在多人在线游戏中，人们学习第二语言的可能性大大提高，因为人们在游戏中的交互非常频繁，理解也更深刻和生活化，这是获取和使用第二语言新词汇的有效方法。

1.沉溺于网络游戏对孩子的坏处多

然而，玩游戏的好处受个体差异的影响很大，再加上孩子的神经系统可塑性强，长期玩游戏特别容易造成孩子神经生物学上的异常，导致孩子容易形成互联网依赖，因而游戏对孩子发展造成的危害可能要远大于好处。

智能手机和平板电脑目前已经成为孩子上网玩游戏使用的最主要设备，有研究者对智能手机使用问题的普遍性及其与心理健康问题的相关

积极教育：提升孩子乐商，成就优势品格

---

① Eunhye Choi, Suk-Ho Shin, Jeh-Kwang Ryu, Kyu-In Jung, Shin-Young Kim, Min-Hyeon Park(2020). Commercial video games and cognitive functions: video game genres and modulating factors of cognitive enhancement. Behavioral and Brain Functions. https://doi.org/10.1186/s12993-020-0165-z.

方面进行了元分析[①]，相关数据的研究结果表明，儿童和青少年中存在智能手机使用问题的比例达23.3%（14.0%～31.2%），差不多每四个使用智能手机的孩子中就会有一个孩子出现问题，这些问题主要体现在增加了孩子的抑郁、焦虑、压力，并导致孩子的睡眠质量下降。所以该研究报告的作者警告说，智能手机使用问题已经成为日渐严重的公共卫生问题，需要进一步权衡现代科技所带来的利弊，并制定相关政策减少智能手机的危害。好在已经有多个国家的教育主管部门明确规定中小学生不允许携带智能手机进入学校，但这种规定仅限于学校，学生回家之后基本就处于失控状态。特别是如今的孩子似乎是手中握着平板电脑出生的，许多幼儿可能还没有学会上厕所却已经知道在平板电脑上如何从一个应用程序切换到另一个应用程序，已经会和亲人进行视频通话，甚至更改Wi-Fi密码等。

有一项研究综合考察了7～15岁儿童的网络使用情况与其睡眠质量、运动量以及孩子在学校、家里或其他社交关系中存在的问题［主要包括如抑郁症、焦虑症、注意缺陷与多动障碍（ADHD）和自闭症（autism spectrum disorders, ASD）等］的相关情况[②]。

结果发现，互联网依赖（过度使用）的儿童通常具有较高的抑郁症、ASD和ADHD发生率，这表明精神疾病与互联网滥用之间存在关联。这一研究得到的最令人担忧的一点是，儿童的互联网滥用与儿童的整体功能损害（这种损害超越了任何单一形式的精神失常）相关。研究者在研究中重点关注了这些孩子互联网使用的行为习惯，而不仅只是简单地测量其使用数量，这样可以帮助人们更有效地识别有害互联网使用的行为标志。研究中发现的有害互联网使用的行为标志主要有在上网时

① Samantha Sohn, Philippa Rees, Bethany Wildridge, Nicola J. Kalk, Ben Carter(2020). Prevalence of problematic smartphone usage and associated mental health outcomes amongst children and young people: a systematic review, meta-analysis and GRADE of the evidence. BMC Psychiatry. https://doi.org/10.1186/s12888-019-2350-x.

② Anita Restrepo, Tohar Scheininger, Jon Clucas et al.(2020). Problematic internet use in children and adolescents: associations with psychiatric disorders and impairment. BMC Psychiatry. https://doi.org/10.1186/s12888-020-02640-x.

间受到他人限制时表现出攻击行为，在受到有关上网情况的询问后表现出谩骂或攻击行为，睡眠不足，学业成绩下降，社交出现障碍，倾向于通过上网来逃避不愉快或困难的活动。

为什么孩子玩游戏更容易陷入抑郁之中？这主要是因为玩游戏这一行为会让孩子处于复杂的矛盾情绪之中而难以解脱。孩子一方面觉得玩游戏不好（这是家长、学校或社会确立的一种行为道德规范），另一方面又禁不住游戏的吸引而沉溺其中（满足自己的兴趣），当孩子为了满足自己的兴趣而违背了行为道德准则时，他们就会因这种矛盾心情而影响自己的日常生活和学习。具体来说，不符合行为道德准则的行为会让孩子的心情更复杂、更焦虑，既因兴趣得到了满足而快乐，又因违背了行为道德准则而愧疚，这种矛盾情绪会一直蔓延到孩子的整个生活之中，使他难以解脱，最终有可能酝酿成抑郁。

同样有一项研究发现社交媒体的使用与成年人的抑郁症症状增加很有关联，但目前还无法阐明这种关联的具体作用机制，也即还需要进一步研究以了解社交媒体的使用是如何导致成年人抑郁症症状增加的[①]。

PHQ-9（Patient Health Questionaire-9 items）抑郁症筛查量表是一个常用的抑郁障碍自评量表，如表6-2所示，根据近两周的情况回答下面的9个问题，每个问题都有4个选项，分别对应0分，1分，2分，3分，最后把每题所得的分数相加。总分在0~4分意味着没有抑郁；总分在5~9分意味着可能有轻微抑郁；总分在10~14分意味着可能有中度抑郁（建议最好咨询心理医生或心理医学工作者）；总分在15~19分意味着可能有中重度抑郁（建议咨询心理医生或精神科医生）；总分在20~27分意味着可能有重度抑郁（一定要看心理医生或精神科医生）。不管怎么说，这个自测量表的结果也只是一个辅助，目的在于帮助人们更好地认识自己，因而人们在使用定量表时最好是在不同的条件、情况下多测几次，

① Roy H. Perlis, Jon Green, Matthew Simonson，et al.(2021). Association Between Social Media Use and Self-reported Symptoms of Depression in US Adults. JAMA Network Open. https://doi.org/10.1001/jamanetworkopen.2021.36113.

并把几次的得分进行平均。另外，需要注意的是，这个量表主要是针对成人被试开发的，对儿童的适用性只有参考作用。

表 6-2 PHQ-9 抑郁症筛查量表

序号	项目	没有	有几天	一半以上时间	几乎每天
1	做事时提不起劲或没有兴趣	0	1	2	3
2	感到心情低落、沮丧或绝望	0	1	2	3
3	入睡困难、睡不安稳或睡得过多	0	1	2	3
4	感觉疲倦或没有活力	0	1	2	3
5	食欲不振或吃太多	0	1	2	3
6	觉得自己很糟或觉得自己很失败，或让自己、家人失望	0	1	2	3
7	对事物专注有困难，如看报纸或看电视时	0	1	2	3
8	行动或说话速度缓慢到别人已经察觉，或刚好相反——变得比平日更烦躁或坐立不安，动来动去	0	1	2	3
9	有不如死掉或用某种方式伤害自己的念头	0	1	2	3

过度玩游戏容易使孩子分不清现实世界和虚拟世界的边界，导致社会交往出现问题。人类作为一种社会性动物，与他人或与社会保持交流或信息沟通是自身生存的重要条件之一，但过度的游戏投入会让很多孩子在现实世界中模拟游戏情景，现实却不是游戏所设计的那样，这有可能导致孩子因遭受现实打击而不太愿意与他人交往，从而产生社交孤立现象。社交孤立是指回避或避免社交接触或与他人交流，不能或很少与外界社会发生相互联系，使自己处于一种与社会、他人相隔离的状态。科学家认为，社交孤立会对身体、精神和情感等多个方面造成不良影响，主要如导致情绪、行为和身体功能紊乱，引发焦虑、惊恐发作、饮食紊乱、成瘾、药物滥用、暴力行为等。一项在欧洲神经病学大会（congress of European academy neurology）上发表的研究显示，社交孤

立居然还会增加患急性心肌梗死、中风等心血管疾病以及全因（各种原因导致的）死亡风险。具体来说，研究者经过13年的连续追踪研究，发现与融入社会的被试相比，那些缺乏社会融合而出现社交孤立的被试患心血管疾病的风险增加了44%，全因死亡风险增加了47%[①]。心血管疾病是一种严重威胁人类健康和寿命的疾病，中国大约有心血管疾病患者近2.9亿人，其中脑卒中患者1 300万人，冠心病患者1 100万人，心力衰竭患者450万人，高血压患者2.45亿人，在因疾病导致的死亡中，心血管疾病死亡率高居首位，高于肿瘤及其他疾病，占因疾病死亡总数的40%以上。

该研究论文的作者之一、德国埃森大学医院的珍妮·格隆沃德（Janine Gronewold）博士指出，一个人如果长期感到孤独或与亲密的朋友、家人缺乏联系，会对身体健康产生影响。虽然人们到目前还没有完全弄明白为什么那些社交孤立的人会有如此糟糕的健康状况，但这显然是一个令人担忧的发现，尤其是在新冠肺炎疫情隔离期间，人们的社交受到限制的时候。这一研究结果意味着人们需要多与家人或朋友互动、联系，要主动融入社会生活，这对一个人的心脏健康非常重要，社会融入与传统的心脏保护因素（如拥有正常的血压、正常的胆固醇水平和适当的体重等）的作用有点类似。人们在孤立时通常会产生压力，从而对睡眠和饮食模式产生消极影响，最终导致身体疾病的发生。

2.孩子为什么总是想着玩手机或电脑（为什么会形成互联网依赖）

尽管有家长严厉的批评，有老师苦口婆心的劝导，还有政府制定的各种规章制度，但很多孩子为什么还总是想着玩手机或电脑？不要说孩子，就是很多成年人也存在这种现象，比如有些人整天观看短视频，一有空就观看，甚至能观看到半夜都停不下来，为什么会产生这种现象呢？这肯定有多方面的原因，既有个体内在的原因（如性格、智力、

---

① Janine Gronewold, Rene Kropp, Nils Lehmann et al.(2020). Association of social relationships with incident cardiovascular events and all-cause mortality. Heart. https://doi.org/10.1136/heartjnl-2019-316250.

兴趣、需要和动机等），也有外在的原因（如环境、教育、交往和家庭等），本文并不对孩子互联网依赖的所有原因进行论述，而是讨论了三个过去很少涉及的原因。

第一，手机或平板电脑中的一些活动内容特别容易让人产生福流，这是最主要的原因。

福流这一概念最早由心理学家契克森米哈赖于20世纪60年代在博士在读期间发现并提出，当时他对数百名攀岩爱好者、国际象棋选手、运动员和艺术家进行了访谈，这些不同的受访者报告自己在从事自己喜欢的活动时都获得了一种非常相似的、令他们十分兴奋的情绪体验，以至他们很愿意持续地体验这种状态；一些受访者借用"水流"来隐喻他们当时的情绪感受，声称这种情绪状态能毫不费力地源源不断出现，于是契克森米哈赖就把这种情绪命名为福流，并对其进行了定义[①]。

福流是指人们因各种原因而完全投入某一活动过程时体验到的一种像水流一样的情绪体验，这种情绪体验一般是个体从当前所从事的活动中直接获得的，回忆或想象等通常不能产生这种体验。如果一个人体验到这种情绪时，通常会表现出四个明显特征：（1）注意力高度集中于当前所从事的活动，外在的任何引诱最多只可能使个体出现暂时性分心；（2）个体自我意识会暂时丧失，如忘记了自己的社会身份，忘记了自己的身体状况（饥饿、疲劳、睡意），忘记了自己要做的工作或学习等，比如，一个陷入游戏中的孩子即使手指因为长时间敲击键盘出现变形，他都感觉不到疼痛；（3）个体的行动与意识完全融合，能对当前正从事活动的任何一个细节做出及时反应；（4）出现暂时性体验失真，较典型的如觉得时间过得比平常要快很多，"怎么一转眼就到半夜了？"。

为什么有些活动（如游戏、观看短视频等）能很容易引起福流体验而有些活动（如看书、做作业等）不能引起人们的福流体验呢？从已

---

① Csikszentmihalyi, M., Abuhamdeh, S., & Jeanne, N. Flow.(2005).In Elliot, J. Andrew, S. Carol, & V. Martin(Eds.), Handbook of competence and motivation(pp. 598-608).New York: Guilford Press.

有研究来看，以下这些特征相对更容易让人们从活动中获得福流体验。（1）活动本身要成为活动者的活动目的，也即活动者要具有内在活动动机。如游戏本身一旦成为孩子打游戏的目的，那孩子就会体验到福流情绪，如果给孩子加一个外在任务（如让他打游戏是为了成为一个职业游戏玩家），孩子反而就不容易从打游戏中获得福流情绪。生活中有些人属于"自带目的性人格"（autotelic personality），这种人特别容易把活动本身当作活动的目的。（2）当前活动的难度要正好与孩子已有的能力匹配，这种匹配会让孩子具有较好的控制感，难度过大的游戏会使其产生焦虑，而太容易的游戏则会使其产生厌倦感，它们都不容易让孩子产生福流情绪。因而活动本身一般要有不同梯级的难度，活动复杂度不断增加，才能很好地与个体不断发展出的新技巧、新技能等匹配。（3）活动过程要具有结构性特征，即活动本身要具有直接的即时反馈（如做得好升级等），活动的任何一个环节都是对上一活动环节的反馈。（4）活动内容具有新颖性和创造性，活动的规则要清楚明了，活动的目标要明确具体，活动的评价标准要可操作性强，要让活动者知道自己应该做什么和不应该做什么，了解自己已经取得了什么样的进步，还需要做哪些调整，明白自己下一步应该做什么等。

第二，拿起手机或打开平板电脑等已经成为人们的一种无意识活动。

现在心理学上有一种所谓的"数字分心"（digital distraction），就是对数字时代人们总是会被电子产品干扰注意力这一普遍现象的形象描述，生活中许多人都会过一段时间就打开手机看一下，或者不由自主地拿起手机刷一下常用的App等，人们为什么不愿意关上电脑或离不开手机呢？有一项研究认为[①]，人们应该从自动化思维的角度，将数字分心看作人们无意识、无目的、快速不费力思维的结果。以手机为例，科技高度发展导致手机已经进入了人们生活的各个领域，学习工作要用到手机，

---

① Leida Chen, Ravi Nath, Zhenya Tang(2019). Understanding the determinants of digital distraction: An automatic thinking behavior perspective. Computers in Human Behavior. https://doi.org/10.1016/j.chb.2019.106195.

积极教育：提升孩子乐商，成就优势品格

吃饭买东西要用到手机，出外旅行也离不开手机，休闲旅游更是离不开手机，这样长期和高频地使用手机会促使人的大脑把"打开手机"这一行为固化为一种自动化行为，这样"打开手机"的思维就会时不时地在不经意间出现，从而导致人们似乎离不开手机。该研究的研究人员为此提出了一些应对数字分心的方向，首先，无意识思维是造成数字分心的核心，那人们就应该提高意识来应对数字分心，例如经常有意识地自我监测自己电子产品的使用模式就是一种好办法。其次，有意识地改变不良的电子产品使用习惯也是预防或减轻电子分心的好办法，具体措施如在学习和工作环境下刻意地让接触电子产品变得不那么轻松便捷，让人们看手机时需要费心费力。最后，及时对个体进行网络成瘾的筛选、检测，尤其是要意识到具有冲动型性格特征的人更容易电子分心和网络成瘾，一旦发现具有成瘾特征后要严格计划和控制日常生活习惯。

第三，人们在现实生活中真的不会聊天，因而促使一些孩子转向了虚拟世界的交往。

孩子为什么沉浸于游戏或网络世界？有一种情况是因为在现实生活中没有人能和他好好聊天交流（包括成人和同伴），因而他就只能转向虚拟世界去寻找自己喜欢的交流方式和谈话内容，孩子上网看短视频或打游戏本质上是一种交流。2021年3月9日，《美国国家科学院院刊》上发表了一项有趣的研究，该研究发现人们在现实生活中几乎没有一场谈话是在双方都想结束时结束，人们在谈话过程中也并不擅长判断对方的期望和需要的谈话时长。人们要么是明明还想聊，但谈话结束了，要么是因谈话太过漫长而感到无聊、失望[1]。

这一研究主要由两个相关联的子研究组成，第一项研究是在线上进行的研究，研究者通过线上问卷搜集了806位被试最近一次谈话的时长，其中大部分谈话都发生在伴侣、家人或朋友之间，被试还要回答他们是否曾想结束谈话，以及期待结束的时间与实际结束时间的关系等。在第

---

[1]　Adam M. Mastroianni, Daniel T. Gilbert, Gus Cooney, Timothy D. Wilson(2021). Do conversations end when people want them to? PNAS. https://doi.org/10.1073/pnas.2011809118.

二项线下实验中，252位被试随机两两配对，他们互不相识，却需要进行45分钟不限主题的谈话，并写下自己期望结束谈话的时间以及猜测对方想要结束的时刻。总的实验结果表明，只有2%的谈话按照双方的预期完美结束，30%左右的谈话在只有一方期待结束时结束，而50%的谈话是双方都想提前结束，只是结束的具体时刻不同，这意味着多数谈话都不能令人满意。参与这项实验的被试在预测谈话对象期望谈话结束的时间时，误差竟然达到了整个谈话长度的64%，也就是说，人们无法掌握的不只是谈话时间，还有谈话对象的真实想法等。

对于年龄较小而不太好谈话的孩子，成年人可以把讲故事作为和孩子交流的一种方式，这种交流同样能有效地抚慰孩子，因为听故事会有助于孩子处理和调节自己的压力和情绪[1]。在巴西的几家医院工作的研究人员招募了81名4～11岁的儿童患者，并将这些儿童随机地分为两组，每天分别会安排一个成年指导者和孩子们一起活动，这些指导者都有超过10年在医院工作的经验。第一组儿童的成年指导者会每天带着孩子们按照预先的计划玩猜谜游戏。第二组儿童的成年指导者则根据预先选好的书目给儿童讲书上的故事。在这些活动开展的前后，研究人员均采集了每个孩子的唾液样本，然后让孩子们报告自己感受到的痛苦或开心程度等，并完成一项自由联想的单词测验。

两组儿童都从这种交流互动中获益匪浅，他们体内的皮质醇水平出现了显著性降低（皮质醇水平越高压力就越大），而催产素水平则出现了显著性升高（催产素通常被视为一种能使人愉悦的激素，并且与共情能力相关），进一步的分析发现，听成人讲故事组儿童的受益显著多于另一组儿童。具体来说，听故事组儿童的皮质醇水平为猜谜游戏组儿童的1/4，而催产素水平则几乎是猜谜组儿童的2倍。不仅如此，那些听故

积极教育：提升孩子乐商，成就优势品格

---

① Guilherme Brockington, Ana Paula Gomes Moreira, Maria Stephani Buso, Sérgio Gomes da Silva, Edgar Altszyler, Ronald Fischer, Jorge Moll(2021). Storytelling increases oxytocin and positive emotions and decreases cortisol and pain in hospitalized children. PNAS. https://doi.org/10.1073/pnas.2018409118.

事儿童的痛苦程度降低的幅度几乎是猜谜组儿童的2倍，而且他们描述住院时光时的用词也更为积极。这项新研究被发表在2021年的《美国国家科学院院刊》上。

互联网依赖已经成为社会问题，它甚至有蔓延的趋势，需要社会、家庭和学校一起努力来很好地解决这个问题。至少从目前来看，还没有找到一种能彻底解决这一问题的办法。不过还是有一些研究的证据可以对人们有所启示。

第一，要培养孩子乐观的心态。真实生活案例和相关科学研究都发现，乐观的孩子更不容易产生互联网依赖现象。人们通常所说的乐观更可能是一种生活态度而不是事情实现或发生的可能性，2021年《心理科学》的一项研究就探讨了乐观在普通人心目之中的真正定义是什么①。研究者通过一系列的实验，发现人们所理解的乐观并不是对具体事件发生可能性的估计，而是一种对待生活应表现出的态度，如一个中学生对考上大学抱有乐观态度，但这并不意味着他就坚信自己一定能考高分而从现在就开始放弃努力，事实上具有乐观态度的人反而会对事情发生的结果非常谨慎。也就是说，当一个人有了乐观的生活态度之后，他反而会更小心地处理事件。问一个简单的问题："明天股票会涨吗？"多数人肯定会说"会的"，这是一种乐观的态度。如果没有这种乐观态度，所有人在昨天收市之前一定会把所有股票都清仓卖光，从而造成股票市场全面崩盘。再问一句："明天具体涨多少？"多数人肯定会非常保守地说出一个较低的估值。所以对绝大多数股民来说，一面看涨（一种乐观的生活态度），一面又喊跌（谨慎地估计事情发生的可能性），这就是股民的真实心态。

第二，父亲要多和孩子互动交流，建立良好的父子关系。网络依赖最重要的是预防，一旦形成网络依赖，就意味着孩子的大脑有可能已

① Jane E. Miller, Inkyung Park, Andrew R. Smith, Paul D. Windschitl(2021). Do People Prescribe Optimism, Overoptimism, or Neither? Psychological Science. https://doi.org/10.1177/09567976211004545.

经形成了某种生理性变化，要想去除会十分困难。多数网络依赖会同时伴有焦虑症，焦虑症是一种常见的神经症，以广泛和持续焦虑或反复发作的惊恐不安为主要特征。近年来对焦虑症患者的局部自发脑活动异常方面的探讨比较多，其中一篇重要的研究论文发表在国际情感障碍学会（international society for affective disorders）的官方期刊《情感障碍杂志》（*Journal of Affective Disorders*）上[1]。该研究纳入了之前已有的7篇公开发表的研究文献，涉及235名焦虑症患者和241名健康被试，并使用相关软件工具进行了元分析。结果发现，与健康被试相比，焦虑症患者在右侧壳核、右侧眶额下回和右侧颞极区域的局部自发脑活动减弱。这意味着焦虑症已经导致患者的大脑特定脑区开始发生某种生理性变化。

不要说形成网络依赖这种病症了，就是通常的紧张性头疼都有可能会形成特定的生理异常，如有研究采用静息态功能磁共振技术研究了紧张性头痛患者在传统频段（0.01～0.08）以及5个子频段上低频振幅（ALFF）的差异，结果发现，与正常对照组相比，紧张性头痛患者在6个频段上的低频振幅均出现显著性的改变，并表现出频段特异性[2]。

科学研究发现亲密的父子关系具有很好的预防网络依赖的作用，良好的母子关系则和孩子的网络依赖关联不大，而不良的亲子关系（包括不良的父子关系或不良的母子关系）则会加剧网络依赖。来自美国宾夕法尼亚大学的研究人员发现[3]，亲密的父子关系在男孩和女孩的整个青春期都会起着重要的保护和预防作用，特别有助于减少青少年的抑郁

积极教育：提升孩子乐商，成就优势品格

---

① Wang Q, Wang C, Deng Q, Zhan L, Tang Y, Li H, et al. (2022). Alterations of regional spontaneous brain activities in anxiety disorders: A meta-analysis. Journal of Affective Disorders, 296:233-40. https://doi.org/10.1016/j.jad.2021.09.062.

② Li M-T, Zhang S-X, Li X, Antwi CO, Sun J-W, Wang C, Sun X-H, Jia X-Z and Ren J (2021). Amplitude of Low-Frequency Fluctuation in Multiple Frequency Bands in Tension-Type Headache Patients: A Resting-State Functional Magnetic Resonance Imaging Study. Front. Neurosci. 15:742973. https://doi.org/10.3389/fnins.2021.742973.

③ Hochgraf, A. K., Fosco, G. M., Lanza, S. T., & McHale, S. M.(2021). Developmental timing of parent–youth intimacy as a protective factor for adolescent adjustment problems. Journal of Family Psychology. https://doi.org/10.1037/fam0000864.

情绪，而良好的母子关系只在青春期的中期起着重要作用，尤其对青少年自尊心的发展起着重要的影响作用。这一研究结果提醒人们，孩子的抑郁更可能涉及父亲的教育，而其自尊心的发展则更可能涉及母亲，父母在孩子青春期这一阶段应该分工协作，从而更好地为孩子的健康发展保驾护航。

在多数家庭中，孩子和父亲的对话或交流相对比较少，这一方面是由于多数家庭里父亲是家庭的主要财务来源，工作比较忙，没有太多时间和孩子交流。有些家庭里，孩子接受的是所谓的"见不到父亲"的家庭教育，早晨孩子还没有睡醒，父亲就已经出门上班了，而晚上孩子睡觉之后父亲才能下班回到家里。这种没有父亲的家庭教育注定不会成为一种完美的家庭教育。

孩子和父亲交往少还有另一方面的原因，即父亲对和孩子亲密互动交流的积极影响存在预期偏差。可能父亲会觉得和孩子交流就只是停留于表面（如聊聊天、谈论一下生活中的见闻等），不能深入，即使深入了也会让双方感到尴尬和不愉快，因为孩子没有足够多的知识经验和父亲进行深入且有意义的交流。这实际上是一种错误预期，人们确实更能从深刻而有意义的对话交流中受益，但人们即使只是与其他人（甚至包括陌生人）进行一般性对话（如闲聊），也会让对话双方获益匪浅。人们通常低估了孩子对父母生活的兴趣，并且错误地认为和孩子进行深入的对话会比实际情况更尴尬和不愉快。美国芝加哥大学布斯商学院的行为科学教授尼古拉斯（Nicholas Epley）博士等人的一项相关研究发表于《人格与社会心理学期刊》上[①]。尼古拉斯等人设计了12个系列实验，共有1 800多名被试参与了这一研究。研究人员让被试一对一（主要由两个陌生人组成）讨论浅层次或深层次的话题，浅层次的话题包括典型的闲聊（如"与你的搭档说一说最近一个月你看的最好的电视节目是什么"

---

① Michael Kardas, Amit Kumar, Nicholas Epley(2021). Overly Shallow?: Miscalibrated Expectations Create a Barrier to Deeper Conversation. Journal of Personality and Social Psychology. https://doi.org/10.1037/pspa0000281.

等等），而深层次的话题则指那些能引出更多隐秘信息的话题（如"你能描述一下你在别人面前难受到哭泣的经历吗？"）。在一些其他实验中，被试可以随意引出想要探讨的深层次或浅层次话题（交流的话题属于深层次或浅层次在事后由专家组的评分决定）。在每次对话之前，被试会预估自己（对方）在对话时会有多尴尬，自己会感觉与搭档的关系有多亲密以及会有多享受此次对话等。对话结束之后，所有被试对双方对话的尴尬程度、实际感受到的亲密程度以及实际体验到的快乐程度再进行评分。最终的结果发现，深层次和浅层次话题的对话的尴尬程度都低于被试在双方对话之前的预期，而且带来了比预期更强的亲密感和愉悦感，这种效果在深层次话题的对话中会更明显一点。在其中的一项实验中，对于那些分别与一个搭档进行深层次话题的对话，后又与另一个搭档进行浅层次话题的对话的被试，最开始研究者假设他们会更喜欢浅层次话题的对话，但实际进行了两种对话之后，这些被试居然更青睐深层次话题的对话。

这一研究的最后几项实验中，研究者检验了对谈话搭档有更准确预期之后能否提高人们进行对话的兴趣，在一项实验中，研究者仅只是简单地告诉了被试之前实验发现的结果，让被试知道大多数人低估了他人对交流问题的兴趣程度。结果，相比那些没有得到这些信息的被试，获悉这些信息的被试更愿意选择与陌生人进行对话。所以，从这一角度来说，提高父亲与孩子交流的预期也许会大大增加父亲和孩子进行对话的机会。

二、经常在网络社交平台晒朋友圈会更开心快乐吗

鉴于网络社交平台在生活中的重要地位，有一个问题就需要得到明确：网络社交平台的使用到底是让人们的生活变得更幸福还是更不幸福呢（这里的幸福主要指主观幸福感）？有证据表明网络社交平台的使用似乎与人们生活得不幸福有关，比如有研究发现幸福感水平低

的人更可能在社交媒体上花费更多时间①，发更多的帖子②。相关的大数据调查也发现，人们在脸书上的活动频率与一年后较差的心理健康水平、较低的生活满意度呈正相关③。甚至一些追踪研究也证实，人们使用网络社交平台（如脸书）越频繁，其主观幸福感下降得越快④。然而，也有一些研究得到了完全相反的结论，即发现网络社交平台的使用可能会提升人们的幸福感。如有研究者发现使用网络社交平台能有效预防和缓解应激源带来的生理反应⑤。另外一些研究的结果则表明，相比面对面交流，人们在网络社交平台更容易表露自己的真实想法⑥，更容易与他人沟通，而这导致了人们的幸福感水平更高⑦。

为什么会出现这种矛盾的研究结果呢？纵观之前这方面的研究，多数研究更主要是一些相关研究，而相关研究的结果有时并不可靠，也即

---

① Aalbers, G., McNally, R. J., Heeren, A., de Wit, S., & Fried, E. I.(2019). Social media and depression symptoms: A network perspective. J Exp Psychol Gen, 148(8), 1454-1462. https://doi.org/10.1037/xge0000528.

② Frison, E., & Eggermont, S. (2017). Browsing, Posting, and Liking on Instagram: The Reciprocal Relationships Between Different Types of Instagram Use and Adolescents' Depressed Mood. Cyberpsychol Behav Soc Netw, 20(10), 603-609. https://doi.org/10.1089/cyber.2017.0156.

③ Shakya, H. B., & Christakis, N. A. (2017). Association of Facebook Use With Compromised Well-Being: A Longitudinal Study. Am J Epidemiol, 185(3), 203-211. https://doi.org/10.1093/aje/kww189.

④ Kross, E., Verduyn, P., Demiralp, E., Park, J., Lee, D. S., Lin, N., . . . Ybarra, O. (2013). Facebook Use Predicts Declines in Subjective Well-Being in Young Adults. PLOS One, 8(8), e69841. https://doi.org/10.1371/journal.pone.0069841.

⑤ Johnshoy, Quinn, Moroze, Erin, Kaser, Isabella, Tanabe, Aleina, Adkisson, Connor, Hutzley, Samantha, . . . Campisi, Jay (2020). Social media use following exposure to an acute stressor facilitates recovery from the stress response. Physiology & Behavior, 223. https://doi.org/10.1016/j.physbeh.2020.113012.

⑥ Hu, Chuan, Kumar, Sameer, Huang, Jiao, & Ratnavelu, Kurunathan. (2019). The expression of the true self in the online world: a literature review. Behaviour & Information Technology. https://doi.org/10.1080/0144929x.2019.1685596.

⑦ Luo, M., & Hancock, J. T. (2020). Self-disclosure and social media: motivations, mechanisms and psychological well-being. Curr Opin Psychol, 31, 110-115. https://doi.org/10.1016/j.copsyc.2019.08.019.

使用社交平台次数与被试较多的抑郁症症状及较低的幸福感之间的正相关结果并不一定就是确证的因果关系，有可能仅是一种假阳性效应[①]，其背后可能有某种（或某些）未知变量在起作用。那未知变量有可能会是什么呢？之前的研究主要关注了人们使用社交平台的时间长度、使用频率、使用强度[②]等特征，却忽视了分享内容在情绪效价上的差异。实际上，人们在网络社交平台上分享的内容在情绪效价上也存在很大差异，有的人喜欢分享生活乐事，有的人则喜欢抱怨生活中的不公。

人们在网络社交平台上分享的内容按情绪效价一般可分为积极事件、消极事件和中性事件三类，积极事件通常指正性事件，即让人产生积极情绪体验的事件，一个人具有的较高水平的积极情绪体验则会与更高的自尊水平、更高的意义感、更低的孤独感有关[③]。消极事件也称为负性事件，即让人产生消极情绪体验的事件，一个人如果长期处于消极情绪体验中就可能出现各种身体或心理问题[④]。中性事件则指排除积极和消极事件之外的其他事件，它一般不会对个体的情绪体验产生特别大的影响。个体在生活中感知到积极情绪（如快乐的情绪）和消极情绪（如抑郁情绪）的多少对其主观幸福感有很大的影响，因为主观幸福感包括认知和情感两个方面，主观幸福感的这两个方面既具有一定的独立性，又相互影响。一般来说，个体体验到较多的积极情绪以及较少的消极情绪时，其情感幸福感（affective well-being）就会相对更高。情感幸福感是

积极教育：提升孩子乐商，成就优势品格

① Stavrova, Olga, & Denissen, Jaap (2020). Does Using Social Media Jeopardize Well-Being? The Importance of Separating Within-From Between-Person Effects. Social Psychological and Personality Science. https://doi.org/10.1177/1948550620944304.

② Valenzuela, Sebastián, Park, Namsu, & Kee, Kerk F. (2009). Is There Social Capital in a Social Network Site?: Facebook Use and College Students' Life Satisfaction, Trust, and Participation. Journal of Computer-Mediated Communication, 14(4), 875-901. https://doi.org/10.1111/j.1083-6101.2009.01474.x.

③ Choi, Jongan, Catapano, Rhia, & Choi, Incheol (2017). Taking Stock of Happiness and Meaning in Everyday Life:An Experience Sampling Approach. Social Psychological and Personality Science, 8(6), 641-651. https://doi.org/10.1177/1948550616678455.

④ Slavich, George M. (2016). Life Stress and Health: A Review of Conceptual Issues and Recent Findings. Teaching of Psychology (Columbia, Mo.), 43(4), 346-355.

主观幸福感中最易受外部刺激影响的部分，很容易因生活中的积极或消极事件而发生变化①。因此，从这个角度上来说，人们在网络社交平台分享的不同情绪效价内容的比率有可能会影响其总的主观幸福感水平。之前有研究发现，人们在自然状态下会经历相对更多的积极事件，而积极事件有利于提高日常自尊水平和控制感，并在一定程度上降低消极事件对生活满意度的影响②。因此，研究者在关注人们在网络社交平台上分享内容的效价（积极事件还是消极事件）与其主观幸福感间的相关性的同时，更拟通过实验方式来揭示通过网络社交平台记录和分享积极事件是否能够提高人们的主观幸福感。

1.过去一段时间人们在朋友圈分享内容的效价（积极事件还是消极事件）与其主观幸福感有关联吗（包括正关联和负关联）

考虑到在中国大陆流行的网络社交平台有很多，但用得最广泛的是微信，每个大学生几乎都在用微信，因此这一研究将人们在微信朋友圈分享的生活事件作为主要研究对象，主要探讨两个问题：第一，人们使用微信进行朋友圈分享的总的状况怎样；第二，微信朋友圈分享的内容中不同效价的内容是否与发布者主观幸福感相关，即分享积极内容（微信朋友圈分享的内容为积极事件）占比高与较高幸福感相关，而分享积极内容占比低则与较低的幸福感相关。由于微信使用强度、人格特质与主观幸福感存在显著相关③，因此整个研究过程中也将微信使用强度和人格特质等作为协变量加以控制。

以"大学生的社交软件使用情况调查"的名义在某师范大学随机招

---

① Diener, E., Lucas, R. E., & Scollon, C. N. (2006). Beyond the hedonic treadmill: revising the adaptation theory of well-being. American Psychologist, 61(4), 305-314. https://doi.org/10.1037/0003-066X.61.4.305.

② Nezlek, J. B., & Plesko, R. M. (2003). Affect- and self-based models of relationships between daily events and daily well-being. Personality and Social Psychology Bulletin, 29(5), 584-596. https://doi.org/10.1177/0146167203029005004.

③ Wen, Z., Geng, X., & Ye, Y. (2016). Does the Use of WeChat Lead to Subjective Well-Being?: The Effect of Use Intensity and Motivations. Cyberpsychology, Behavior, and Social Networking, 19(10), 587-592. https://doi.org/10.1089/cyber.2016.0154.

募307名在校大学生，剔除不认真填写问卷、未开放微信朋友圈等的60人，最终得到247名有效被试。其中女性203名，男性44名（师范大学女生人数远远多于男生），被试平均年龄为20.97±1.92岁。研究工具主要有以下4个。（1）主观幸福感量表。主观幸福感量表是心理学用来评估人们生活是否幸福的一个常用指标，主要指人们根据自己内心的标准对其生活质量进行认知性和情感性方面的整体评价[1]。主观幸福感包括认知幸福感和情感幸福感两个方面，认知幸福感也就是人们所说的生活满意度，通常用生活满意度量表（satisfaction with life scale，SWLS）进行测量，采用7点评分（1代表非常不同意，7代表非常同意）（Diener，Emmons，Larsen和Griffin，1985）。生活满意度中文版已在中国民众中进行了多年的测量，表现出良好的内部一致性。情感幸福感通常由积极和消极体验量表（scale of positive and negative experience，SPANE）测量，采用5点评分（1代表从来没有或很少出现，5代表经常出现）[2]。（2）微信使用强度问卷。该问卷主要用以测量被试的微信使用强度，共含有8个项目，包括3个方面：微信好友数、一天使用微信的时间以及个体对微信的情感依恋。得分越高，个体微信使用强度越高。（3）朋友圈发表情况问卷。该问卷主要包括两个项目：第一个项目调查被试朋友圈设置情况（仅自己可见、部分人可见、公开），第二个项目调查朋友圈发表频率（7点评分，1为从来不发，7为天天发）。该问卷主要用来排除从不做微信朋友圈分享或对分享内容设置为不完全公开的被试。（4）中国大五人格问卷简版（Chinese big five personality inventory brief version，CBF-PI-B）。中国大五人格问卷简版含有40个条目，每个维度分别由8个条目测量。

积极教育：提升孩子乐商，成就优势品格

---

① Diener, E. (1984). Subjective well-being. Psychological Bulletin, 95(3), 542-575. https://doi.org/10.1037/0033-2909.95.3.542.

② Diener, E., Wirtz, D., Tov, W., Kim-Prieto, C., Choi, D. W., Oishi, S., & Biswas-Diener, R. (2010). New Well-being Measures: Short Scales to Assess Flourishing and Positive and Negative Feelings. Social Indicators Research, 97(2), 143-156. https://doi.org/10.1007/s11205-009-9493-y.

在填写问卷前，被试被告知研究内容并填写知情同意书，然后，被试通过电子问卷的方式在手机上完成作答。问卷中每部分都有填写说明及指导语，重点强调保密原则，要求被试真实作答。测试结束后，被试提供自己在过去一个月内的微信朋友圈分享内容的截图。完成这一步后，被试会获得2元钱的微信红包作为报酬。由于微信朋友圈信息可能会涉及个人隐私，主试明确告知被试，所有的截图信息仅用于本次研究，并签署协议保证，以不泄露个人信息。

本研究共收集247名被试的2 502条微信朋友圈分享内容的截图（Mean = 8.82，SE = 0.58），其中，积极内容的数量在总数量中的占比为48%，消极内容的数量在总数量中占比为11%，中性内容的数量在总数量中占比为40%，另外，1%的内容不能明确界定效价，就不在研究范围之内。总的来看，被试分享的积极内容数量要显著高于消极内容（t = 14.73，$p < 0.001$），这与人们生活中积极事件发生的频率要比消极事件发生频率更高的结果保持一致。

将主观幸福感与微信使用强度、大五人格的得分分别进行两两皮尔逊相关分析。结果发现，主观幸福感与微信使用强度正相关（r = 0.16，p = 0.01），与大五人格特质的神经质（r = -0.40，$p < 0.001$）、严谨性（r = 0.27，$p < 0.001$）、宜人性（r = 0.25，$p < 0.001$）、开放性（r = 0.31，$p < 0.001$）和外向性（r = 0.14，p = 0.03）均存在相关性，这表明微信使用强度、大五人格特质等因素可能都是个体主观幸福感的重要影响因素。因此，若要探索微信朋友圈分享不同效价内容占比与主观幸福感及其相关因素的关系，有必要将微信使用强度、大五人格特质作为控制因素。

将微信使用强度和大五人格特质作为控制变量，将微信朋友圈分享不同效价（积极、中性、消极）内容的占比与生活满意度、情感平衡值、主观幸福感得分进行偏相关分析。结果发现，在微信朋友圈分享积极内容的占比与生活满意度（r = 0.15，p = 0.018）、主观幸福感（r = 0.14，p = 0.028）均呈显著正相关，即积极内容占比越高，生活满意度、主观幸福感的得分越高。

分享消极内容的占比与生活满意度（$r = -0.19$，$p = 0.004$）、情感平衡值（$r = -0.14$，$p = 0.028$）、主观幸福感（$r = -0.19$，$p = 0.003$）均呈显著负相关，即消极内容占比越高，生活满意度、情感平衡值、主观幸福感得分越低。

分享的积极内容占比与消极内容占比呈显著负相关（$r = -0.33$，$p<0.001$）。在微信朋友圈分享中性内容的占比与生活满意度、情感平衡值、主观幸福感间均不存在显著相关。这表明人们在微信朋友圈分享内容的效价占比与主观幸福感相关，能够反映人们的主观幸福感水平。

为进一步探索在微信朋友圈分享积极、消极内容的占比对主观幸福感的预测效果，研究者将微信使用强度、大五人格特质各维度得分作为区组一（控制变量），将积极占比、消极占比作为解释变量，分两次放入区组二和区组三进行层次回归分析，结果表明：控制微信朋友圈使用强度和大五人格特质后，发现仅加入积极占比，模型（区组二）对主观幸福感的解释变异量显著增加（$\Delta R2 = 0.015$，$p<0.001$），积极占比显著预测主观幸福感（$\beta = 0.75$，$t = 2.21$，$p = 0.028$）；当同时加入积极和消极占比时，模型（区组三）对主观幸福感的解释变异量显著增加（$\Delta R2 = 0.018$，$p<0.001$），消极占比显著预测主观幸福感（$\beta = -1.36$，$t = -2.45$，$p = 0.015$），而积极占比则未达到显著（$\beta = 1.3$，$t = -2.45$，$p = 0.194$），这表明相比积极占比，消极占比能更好地预测主观幸福感。

这一结果表明，人们过去一段时间内在朋友圈分享积极内容的占比与其主观幸福感呈显著正相关，分享消极内容的占比与其主观幸福感呈显著负相关。进一步层次回归分析发现，根据最近一个月内人们在微信朋友圈分享内容中消极内容的占比与积极内容的占比的比更能够预测其主观幸福感水平。

2.人们在微信朋友圈分享积极内容与其幸福感提升之间是否存在明确的因果关系

这一研究共招募168名在校大学生或研究生，其中11名被试未能按要求完成实验任务被剔除，最终有效被试157人。其中女性144名，男性13名，平均年龄为19.79岁，年龄标准差1.80岁。所有被试都是非心理学背景且自我报告从未参加过类似实验，被试均为右利手，视力或矫正视力正常，没有任何心理或精神疾病史。

被试在实验过程中被随机分成两组，两组被试均被要求在10分钟之内完成一条微信朋友圈分享。其中，一组被试分享内容的效价必须为积极，而另一组被试则自己决定分享什么内容（被试分享内容的效价不受限制，可以是积极、消极或者中性的内容）。因此，根据分组情况（分享积极组、自定分享组）和被试分享内容的效价（积极、消极、中性），在数据分析时实际上包括了四个组：要求分享积极内容组、自定分享积极内容组、自定分享中性内容组、自定分享消极内容组。通过采用G*power3.1中具有组内、组间因素的重复测量方法分析功能计算样本量，至少92名被试才能保证本次实验在中等效应量的前提下有足够的检验效能（$f = 0.25$，$\alpha = 0.05$，$1-\beta = 0.8$）。由于自发分享组没有限定被试分享内容的效价且组间被试数量难以均衡，导致实际被试数量多于要求数量，因而研究满足相关的被试要求。有效数据中最后分组如下：要求分享积极内容组被试42人，自定分享内容组115人（其中自定分享积极内容组45名被试，自定分享中性内容组55名被试，自定分享消极内容组15名被试）。

研究二采用4（组别：要求分享积极内容组、自定分享积极内容组、自定分享中性内容组、自定分享消极内容组）×2（情感幸福感：前测、后测）的混合设计。其中组别是被试间变量，情感幸福感的得分是被试内变量。情感幸福感包括积极情感水平、消极情感水平以及情感平衡值（情感平衡值=积极情感体验得分-消极情感体验得分）三个指标。研究开始之前研究者对四组被试的情感幸福感基线指标（积极情感体验、消极情感体验以及情感平衡值）分别进行了测量和检验，结果表明各组被试在进行实验前的情感幸福感并无显著差异。

实验结束后，对所获得的数据进行分析统计后的结果显示，前测和后测的主效应显著，F（3,153）= 7.132，$p = 0.008$，$\eta_p^2 = 0.045$，后测的情感平衡值（M = 6.87，SE = 0.62）显著高于前测（M = 5.50，SE = 0.55）。

组别的主效应显著，F（3,153）= 8.273，$p < 0.001$，$\eta_p^2 = 0.14$。事后检验发现，要求分享积极内容组（M = 9.44，SE = 0.90）、自定分享积极内容组（M = 8.09，SE = 0.79）的情感平衡值均显著高于自定分享中性内容组（M = 5.71，SE = 0.87，$p = 0.02$，95%置信区间[0.39,7.07]；$p = 0.04$，95%置信区间[0.07,4.69]）和自定分享消极内容组（M = 1.50，SE = 1.50，$p < 0.001$，95%置信区间[3.26,12.62]；$p < 0.001$，95%置信区间[3.24,9.94]）。

前测和后测与组别间交互作用显著，F（3,153）=10.88，$p < 0.001$，$\eta_p^2 = 0.18$。简单效应分析表明，情感平衡值的后测与前测相比，分享积极内容（要求分享积极内容组、自定分享积极内容组）的情感平衡值显著增加（$p < 0.001$，95%置信区间[3.01,6.46]；$p < 0.001$，95%置信区间[2.31,5.33]）。自定分享消极内容组的情感平衡值显著减小（$p = 0.01$，95%置信区间[-6.69, -0.91]），自定分享中性内容组的情绪平衡值均没有显著变化（$p = 0.40$，95%置信区间[-0.96,2.38]）。

上述结果表明：在微信朋友圈中分享积极内容能够即时地提升人们的情感幸福感，分享消极内容能够即时地降低情感幸福感。

为进一步探索分享内容提升或者降低情感幸福感的原因，研究者分别对积极和消极情感体验进行4（组别：要求分享积极内容组、自定分享积极内容组、自定分享中性内容组、自定分享消极内容组）×2（情绪幸福感：前测、后测）的重复测量方差分析。

对积极情感体验分析的结果发现，前测和后测的主效应不显著（M=17.62，SE = 0.45；M = 17.80，SE = 0.48），F（3,153）= 0.23，$p = 0.63$，$\eta_p^2 = 0.002$。组别的主效应显著，F（3,153）=3.55，$p = 0.02$，$\eta_p^2 = 0.07$。事后检验发现，在积极情感体验得分上，要求分享积极内容组的得分（M =19.42，SE = 0.74）显著高于自定分享中性内容组（M = 16.90，SE = 0.71，$p = 0.02$，95%置信区间[0.50, 4.54]）和自定分享消极内容组（M =

15.77，SE = 1.23，p = 0.01，95%置信区间[0.82，6.48]）；自定分享积极内容组的得分（M = 18.75，SE = 0.64）显著高于中自定分享消极内容组（p = 0.03，95%置信区间[0.24，5.72]），高于自定分享中性内容组的得分，边缘显著（p = 0.06，95%置信区间[-0.05，3.74]）。前测和后测与组别的交互作用显著，F（3,153）= 9.41，$p < 0.001$，η_p^2 = 0.16。简单效应分析表明，积极情感体验得分的后测与前测相比，要求分享积极内容组的得分显著增加（$p < 0.001$，95%置信区间[-1.63，4.03]），而自定分享积极内容组的得分显著增加（p = 0.49，95%置信区间[0.01，2.10]），自定分享消极内容组得分显著下降（p = 0.005，95%置信区间[-4.87，-0.86]）。

对消极情感体验分析的结果发现：前测和后测的主效应显著，F（3,153）=13.46，$p < 0.001$，η_p^2 = 0.08，后测的消极情感体验得分（M = 10.92，SE = 0.38）显著低于前测（M =12.12，SE = 0.41）。组别的主效应显著，F（3,153）= 4.46，p = 0.005，η_p^2 = 0.08。事后检验发现，在消极情感体验得分上，要求分享积极内容组、自定分享积极内容组、自定分享中性内容组的得分均显著低于自定分享消极内容组（M = 10.92，SE = 0.38），$p < 0.001$，95%置信区间[-6.66，-1.92]；p = 0.002，95%置信区间[-5.90，-1.32]；p = 0.01，95%置信区间[-5.42，-0.73]）。前测和后测与组别的交互作用显著，F（3,153）= 4.81，p = 0.003，η_p^2 = 0.09。简单效应分析表明，在消极情体验得分上，要求分享积极内容组后测得分显著低于前测（p = 0.001，95%置信区间[-3.00，-0.81]），自定分享积极内容组后测得分显著低于前侧（$p < 0.001$，95%置信区间[-3.72，-1.80]），自定分享中性内容组后测得分低于前侧，边缘显著（p = 0.054，95%置信区间[-2.11，0.02]），自定分享消极内容组得分不存在显著差异（p = 0.317，95%置信区间[-0.90，2.77]）。

本研究的主要目的是探索人们在网络社交平台（如微信朋友圈）分享内容的效价与主观幸福感间的关系。研究发现，人们最近一段时间在微信朋友圈分享的内容中，积极效价和消极效价内容的占比与主观幸福感分别呈正向和负向相关，且消极内容占比能够预测个体的主观幸福感水平，即人们在网络社交平台上分享内容的效价与主观幸福感有关，且能够预测主观幸福感。对这一结果的解释可能是，人们最近一段时间内在社交平台分享内容中不同效价（积极、消极）内容的占比很可能是个体主要心理状态的外在表现，而人们情绪和感知如果长期处于某种状态可能会促使人们形成习惯性的行为模式和相应的人格特征[①]。比如，在日常生活中感受到更强烈的积极体验的人，在未来会体验到更多的积极事件[②]。此外，心境一致性回忆（mood-congruent recall）研究指出，个体更容易回忆起与其当下情绪状态一致的事情[③]。也就是说，当个体处于积极情绪状态下，个体所能回忆起的积极事件比例（或频率）越高，其情感幸福感也就越强。

虽然人们在微信朋友圈分享的内容中积极内容的数量要显著多于消极内容，但积极内容的占比对主观幸福感变异量的解释力更低，这可能与人们的生存本能有关，人们会自然而然地关注威胁和消极事件，因此虽然积极和消极事件都能够影响主观幸福感，但消极事件对主观幸福感的解释力（或影响力）相对更强。比如，与积极刺激相比，人们对负性刺激更加敏感[④]，受消极刺激影响诱发更大的LPP成分（Ito, Larsen, Smith&Cacioppo, 1998）。

人们其实应更加关注分享积极内容对主观幸福感的提升作用，这一

积
极
教
育
：
提
升
孩
子
乐
商
，
成
就
优
势
品
格

---

① Fredrickson, Barbara L.(2013).Chapter One-Positive Emotions Broaden and Build. 47, 1-53. https://doi.org/10.1016/b978-0-12-407236-7.00001-2.

② Jose, Paul E., Bryant, Fred B., & Macaskill, Ella.(2020). Savor now and also reap the rewards later: amplifying savoring predicts greater uplift frequency over time. Journal of Positive Psychology. https://doi.org/10.1080/17439760.2020.1805504.

③ Levine, Linda J. (1997). Reconstructing memory for emotions. Journal of Experimental Psychology: General, 126(2), 165-177. https://doi.org/10.1037/0096-3445.126.2.165.

④ Crawford, L. E., & Cacioppo, J. T. (2002). Learning where to look for danger: integrating affective and spatial information. Psychological Science, 13(5), 449-453. https://doi.org/10.1111/1467-9280.00479.

研究发现人们在微信朋友圈分享积极内容确实能够提高积极情绪体验，同时降低消极情绪体验，也即能够即时地提升其情感幸福感，这种效果在主动分享积极内容和被动分享积极内容的情况下均有效。这表明在网络社交平台分享积极内容的行为可能是一种即时提升主观幸福感的有效行为策略，这种策略可能具体会涉及对积极事件的记录和分享两个过程。

首先，在网络社交平台分享积极内容的行为包含记录积极事件的过程。前人研究表明，记录积极事件可以使人们更加快乐，增强人们的主观幸福感。一项探索记录积极体验与健康的研究发现，与控制组相比，记录积极体验的被试积极情绪显著增加，并在后续的追踪调查中生病更少[1]。另一项相应的干预研究也表明[2]，相比中性事件书写组，积极事件书写组的被试在接受四个星期的书写任务后，表现出更少的消极情绪，如较少焦躁不安等。

其次，在网络社交平台展示积极内容的行为也是一种与他人分享积极事件的过程。与他人分享是一种典型的提升积极体验的品味方式，这种方式已经被证明能够提升人们的幸福感[3]。研究表明，与他人分享快乐，可以获得社会支持，增加快乐，这一结论在社交网络的环境中同样适用[4]。

本研究还发现，人们在网络社交平台分享消极内容会导致其主观幸福感（情绪性）即时下降，但这一结果的心理机制是通过降低积极情绪

[1] Burton, Chad M., & King, Laura A.(2004). The health benefits of writing about intensely positive experiences. Journal of Research in Personality, 38(2), 150-163. https://doi.org/10.1016/s0092-6566(03)00058-8.

[2] Reiter, Christina, & Wilz, Gabriele (2016). Resource diary: A positive writing intervention for promoting well-being and preventing depression in adolescence. The Journal of Positive Psychology, 11(1), 99-108. https://doi.org/10.1080/17439760.2015.1025423.

[3] Chadwick, Erica D., Jose, Paul E., & Bryant, Fred B. (2020). Styles of Everyday Savoring Differentially Predict Well-being in Adolescents Over One Month. Journal of Happiness Studies. https://doi.org/10.1007/s10902-020-00252-6.

[4] Lönnqvist, Jan-Erik, & große Deters, Fenne (2016). Facebook friends, subjective well-being, social support, and personality. Computers in Human Behavior, 55, 113-120. https://doi.org/ 10.1016/j.chb.2015.09.002.

体验而不是增加消极情绪体验来实现的，这是一个有趣的发现。一个可能的原因是人们对消极内容的关注导致其积极情绪体验的下降，而在社交平台的分享行为是一种宣泄不良情绪、寻找社会支持的过程，网上社交有助于提供社会支持，减轻长期的孤独感[①]，因此这种关注并不一定就导致消极情绪的增加。

总的来说，人们在网络社交平台分享内容的效价与其主观幸福感有关，在网络社交平台分享积极内容是一种有效提升主观幸福感的行为策略。有关这一领域仍然有些问题值得进一步研究，如虽然日常生活中人们经历和分享的积极内容在数量上比消极内容更多，但进化而来的生存天性会促使人们自然而然地更关注自己生活中的威胁和消极事件，从而影响人们心理和生理方面的健康。因此，如何引导人们有意识地主动关注自己生活中的积极事件，充分发挥积极事件的正向作用，从而促使人们生活得更加幸福是一个需要长期关注的问题。另外，人们分享积极事件是不是也存在一个量的问题，整天无休止地分享积极内容就一定好吗？这也是一个值得商榷的问题。

积极教育：提升孩子乐商，成就优势品格

① Benoit, Aryn, & DiTommaso, Enrico (2020). Attachment, loneliness, and online perceived social support. Personality and Individual Differences, 167, 110230. https://doi.org/10.1016/j.paid.2020.110230.